江苏省教育科学“十三五”规划重点自筹课题阶段研究成果(B-b/2020/02/197)
江苏省基础教育前瞻性教学改革一类项目探索成果(2019.3)

培养学生综合学习能力

——小学数学任务型学习的实践探索

张 艳 著

中国矿业大学出版社
·徐州·

内容简介

徐州市第三十四中学附属小学申报的江苏省基础教育前瞻性教学改革一类项目“培养学生综合学习能力——小学数学任务型学习的实践探索”，于2019年3月被江苏省教育厅批准立项。其核心概念有：任务型学习、数学任务型学习和综合学习能力。新方式带来新变化，数学任务型学习方式的推进，必将展现数学课堂的新样态：学生的学习过程由被动型转变为主动型；学习目的由单一型转变为复合型；教师的角色由课堂教学的主宰者转变为学生学习活动的设计者和组织者；课堂教学重心由书本知识的传授转变为对每一位学生的全面培养，实现课堂教学功能由单纯教书向全面育人的转型。

本书可供小学数学教师参考使用。

图书在版编目(CIP)数据

培养学生综合学习能力：小学数学任务型学习的实践探索 / 张艳著. 一徐州：中国矿业大学出版社，2020.12

ISBN 978-7-5646-4945-6

Ⅰ. ①培… Ⅱ. ①张… Ⅲ. ①小学数学课一教学研究 Ⅳ. ①G623.502

中国版本图书馆 CIP 数据核字(2020)第 268829 号

书　　名　培养学生综合学习能力——小学数学任务型学习的实践探索
著　　者　张　艳
责任编辑　吴学兵
出版发行　中国矿业大学出版社有限责任公司
（江苏省徐州市解放南路　邮编 221008）
营销热线　(0516)83884103　83885105
出版服务　(0516)83995789　83884920
网　　址　http://www.cumtp.com　**E-mail**:cumtpvip@cumtp.com
印　　刷　江苏凤凰数码印务有限公司
开　　本　710 mm×1000 mm　1/16　**印张** 15.25　**字数** 299 千字
版次印次　2020 年 12 月第 1 版　2020 年 12 月第 1 次印刷
定　　价　35.00 元

做个真诚、成熟的改革探索者

成尚荣

当下，基础教育课程改革势头不减，正在持续挺进。新的教学理念、新的教学概念、新的教学方式影响着课堂教学，教学理论与教学实践发生了积极的变化。与此同时，另一个问题让我们驻足沉思：这些新的理念、新的概念、新的方式究竟该怎么理解，它们的来龙去脉我们清楚吗？是不是所有的"新"、所有的"变"都是好的、都是适合的？假若是好的，又是适合的，我们又该怎么去操作、去落实呢？一些改革的向往正困惑着我们，有时还让我们无所适从。

教学改革需要沉静下来，警惕和克服潮流化、随意化、盲目化等现象。如果至今，我们还处在激情冲动之下，那我们是不成熟的，改革也难以持续深化。我们需要一批积极又慎重、激情满怀又富于理性的教师，脚踏实地地进行改革研究和实践。

读完徐州第三十四中学附属小学张艳老师的《培养学生综合学习能力——小学数学任务型学习的实践探索》后，我有了以上一些感慨，并从中寻找到了一些答案。

对于任务型学习，我们还是比较熟悉的，但熟悉并非熟知，熟知更非真知。对一些概念，我们总是处在似是而非、若明若暗的状态。张艳首先对任务、任务型学习的概念做了解读，厘清了一些问题。她认为，任务是一些"事情"，但它具有目标性和计划性，而这样的"事情"要经过思考得出结论或结果，因而这又是一种"活动"。这就廓清了一些认识：任务不仅是静态的，而且是动态的，是静态与动态的结合；任务不是简单的练习活动，任务与练习的本质区别在于在思考后得出结论或结果，具有一定的思维深度。任务要包含相关联的教育因素，教学要完成较为复杂的学习任务，这些都具有一定的挑战性。这样的廓清对教师的实践相当重要。关于数学任务型学习，张艳则是从数学的特质去进行阐释。

小学数学任务型学习的形成与发展有个过程，是在三项省级课题研究的基础上，将任务型学习与发展学生综合学习能力紧密关联。这是一个自然发展的过程，是水到渠成的过程，消除了浮躁之气。任务型学习不是"任务式"，即为"任务"而学习的，而是要通过任务型学习，抑或说，在任务型学习过程中，培养数学核心素养，但学科核心素养不是孤立的，尤其是小学，更要重视跨学科核心素养，通过数学核心素养发展综合素质。而综合素质以创新思路、创新精神与实践能力为核心，这样，任务型学习就有了鲜明的价值指向，"任务"素质化了，以核心素养为导向的小学数学任务型学习才能实现学科育人的目的。

张艳和她的团队，将实践与理论结合起来，在任务型学习教学改革中，从三个方面着力，并有了突破。一是基于教材的小学数学教学任务型学习主题的梳理，以将适合的教材内容转化为适合学生学习的任务为重点，对 12 册数学教材内容进行全面梳理，形成了主题清单。对全套教材的全面梳理、转化，实属不易，难能可贵。二是进行教学设计。他们认为，课堂变革，要从教学设计变革开始，教学设计不变革，不可能有课堂教学的真正变革，也不可能发生深度学习。他们在进行设计时提炼了指向深度学习的五要素、五原则、六环节，并设计了 117 节课，研究课例 55 节。值得注意的是，这五要素、五原则、六环节既有共同的通识型因素，又具有任务型学习的特点。三是通过三项改进，形成任务型学习评价方式，从笼统走向实证，又抽象、具体化，形成观察量表。

以上几个方面，是我学习的体会和收获。回到前面的话去，张艳和她的团队，正走向改革的成熟，在一些基本问题上有比较清醒的认识，培植了改革的品质。张艳真诚地表示还会继续推进研究、持续增能。对此，我很赞成，而且相信，他们一定会有更大进步。

（成尚荣，江苏省教科所所长，原国家督学，教育部基础教育课程改革专家委员会委员，教育部中小学教材审定委员会委员）

育人方式变革在课堂

贲友林

徐州市第三十四中学附属小学坐落在美丽的历史名胜景区云龙山脚下、云龙湖畔。多年来，学校努力打造有兴趣、有方法、有自信的“三有”课堂样态。学校张艳副校长加入了我主持的江苏省小学数学名师工作室。通过交流，我了解了徐州市第三十四中学附属小学在“小学生数学实践能力的培养研究”“基于课堂观察的小学生数学课堂学习行为优化研究”“小学数学任务型学习的实践研究”三项省级课题的扎实推进和成果经验积累的基础上，积极实施江苏省基础教育前瞻性教学改革一类项目“培养学生综合学习能力——小学数学任务型学习的实践探索”的研究。

这是一项有基础并体现了持续性的研究，是一项充满前瞻性又具有开拓性的研究，是一项脚踏实地充满实践性的研究。张艳老师所著的《培养学生综合学习能力——小学数学任务型学习的实践探索》是研究成果之一。数学任务型学习以真实情境为学习背景，以任务目标为驱动，激发学生参与学习全过程的兴趣，经历自主探究、小组合作、主动搜集并分析有关的信息和资料、解决问题等学习体验，从而完成对知识的不断建构，即完成学习任务。学生在完成特定数学任务的过程中，发展综合学习能力，尤其是应用意识和创新意识，包括学生的数感、符号意识、空间观念、几何直观、数据分析观念、运算能力、推理能力和模型思想，有效助推数学课程学习和数学思想形成。这些任务不仅难度系数较大，而且关联学科要素广泛，直接指向学生数学核心素养的培养。

以“有兴趣”为引领的课堂学习，既增加了学生学习的自由度，又有规范的学习模式。张艳老师和她的团队通过不断的实践探索，希求逐步实现数学课堂教学的“四大转型”，即学习目的由单一型转变为复合型，改变了学习书本知识的单一目的，形成集知识学习、情感体验、能力训练、素养提升为一体的综合目标；学习过程由被动型转变为主动型，改变了以往知识学习由教师传授的单一模式，形成学生在完成特定任务的过程中主动获取、自主建构、合作探究的新型学习样态；教师的角色由课堂教学的主宰者转变为学生学习活动的设计者、组织者；课堂教学重心由书本知识的传授转变为对每一位学生的全面培养，实现课堂教学功能由单纯教书向全面育人的转型。

育人方式变革在课堂。不同育人模式的背后投射着不同的教育价值选择。如果教师心中没有学生、无视学生的真实存在，就会做出违反学生成长规律的事情。对学生视而不见的人，对自己也是盲目的。徐州市第三十四中学附属小学的任务型学习研究，正是指向发现每一位学生的不同，唤醒每一位学生的潜能，启动每一位学生的内动力，让每一位学生成为自主学习的主体，是一场积极走向课堂增值的学习变革。

值得一提的是，任何变革都是有代价的。从育人方式变革的视角看课堂教学方式变革，其专业性在于在同等条件下带来课堂学习的增值，而不是以延长学习时间、增加学习强度为代价。真正的增值不仅要关注学生学了什么，更要关注学生是怎么学的，还要关注学生在学习过程中的态度如何，从而促进学生获得全面的、生动的、积极的、和谐的发展。即"育"了怎样的人。这些问题都需要变革者怀着科学的态度去对待，并做出基于证据的专业化判断。任务型学习研究的意义就在于明白地告诉教师，教是为了让学生更想学、更会学以及学得更好。

张艳老师的《培养学生综合学习能力——小学数学任务型学习的实践探索》，探索如何从"教为中心"向"学为中心"转型，建构了小学数学任务型学习的课堂学习路径，开辟了课堂教学研究的新领域；同时，丰富了教师专业发展的理论与实践。

"育人"，既是"育他人"，也同时在"育自己"。这一教学方式的改革过程，就是张艳老师不断学习、不断实践、不断反思、不断创新的旅程。我和更多的小学数学老师会从这个过程中收获很多，促进自己不断精进！

（贲友林，特级教师，正高级教师，现任教于南京师范大学附属小学）

目　录

上篇　理论与实践篇

上篇　理论与实践篇

第一章

概　　述

哪里有数，哪里就有美。

——普洛克拉斯，希腊哲学家、数学家

因循守旧会在方方面面阻碍人类的进步。

——约翰·斯图尔特·密尔，英国哲学家

课内任务：学生自主探究数学任务“认识线段”

第一节　小学数学任务型学习的提出背景

《国家教育事业发展“十三五”规划》提出“全面实施素质教育”，要求改革旧的教育观念、教学方式与方法，提升学生综合能力。越来越多的人(包括教师、学生和家长)，都在思考一个核心问题:21世纪的学生，应该学习什么？对这个问题，任务型学习的研究者创造性地坚持一个信念:21世纪剧烈变化的因素包括与人有关的因素和与技术有关的因素，在课程中都应该相应地予以回应，从知识、技能、品格、元认知四个维度重新思考课程、塑造课程，并关注实践的作用，从而促使所有人都能学得更多、更快、更深，特别是思维和学习能力能够不断成长。

对于培养学生综合学习能力的小学数学任务型学习，它的提出背景主要有以下三个。

一、面对21世纪能力导向的教育需要

今天的教育为明天的公民所做的准备是不够的，这是全世界已经达成的共识。21世纪需要孩子具备哪些竞争力？在农业经济和工业经济时代，学校教育培养学生掌握3R(reading，writing，arithmetic，即读、写、算)技能以及学科知识。21世纪，全球化社会对人的跨学科能力，跨文化理解、交流、合作等技能以及社会责任感等道德品质的要求越来越高，而当前教育系统难以满足。

19世纪，斯宾塞提出“什么知识最有价值”这一问题，极大地推动了课程理论与实践的发展。到了21世纪，斯宾塞的问题发展为“在未来什么知识最有价值”。“21世纪的学生应该学什么”是当前课程争论的中心。对于21世纪的人而言，除了拥有知识外，还要具备运用知识、解决问题、任务规划、自我管理、跨文化交流等综合能力。许多教育学者努力寻找并探索教学模式，使青少年能更好地掌握21世纪必备的技能，以适应不断变化的社会需求。詹姆斯·A.贝兰卡在《深度学习:超越21世纪技能》一书中指出，21世纪的教育模式应以学生的成果为中心，所有的学生都需要学习核心的学术科目，培养4C(批判性的思维和问题解决、交流、合作、创造力和创新)能力、自我调节能力在内的生活与职业技能，以及金融、经济、商业和创业能力等

21世纪素养。任务型学习正是这样的一种深度学习方式，其他类型的学习可能是让学习者回忆事实，而任务型学习则是让学习者迁移所学的知识来解决新的问题。

二、深化数学课程改革的需要

当你闭上眼睛，想象数学课时，你会想到什么？还是浮现出一排排的课桌吗？然而，人们对学习的期望已经发生了巨大变化，比如，学习环境是什么样子、如何创设等。因此，数学课程改革提出了将传统单一、被动接受式的学习方式转变为主动探究式的学习方式。教育部颁布的《义务教育数学课程标准(2011年版)》(以下简称《义务教育数学课程标准》)倡导学生的数学学习要从已有的生活经验出发，让学生亲身经历将实际问题抽象成数学模型并进行解释与应用的过程，从而在思维能力、情感态度与价值观等多方面获得进步和发展。各国和国际组织在推动课程改革的过程中，不约而同地将21世纪必备技能融入学校各学段的学科课程中，与学科课程内容一起共同支撑21世纪必备技能的形成。深化数学课程改革必须要改变教学方法，如果方法不改变，学生的参与度不会增加，成绩差距也不会缩小。任务型学习这一充满魅力的学习方式可以改变学生越来越厌倦、教师孤立无援的教学现状。

三、解决数学教学与实际生活脱节问题的需要

学校课程为学生理解世界提供知识基础，但又与真实世界有相当大的距离。它提供的知识是“罐装”的，大多数时候无法在真实世界中运用，而真实世界所需要的技能在学校课程中往往又是学不到的。任务型学习，不仅强调任务要具有一定的难度和现实意义，同时更加强调任务如何“驱动”学生全面参与学习，尤其是情感参与和认知参与。任务型学习不仅要让学生看到数学与生活的关系，同时让他们有机会表达自己的观点，获得成功的体验。

接下来本章将对核心概念“综合学习能力”和“数学任务型学习”做重点阐述。

第二节　综合学习能力的相关概念厘定

培养学生的综合学习能力是当今教育改革的最强音。未来的文盲不是不识字的人，而是没有学会学习的人。培养学生的综合学习能力，让学生掌握一定的学习策略，促进学生终身学习，应该是素质教育的主旋律。综合学习能力不仅可以提高学生的学习效率、学习成绩，而且为学生生存与发展提供基本条件。随着素质教育的全面实施，在教学中，我们强调以学生为中心，既要重视对学生智力因素的开发，也要重视对学生非智力因素的培养，使学生在学习任务日益繁重和信息日新月异的当今社会中善于学习、乐于学习和会学习。因而，学生综合学习能力的培养显得尤为重要，要使学生在任何环境中都能发挥自己的能动性、主动性，进行灵活学习、终身学习。

小学数学任务型学习，在此主要是指一种学习活动，一种在新课程提出转变学习方式的背景下，情境化、儿童化、生活化的数学学习活动。其发展过程，是一个从不完善到完善，从不成熟到成熟，从低水平到高水平演进的过程。例如，通过"合作学习"培养学生的合作与交流能力，创设情境培养学生的自主学习能力，创设语言表达的环境培养学生的语言表达能力等。

通过任务型学习的方式来改变学生的学习方式、教师的教学方式。学生把需要学习的知识自己发现或创造出来，教师的任务是引导和帮助学生进行这种再创造的工作。学生在实践研究、亲身体验、合作分享、理解创生等一系列学习过程中，理解文化知识、收获智慧的发展和社会化的成熟，进而积累个性化的学习经验。整个过程并不是老师把现成的知识灌输给学生，而是学生真正地开展主动学习，能够起到真正增强学生综合学习能力的作用。

一、能力

（一）能力结构理论

1. 斯皮尔曼的二因素论（G、S）

英国心理学家斯皮尔曼认为，能力包括一般因素 G 和特殊因素 S 两部分。一般因素 G 人人都有，只是量值不同，体现在各种活动中，如观察力、记忆力、思维力和想象力等；S 则因人而异，对应不同的特殊能力，如美术能力、操作能力、音乐能力等。

2. 瑟斯顿的群因素理论(七因素)

美国心理学家瑟斯顿认为任何智力活动都包含不相关的、彼此独立的7种原始因素:词的理解、词的流畅性、计数、记忆、推理、空间知觉和知觉速度。实际上,这7种因素之间有一定的关联,所有的智力活动中都有智力因素起着必要的作用。

3. 吉尔福特的智力结构理论(三维结构模型)

美国心理学家吉尔福特把一般智力活动所共有的操作方式、操作内容和操作产物作为智力的三个维量,并把这三个维量作为长、宽、高构成一个智力的三维立体结构模型。此模型结构中,操作方式包括5种,即认识、记忆、发散思维、聚合思维和评价;操作内容包括4种,即图形、符号、语义和行为;操作产物包括6种,即单元、类别、关系、系统、转换和含蓄。三个维量可以组合120种能力因素,可根据三维结构模型寻找每一种能力因素。

4. 加德纳的多元智力理论

1983年,加德纳在《智力的结构》一书中提出了8种智力:言语-语言智力、数理逻辑智力、人际交流智力、视觉空间智力、身体动觉智力、音乐节奏智力、自知自省智力和自然观察智力。该理论认为,人的智力结构是不同的、多元的和发展的,而且不同的智力有着不同的发展规律。该理论告诉我们,教师应该从不同的视角、用不同的教学方式去开发每个学生的潜能。

(二)能力的内涵

要讨论课堂教学对学生综合学习能力培养的问题,我们还需要明确能力这一概念所蕴含的内容。一般认为,能力是顺利、有效地完成某种活动所必须具备的心理条件,是人格的一种心理特征。

其实,能力和知识相辅相成、相互促进,能力能保证知识的吸收、固化和提高;知识则是培养能力的基础和前提,能力离不开知识。例如,数学能力需要观察能力、实验能力、数学思维能力等;美术能力需要敏锐的视觉辨别能力和观察力,良好的形象记忆和形象思维能力等。能力的培养离不开具体的活动或任务,能力总是存在于具体的活动中,在活动中能力才能得到发展和培养,所以可以在课堂教学活动中不断地提高学生的综合学习能力。

能力按不同的分类标准,有不同的分类。从学生学习能力培养的可操作角度来说,能力可分为学习能力、学科能力、活动能力;从学习能力的功能来看,可分为智力、心力、体力;从能力的作用范围来说,可分为一般能力和特殊能力。

二、综合学习能力

学习能力,一般就是学习的方法与技巧,指学生运用科学的学习方法去独立地获取、加工和利用信息,分析和解决实际问题的能力。学习能力是所有能力的基础,是学习的方法与技巧,并非是学到什么东西。学习能力可以分为 6 项“多元才能”(知识整合能力、社交能力、心理素质、团队合作、理财能力、策划与决策能力)和 12 种“核心能力”(注意力、观察力、记忆力、思维力、想象力、创造力、理解力、语言表达能力、操作能力、运算能力、听觉能力、视觉能力)两大方面。学习能力是在学习活动中形成和发展起来的一种个性特征,一般来说,综合学习能力是指学生在学习过程中运用一门或多门学科知识和学习技能来接受新知识、分析新问题或解决新问题的能力(图 1-1)。

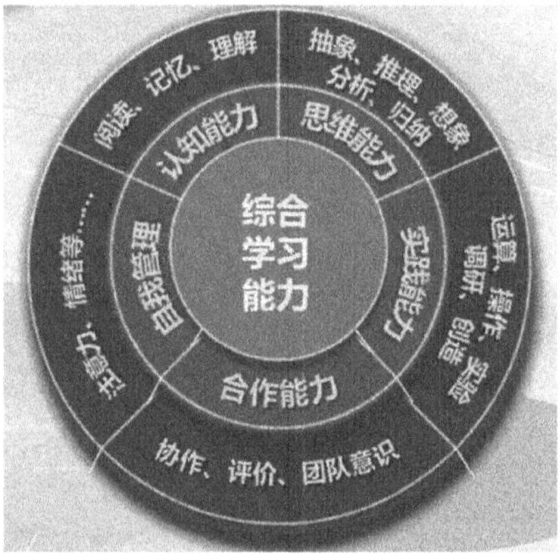

图 1-1　综合学习能力模型图

学习本身就是一种综合能力,以往,一部分教育学者把学习归于智力的某一个方面,或能力的某一个方面,没有从这样一个综合的角度来考察问题。浙江大学教育学院钟丽佳教授发表在《开放教育研究》的文章《聚焦培育综合学习能力——访荷兰马斯特里赫特大学杰伦·范梅里恩伯尔教授》

中写道：杰伦·范梅里恩伯尔教授（Jeroen J. G. van Merriënboer，荷兰马斯特里赫特大学健康教育学院终身教授和教育发展研究中心主任）和保罗·基尔希纳（Paul Kirschner）合著的《综合学习设计——四元素十步骤系统方法》第一、二版被译成多国语言出版，引领当代教学设计的转型，在各类教育和培训机构中有广泛的应用。他站在 21 世纪能力导向的学习科学大视野中审视综合学习设计的寓意，对如何在技能分解、任务排序、教师指导和教学评估等方面培育综合学习能力提出了可操作性的建议。

综合学习能力是立足于学生核心素养的培养，以学科知识为基础，以真实的任务型学习情境为切入点，个体整合自身学习经验，选择、运用多种资源和策略，从而自主、创造性解决问题的能力。它既包括认知能力，也包括交流合作的能力及自我管理的能力等。综合学习能力的核心是人的全面发展，在小学数学课堂教学中培养学生的综合学习能力是非常切实可行的。

第三节　小学数学任务型学习的相关概念厘定

《国家中长期教育改革和发展规划纲要（2010—2020 年）》指出：适应国家和社会发展需要，遵循教育规律和人才成长规律，深化教育教学改革，创新教育教学方法，探索多种培养方式，形成各类人才辈出、拔尖创新人才不断涌现的局面。注重学思结合，倡导启发式、探究式、讨论式、参与式教学，帮助学生学会学习。激发学生的好奇心，培养学生的兴趣爱好，营造独立思考、自由探索、勇于创新的良好环境。适应经济社会发展和科技进步的要求，推进课程改革，加强教材建设，建立健全教材质量监管制度。深入研究、确定不同教育阶段学生必须掌握的核心内容，形成教学内容更新机制。充分发挥现代信息技术作用，促进优质教学资源共享。

同时，《义务教育数学课程标准》指出：有效的数学教学活动是教师教与学生学的统一，应体现“以人为本”的理念，促进学生的全面发展。学生是数学学习的主体，在积极参与学习活动的过程中不断得到发展。学生获得知识，必须建立在自己思考的基础上，可以通过接受学习的方式，也可以通过自主探索等方式；学生应用知识并逐步形成技能，离不开自己的实践；学生在获得知识技能的过程中，只有亲身参与教师精心设计的教学活动，才能在数学思考、问题解决和情感态度方面得到发展。

然而当下，部分小学生认为数学知识过于抽象而显得枯燥乏味，即使他们在数学学习过程中表现出一定的行为参与，但由于缺乏积极的情感参与和认知参与，容易产生“非投入”的问题。小学数学任务型学习，不仅强调任务要具有一定的难度和现实意义，同时更加强调任务如何“驱动”学生全面参与学习，尤其是情感参与和认知参与，能有效促进学生综合能力的发展。因此，它本身具有丰富的教学意义。

基于以上认识，当我们明确教育的方向时，教育就充满了活力。任务型的数学学习方式使学习者在真实的情境中，兴趣爱好得以滋养，逐渐发现自己的特长，挖掘自己的潜能。

培养综合学习能力的小学数学任务型学习，涵括了数学核心素养所包括的基本能力。众所周知，数学核心素养着重强调学生的应用意识和创新意识，包括学生的数感、符号意识、空间观念、几何直观、数据分析观念、运算能力、推理能力和模型思想，这些是促进学生数学课程学习和数学思想形成的源动力。

我们探讨的小学数学任务型学习，它是一种学习模式，本质上属于一种教学模式。它强调学生的主动学习，尤其是强调学生的任务型学习要为提高学生的综合学习能力服务。

一、数学任务型学习的理论依据

（一）王阳明的“知行合一”理论

知者行之始，行者知之成。知之真切笃实处，即是行；行之明觉精察处，即是知。知，是人的主观世界；行，是主观与客观的交融。主客观世界统一，则知行合一。

（二）陶行知的“生活即教育”理论

“生活即教育”“社会即学校”“教学做合一”是陶行知先生“生活教育”理论体系的基本内涵。他认为，教育这个社会现象，起源于生活，生活是教育的中心。

（三）做数学的教学理论

弗赖登塔尔在《作为教育任务的数学》一书中主张，数学作为一种活动的数学，必须由学生自己做出来。这就不能从数学整体的演绎系统着手，因为大多数学生只能组织和理解较短的演绎链，学生学会的只是局部的组织，如一个现实的数学问题或教学知识的一部分。

我们日常有些数学应用往往是很肤浅的，在社会科学心理学和教育学中，认为把有关的数据资料收集起来，再用数学方法处理一下就是应用，有这种看法的人极为普遍。小学数学任务型教学模式的实践研究，就是基于这一理论的发展运用。我们意识到学生的真实存在，把对人的尊重和关注作为数学学习的出发点和归宿时，学生才能以“每一位”的方式进入我们的视野。于是，我们在做数学任务的活动中，唤醒每一位学生的潜能，启动每一位学生的内驱力，让每一位学生成为自我发展的承担者。

二、数学任务型学习的内涵

（一）任务的内涵

任务一般被认为包括情境、目标、活动、结果、意义和评价 6 个部分的内容。首先，任务重视情境的创设，在真实的情境下产生真实的学习需要；其次，任务要有明确的目标，要解决实际的问题；再次，任务必须以活动的形式进行，它是在同伴之间通过合作、交流、探究的方式进行学习的；第四，任何任务最终都要形成一定的产品，即结果，以检测学生们的学习效果；第五，任何任务都必须有意义，学生要能从中学会知识和技能；最后，对于结果的评价也不容忽视，因为它是对学生劳动的肯定，同时也是一种激励。

这里的“任务”，并非指课堂上教师布置的一般性任务，而是在真实情境下产生的更具复杂性的数学任务，任务的设定直接指向学生综合学习能力的培养。

（二）任务型学习的内涵

任务型学习这一概念产生于 20 世纪 50 年代，一些国外学者对任务型学习进行了大量的研究，但这种教学方法主要用于计算机及语言的教学。自 19 世纪以来，随着各种语言流派的不断涌现，不同的教学法也随之孕育而生。任务型语言教学的研究始于 20 世纪 80 年代，是由英国教育专家博雷泊在印度南部的邦加罗尔地区率先提出并实施的一整套教学模式。他把任务内容设计成各种交际任务，让学生通过完成任务进行学习。随着研究的深入，任务型教学于 20 世纪 90 年代在理论上逐步成熟。

任务型教学模式在国外已经历了几十年的发展过程，但是我国任务型教学模式的研究还处于探索阶段，研究方向亦主要集中在信息技术课的应用领域以及语言类教学中。自2001年以来，国内从事英语教育的研究者和中小学英语教师掀起了尝试、学习和研究任务型语言教学的热潮。目前，国内外针对数学的任务型教学研究案例较少，且主要集中在初中、高中、中职数学教学领域，在小学数学领域的案例较为罕见。上海师范大学的王欣在硕士学位论文《任务驱动学习及其在小学数学教学中的运用》中，通过具体的数学教学案例分析了任务驱动学习在小学数学教学中的运用。该研究中列举了大量案例，能在实践的层面上为任务型学习的组织提供一些指导性建议和具体说明。

在已有的数学任务型学习研究中，较多关注的是学生学科素养和单项能力的发展，对于学生综合能力的培养没有提及；同时，还缺少对于任务型学习课程资源的开发及多元评价研究。

所谓任务型学习，是一种"以学习者为中心"的学习模式。它以任务为核心，要求学生用自主探究的学习方式，主动搜集并分析有关的信息和资料，解决任务；要求学生以小组合作的学习方式，在与同学广泛的交流与合作中，不断解决疑难问题，从而完成对知识的不断建构。

因而，任务型学习首先是基于一个具有一定真实性的情境展开的。在真实的情境中学生感受到知识与实际生活的关联；具有一定开放性的学习过程为学生提供了接近专家作业和过程模式化的问题解决方式；教师成为学习的参与者，成为学习共同体中的一部分，在临界时刻提供指导与支撑；学生间的交流与分享为学习共同体的协商提供了保障，个性化和多样化的问题解决策略在协商中得以分享，学生获得综合学习能力的发展。

（三）小学数学任务型学习的理论

1. 小学数学任务型学习的含义

数学任务型学习：是以学习者为中心，以任务为核心，在真实的情境中，通过自主探索、动手实践与合作交流等方式，建构学习内容，真正理解和掌握学习方法，并在完成相关任务的过程中，培养学生综合学习能力的一种学习方式（图1-2）。

图 1-2 数学任务型学习模型图

这里的“任务”，并非指课堂上教师布置的一般性任务，而是更为复杂性的任务。学生在探究中产生了对知识与技能的需要，在对新知识的归纳和升华中，对知识和能力点的理解更加形象化，自主学习时心中更加有数。这一过程既培养了学习者发现问题、解决问题的能力，也直接指向学习者数学核心素养的发展。

2. 小学数学任务型学习的基本要素

由此，我们总结出任务型学习的要素为：真实的学习情境、开放的学习过程、教师成为学习的辅助、学习共同体的形成、学习共同体中的多样化个性化思考、学习共同体的共同进步。具体来说，这些要素有任务目标（围绕解释教师为什么教）、任务材料（教什么）、学习环境（利用何种手段）、活动形式（怎么教），同时也解释了（教学参与者的职责）教师角色和学生角色等一系列系统问题。这些要素缺一不可，各自在教学过程中发挥着应有的作用，是构成任务型教学系统并促其良性运行的最基本要素（图 1-3）。接下来对它们做简要阐释。

（1）任务目标：数学任务型学习的终极目标主要是培养学生的综合学习能力并使其达到相应的水平。在进行教学任务设计时，教师首先要关注总体的和具体的学习目标。

（2）教师角色：在任务型学习中，教师由控制者、权威者变为学生学习的引导者、帮助者和参与者，对学生具有更重要的指导和帮助作用，同时还是任务的选择者、设计者，是教学的管理者和评估者。

（3）学生角色：在任务型学习中，学生的角色是动态的，不仅是活动的主要参与者、呈现者和报告者，也是教学活动的评价者和观赏者。这才能使课

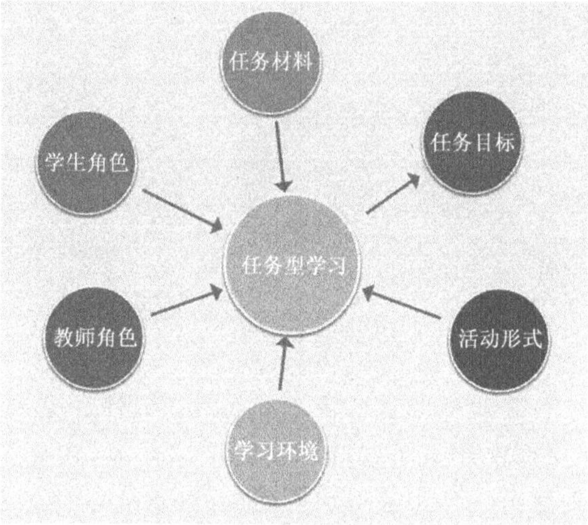

图 1-3　任务型学习基本要素图

堂活动真正体现自主学习和自我评价模式特色。

（4）任务材料：是指任务型学习过程中所使用的资料，或构成教学任务的具体内容。所用材料可以教材为主，但不局限于教材，必须具有知识性、生活性，使学生在一种自然、真实或模拟真实的情景中开展学习活动。

（5）活动形式：是指学生在实施任务过程中所涉及的基于材料而设计的各项活动的具体操作方法和步骤。任务形式的设计应难易适度，由数个小任务构成一串前后相连、层层深入的主任务活动。

（6）学习环境：是指任务所产生和实施的环境或背景条件，包括真实的学习内容环境、任务组织和执行的环境以及学生课外自主学习的环境等。

以上任务型学习的 6 个基本要素从某种意义上也反映了教学任务的本质。教学任务本身只是一种教学方法、一种学习方式，它本身不是内容，不是目的，但通过它，可以促进学生思维发展，促进学生交往互动，为学生提供在真实或接近于真实的环境中解决问题的机会，从而提高学生数学学习的基本素养。

第四节 指向综合学习能力培养的数学任务型学习的基本原则

一、全体性原则

全体性原则是开展任务型学习的一个基本原则，关注每一位学生的能力发展是培养学生综合学习能力的首要任务。在教学中，教师要关照每一个学生，在每一个教学环节上应尽量使每个学生都有均等参与学习和锻炼的机会，使得全体学生的综合能力共同提高。

二、因材施教原则

因材施教是指教师在数学任务型学习活动中，要根据实际情况、个别差异有的放矢地进行差别教学指导，使每个学生都能扬长避短获得最佳的发展。它的基本要求是：第一，针对学习者的特点开展有区别的教学。教师应当了解每个学生的特点及实际情况，有目的地因材施教。第二，采取有效措施，使有才能的学生得到充分的发展。

该原则要求教师要全面了解学生的知识状况、能力状况；对培养什么能力、如何培养做出具体规划，而且要把计划具体到每一个学生；倡导教师要对症下药，注重学生智力形式的复杂性和多样性，增加发挥学生自身智力潜能的可能性。

三、以学生为中心原则

任务型学习的实施依据是以学定教，以学生为中心是开展任务型学习的重要原则。这一原则就要求教师改革课堂教学模式，积极探索新的教学模式，调动和引导学生积极主动地学习，以利于培养学生的自主学习能力。

希望教师站在学生的角度，考虑如何帮助他们更好地学习。诸如，学生学习的目标是什么，学习什么样的内容，什么样的学习方式更好，创设什么样的学习环境更有效，该如何进行学习评价，等等。从以上问题出发，才能“以学生为中心”高质量地开展教学实践活动。

四、创造性原则

这里的创造性原则是指任务型学习所选择的研究问题要有独创性和突

破性。这一原则要求教师要为学生创造自由、宽松、活泼、生动、主动发展的思维环境，鼓励学生大胆创新、大胆尝试、大胆假设，让学生在尝试中得到锻炼，以促进学生能力的全面发展和个性发展。教师要善于灵活运用问题情景教学法，善于激发学生的学习动机，启发学生积极思考，允许并鼓励学生大胆假设、大胆尝试。

在积极的创造性思维培养中，培养学生自我反馈能力，引导学生主动构建知识，而不是被动地接受知识。该原则告诉我们，在教学中，教师只是学生知识构建的促进者、引导者、激励者，而不是成果的提供者；教学只是给学生提供思考的原材料，关键在于学生自主学习、构建知识体系。其最终结果不在于学生在这个问题上做了多少重复性工作，而在于研究者是否把握了课题的本质内容，找到问题的症结所在，哪怕是收获了一点点的与众不同的体会。

第二章

小学数学任务型学习的特征与分类

从虚无中，我开创了一个新的世界。

——约翰·鲍耶，匈牙利数学家

凡是我们头脑能够理解的，彼此都是相互关联的。

——莱昂哈德·欧拉，瑞士数学家

操作型任务：学生合作完成数学任务“长方形、正方形面积计算”

第一节　小学数学任务型学习的特征

数学任务型学习是指教师依据数学教学大纲，按照一定的目的、内容、要求，有针对性地指导学生系统地掌握数学知识与技能的过程，是一个全面发展和个性发展的过程。

数学是一门极具魅力的学科，数学任务型学习作为学生一种新的学习数学的方式，也必将表现出一些特殊性来。

一、真实的情境性

高质量的、真实的任务情境能激发学生的学习兴趣，是实施有效教学的前提，而且直接影响着课堂教学效果。好的数学任务情境能促进学生主观能动性的发挥，培养学生的创新精神、探索精神，提高学生发现问题、分析问题、解决问题的能力。如何使学生真正成为课堂的主人，让操作与探索、合作与交流、研究与思考成为课堂的主旋律，让课堂变得更加有高度、有温度、有深度，使课堂教学能够高效地发挥应有的作用，关键在于创设良好的教学情境。

关于情境的创设策略，一般要基于以下 6 个因素来综合考虑：

(1) 任务情境的创设要基于学生认知水平

教材知识的编排是环环相扣、循序渐进的。在理论上，学科课程内容要按照学生的思维和认知基础来设置。学生基于已有知识才能更好地学习新的内容，才不会因跨度过大而产生畏难心理。高效课堂的教学目的是让学生最大限度地理解和掌握知识，如果任务情境创设得过于难、偏，那么学生因认知水平有限，就达不到预期的要求，这个情境创设就显得毫无意义，教学效果也相应打折扣。相反，如果问题情境设置得过于简单，思考存疑的意义不大，激发不了学生的思考深度，也达不到理想的效果。因此，情境的设置必须从学生的认知水平出发，在最近发展区处找到最好的契合点，才会产生最好的效果。

同时，学生的认知源于生活和已有的经验。因而，任务情境的创设还要紧密联系生活实际，即从生活中寻找、发现问题，并将生活问题转化为数学问题提供给学生，接着是学生主动分析与解决问题。总之，有效的任务情境创设一定要基于学生的认知水平，着眼于学生的生活实际，创设生动、真实、形象的问题情境，从而有效地激发学生数学的兴趣，使之主动投入问题情境中，更好地研究数学。

（2）任务情境的创设要有利于调动学习兴趣

我国古代教育家孔子说：知之者不如好之者，好之者不如乐之者。可见培养一个人的兴趣有多重要。

的确，浓厚的学习兴趣能直接提高课堂的教学效率。一旦学生对学习任务产生兴趣，就会主动参与、认真研究、深入思考，积极探究问题的本质并努力解决问题，从而达到事半功倍之效果。相反，效果则会大打折扣，或是学生心不在焉，甚至引起学生厌学情绪。所以，任务的设置要基于学生的兴趣所在，最大限度地激发学生的内驱力。这需要教师能够深入了解学生的实际所需所想，在充分研究学生的基础上再设计问题。总体来说，数学情境具有真实性、趣味性，才能真正做到让情境创设服务课堂学习，进而学生才能通过这些生活中的实例，顺利突破课程的重难点，提高学习效率。

（3）任务情境的创设要精心设置问题

一切学习始于问题，好的问题是学习的核心，是知识的重要载体。伴随着对每个小问题的解决，学生逐步走进知识的核心，不断实现对知识框架的构建。可以说，小学生学习知识的过程就是解决问题的过程。那么，任务情境必须要有好问题来支撑。好的问题一般要紧扣知识本质，要基于学生实际，有思考空间，有内容可表达，能助力学生层层递进探索未知，进而能够深入理解知识的本质。设想总是美好的，如果发现学生对所设置问题不感兴趣，教师还应当及时调整，找出原因所在并改进。同时，学生在活动时经常会遇到新问题，这正是学习状态的最佳追求。在发现、探究问题的过程中，培养学生自主思考、合作探究等综合学习能力。

（4）任务情境的创设要紧扣教学目标

任务情境的创设只是学习途径，不是最终目的，它是为学生学会知识服务的。只有认真研究教学内容、明确教学目标和重难点之后所创设的任务情境，才能发挥任务情境的最大作用，这也是当前教师追求的有效情境。数学学科素养作为小学生必备的基本素质和能力，反映了学生基本的数学思维意识和解决问题的关键能力，也是数学学习的目的所在。所以，良好的任务情境设置要注重提高学生的数学素养、科学精神、学习能力和实践创新能力，促进学生全面健康成长。这也就是说，就算学生把一切知识全忘记了，但无论从事什么工作，那些曾经深深地铭刻于头脑中的数学精神、思想方法、研究方法、推理方法和着眼点等，却能随时随地发挥作用。让学生认识到从特殊到一般的研究方式对今后学习新知识的重要性，会使他们受益终身。总之，任务情境的创设要体现数学的培养目标，以及目标所涵盖的科学价值、人文价值、应用价值和美学价值等。

(5) 任务情境的创设要适当利用信息技术

多媒体课件有很大的信息量，它以动态的形式展现，能够轻松地吸引学生的注意力，给学生提供直观图像，有利于提高学生学习的积极性。数学中很多概念靠传统的教学方法很难呈现，用直观、形象、具体的方式能更好地把数学概念中的难点在课件中予以突破。如在教学“轴对称图形”这一概念时，老师利用课件动态演示蜻蜓、蝴蝶、树叶等轴对称图形，并伴随着美妙的音乐把轴对称这一抽象理性的知识转化为形象直观的内容，积极调动学生的耳、眼、脑等器官投入学习。又如，在教学“相似三角形”的概念时，将对应边及对应角分别以不同的颜色、不同的符号加以区分，使学生能清晰地找到哪些是对应边、哪些是对应角，从而轻松地理解知识的来龙去脉，对图形的认识更加深刻，收到更理想的教学效果。因此，在数学教学中，教师将知识和信息技术有效结合、高效整合，才能更好地发挥多媒体的优势，增强任务情境的感染力，提高课堂教学效率。

(6) 任务情境的创设要构建和谐的师生关系

教育的实施者是人，接受者也是人。和谐的师生关系，是一切教育的前提。“亲其师，信其道”，和谐的师生关系将直接影响教学效果；没有和谐的师生关系做保障，再好的任务情境都将是形同虚设。因此，无论任何时期，作为一名教师，不仅要提升自己的学术水平，扎实自己的教学能力，也要用心对待教学中的各种问题，构建和谐的师生关系。教师不仅要做知识的传授者，还要做学生的知心朋友，平时多关心爱护学生，当好学生的引路人。只有这样，才能提高学生对教师的信任度，获得理想的教学效果。

二、自主性

面向未来的教育改革应从根本上树立以学生发展为中心这一重要教育理念。尊重人的需要，弘扬人的个性，一切从“人”出发，一切都是为了“人”。

纵观整个教育历程，育人始终是目的，要以人为本，高扬人的主体性。为此，学校教育不再是发展的手段，应看作学生发展的一个基本内容和过程；学生不再是教育的工具，而是教育的主人。关注每个学生的个性特点，开发学生的潜质，使每个学生能够充分学习，学会学习与发展，以塑造完满个性为目的的教育，已成为现今世界教育发展的潮流和趋势。由于教育观念的陈旧、传统教学方式的束缚、教师人文素质的欠缺、教学评价导向的偏差等方面的原因，许多学生失去了学习的主动性。

任务型学习法是培养学生主动学习精神的一种有效方法。在任务型学习中，学生需要确定此任务的真实性，在任务中去思考问题、发现问题、提出解决问题的对策。在任务型学习中，“学习者就像一名探索者在探索一个未知的领域，这个领域里充满了惊奇、挑战和机遇。这种教学方法可以使学生兴奋，具有刺激性和挑战性”。这种学习方法，要求学生必须是学习的积极参与者，而不是被动的接受者。他们在任务中各自承担一份责任，由被动角色转变为主动角色。教师角色也从知识的权威者转为知识探索的引导者。不仅如此，人的认识来源于实践，有一些课程必须通过课外实践活动让学生主动去观察、思考、探索、分析、寻找答案，才能让学生学得主动、学有收获。数学学科正是与实际生活密不可分的，如讲“百分数的认识”时，可先让学生到附近的市场、商场去了解商品的价格。学生通过实地调查研究、相互讨论，获得了价值与价格等大量具体感性材料。学生在这种实践中学习定会兴奋不已，他们学得主动，学有乐趣，也学有收获。

众所周知，教育的核心是培养人才的创造能力，培养人才的创造能力要靠具有创造性的教学活动来实现。当教师运用任务型学习这种创造性的教学活动时，应该如何促进学生主动构建数学学习框架呢？可从以下几个方面来做。

(1) 将活动课程作为任务型学习的主要课程类型

所谓活动课程，是在当前活动经验课程和问题课程基础上发展起来的一类课程体系。它强调学生以探索、发现知识的活动来掌握知识。活动课程具有以下四大特征：学生主动参加活动，在活动中手脑并用，学思结合，去探究知识，发展创造力；活动课程突出学生，充分体现学生自主、自动的主体作用，使学生在充分体验的活动中积极主动地发挥自己的聪明才智；活动课程不仅着眼于学生活动目的的成功，而且关注他们在情感、意志、行为等方面是否健康、协调发展；活动课程的评价聚焦于学习过程，重点看学生在整个学习活动中的表现和学习态度的变化。因此，与学科课程相比较，活动课程具有明显的创造性、主动性、综合性和过程性等特征，能与培养学习主动性学习的目标相匹配。同时，活动性课程为学生的主动性学习营造了一个自由的广阔天地，有利于发展他们运用各种理论、规律、原则分析问题、解决问题的能力，发挥其聪明才智和创新意识；也有利于学生之间相互竞争、共同提高，激起学生对学习的积极情感。

(2) 将建立良好的师生关系作为任务型学习的重要前提

良好的师生关系是进行指导性教与主动性学的前提条件之一，良好的师生关系是建立在充分尊重学生的基础之上的。将全面质量管理引入教学活动，有助于形成一种新型的师生关系。我国近代教育家夏丏尊先生说：没有爱，就没有教育。教师对学生奉献的爱心、诚心，必然将赢得学生的敬重，逐渐形成教育威信。尊重学生的前提，是教师要保护学生的创造精神，珍惜学生的情感体验，发展学生的个性。此外，要形成积极的文化氛围，创设一种学生敢于提问、质疑、假设和推理的学习氛围。在尊重学生主体的环境中，培养他们积极参与、创新和开拓等精神，使学生之间及师生之间的友好合作关系得以形成。

(3) 将主动探索作为任务型学习的关键能力培养方式

传统教学过程通常是满堂灌、一言堂。长此以往，学生变得温顺、服从，注重死记硬背，学习动机不再明确，对学习失去兴趣和热情，而且容易形成心理疾病和障碍，学生掌握知识发展能力只能成为一种美好的梦想。而任务型学习中的师生关系是辅助与主动的关系，它要求教师在教学过程中充分调动学生自主性、能动性，要求学生通过独立自学、小组合作等方式，主动探索并不断加工和改造已有的信息和材料，不以某种正确答案为满足；同时，学生自己设计解决问题的方案，有利于培养学生的创造能力。

(4) 将多种活动配合作为任务型学习的综合育人目标

传统学习强调以教师、课堂为中心，只重视基础知识和基本技能的传授，并不注重培养学生综合运用各种技能，以形成发现问题、分析问题、处理问题和解决问题的综合性能力。它忽视了学生的精神世界，造成了学生在学习理想与信念上的失落、学问与人格的背离，久而久之造成了创造力萎缩、意志力退化。而在任务型学习的教学关系中，教师传授给学生的不只是数学学科的系统知识，而主要是综合运用各类知识去发现新知识的方法和本领，更重要的是培养和发展学生良好的素养，如情感、意志、性格以及高尚的情操和科学的学习方法与思想。

三、活动性

数学课堂教学的活动性是数学课堂教学的一种重要属性，而任务型数学课堂则更加凸显这一特性。一方面，它以数学教学活动化以及数学活动教学化来表征数学课堂教学。其中，数学教学活动化主要是指数学课堂教学的任务，要改变以数学教师为中心的单向传递或单一发展的方式为以学生为主体、综合发展为目的的数学认知实践，也就是变静态知识演绎的数学课堂为动态知识生成的学生数学活动的场所。数学活动教学化主要是指一切数学活动都要根据数学教学的长远目标与短期要求，进行统筹规划与精心设计，使数学课堂的“活”与学生的“动”兼备，使之具有数学形态的实践性、实效性。另一方面，除了这两类具体形式外，所有的数学课堂教学都以“活动”的观念要求确认、凸显、表征自己的存在，并因此具有各自内在的活动性，这就是说，任务型数学课堂教学的活动性既不是指数学课堂教学中某一环节的活动，也不是单纯意义上的活动课程或活动教学，而是数学课堂教学中师生多元互动的一种有效存在形式。

有效的数学学习活动不能单纯地依赖模仿与记忆。任务型学习的数学教学活动也必须建立在学生的认知发展水平和已有的知识经验基础上，动手实践、自主探索与合作交流是学生进行任务型活动的重要方式。教师应激发学生的学习积极性，向学生提供充分从事数学任务的机会，帮助他们在自主探索和合作交流的过程中真正理解和掌握基本的数学知识与技能、数学思想和方法，获得广泛的数学活动经验，同时促进学生交往、沟通、共情等非智力素质的发展，从而找到数学任务活动与数学教学活动目标结合的有效路径。可见，任务型学习方式是用数学全面育人、科学育人的一种教学方式，它是数学活动性教学的典型代表。

数学任务型学习的活动性包含知识性、实践性、互动性和发展性等要点。在活动中，学习者在教师的组织、启发和引导下，在探索、实践中，在与同伴和教师的互动、协商中逐渐形成交际、操作、思维等能力。在任务的活动中，师生、生生之间进行知识和心灵的沟通，共同成长，因此，它能为学生的全面发展提供温馨和谐的可持续发展的环境。

数学任务型学习的一般活动包括三部分：其一，活动前做好充分准备。在课堂活动之前，教师首先要让学生明确活动的目的和具体操作方法、要求。其二，活动过程中要有效交流互动。有效的课堂活动应该是互动的，是思想与心灵的沟通。在活动中应要求学生将自己的想法与其他同学进行交流，形成教师与学生、学生与学生之间的互动，使课堂活动具有竞争性、挑战性、互动性的氛围。其三，注重活动后的评价。对每个学生的活动效果，教师要组织其他学生对其进行评价。学生的评价一方面可使学生养成尊重其他同学劳动成果并认真倾听的好习惯，另一方面也可以使陈述的学生了解自己的优点与不足，避免其他同学出现同样的问题。在整个课堂活动中，教师要适时地点评，对学生的认真准备给以肯定，对学生的勇敢表达予以赞扬，发现学生的优点，鼓励他们将好的学习习惯延续到课外。

如何防范和克服数学任务型学习活动的低效与异化呢？这应当是一个标本兼治的过程，需要多方主体的共同努力。数学任务型学习的活动性理念为我们防范和克服这些现象提供了如下的活动指南：在数学课堂教学的设计、实施等各个系统环节提醒自己思考“任务的主题”“教学对象是谁”“为什么教学”“如何教学”“用什么教学”“教学效果如何”等基本问题，确保在教学的各个细节处理上做到预设和实践的有效互动，通过边想边做、边做边想，反复推敲已有的教学设计、活动方案，认真训练反思性数学任务型教学思维，逐步提高对数学课堂教学本质的辩证认识，正确把握数学课堂教学中的各种关系。显然，把数学课堂教学活动性的理念落实到教学行动中，将有利于我们对数学课堂教学中低效与异化现象产生的原因进行深入分析，对数学课堂教学中的行动、事件有更充分的辨识和更合理的选择，并据此科学有序地展开数学课堂教学活动过程。

四、创新性

创造教育是一种以培养学生好奇心、创造意识、创造毅力、创造思维能力和技法等为核心的教育方式。其特点是鼓励学生主动探索，训练发散思维，使学生学有特色。

任务型学习的创新性是创造教育对教学提出的具体要求，是在创造教育基本原理指导下学科教学的表现形式。它是将启发式、发现式和其他有助于创造力开发的方法用于各种学科的教学，并将教学内容按促进提高创新能力的方向改编，成为程序式的教学载体，从而促进课程改革的教学形式。针对数学学科和小学生年龄的特点，任务型数学的创新性就是在教学中尊重学生的个性特点，保护学生的好奇心和求知欲，着力培养学生的创新精神、创新思维和科学态度，提升学生获取新知识、发现和解决新问题的能力，更多地采取题组型的"开放"和"半开放"的模式，让学生自主发现和创新。

数学任务型学习的创新性，其目标是从"以知识教学为核心"转向以"培养创新精神为核心"，并以此为教学的价值取向。具体地说，就是对学生通过一定的教育、训练和学习指导，激发学生的创新动机，开发学生的创新潜能，培养学生的创新精神，训练学生的创新思维，发展学生的创新才能，使之逐步具备创新型人才的基本素质。

(1) 数学任务型学习创新性培养的五种创新素质

创新意识，主要包括创新的动机、欲望和兴趣等。

创新能力，主要包括认识力、观察力、想象力、注意力、记忆力和独创的实践力。

创新人格，主要包括创新的品德、情感和个性。

创新精神，主要包括创新的思想、勇气和意志。

创新思维，主要包括批判、聚合和发散的思维。

这五个因素中，创新意识、创新精神、创新人格都是非智力的心理因素，它解决了善于创新、勇于创新的问题；创新思维、创新能力是智力因素，解决能够创新、持久创新的问题。

(2) 数学任务型学习创新性的四大特征

以发展创新能力为目标。它既包括处于深层的创新兴趣、动机、态度、信念和创新思维判断力、表达力，还包括处于浅层的创新知识和技能。

以基本知识为本。它表现为教学围绕既定的教学材料来展开，让学生在掌握数学基本知识基础上进行继承和发展。

以学生为主体。它保证学生在教学过程中处于主体地位，在教师引导下自主实施知识的构建过程，而不是传统的知识和技能的传递过程。

以问题为主导。它以问题为中心线索展开教学，让学生在“解决问题”中学习，而不是在“解答题目”中学习。在这些要素相互作用下，创新性教学既能充分发挥教师的主导作用，又能有效地调动学生的自主性。

(3) 数学任务型学习创新性的七大教学原则

从小学生和数学学科的特点出发，构建富有创造性的教学模式时应坚持以下基本原则：

整体发展原则。教师要把学生创新能力的发展看成一个生命整体的发展，既引导学生全面掌握对创新发展起奠基作用的数学基础知识和基本技能，也重视训练学生的创造性思维，发展学生的创新能力，优化学生的创新个性品质。

民主平等原则。教师要注重建立起民主平等的师生关系，鼓励学生质疑提问、自由争辩，形成以学生为中心的生动活泼的教学局面，使学生的创造性得以充分发挥。

自主学习原则。教师要从学生所处的主体地位出发，引导学生通过自己的学习活动来主动构建、激活学生内在的原动力，最大限度地调动学生的主动性和求知欲，使之真正成为创新学习的主人。

情感激励原则。教师要用自己的创新精神和情感去感染和调动学生，激发学生创新的欲望和需要，体验创新的乐趣，树立创新的精神追求。

再现过程原则。教师在教学中应以思维活动为主线，充分揭露和展示数学知识发生、发展和应用的过程，促进学生认知结构的形成和发展，为学生的发现和创造提供更多的条件。

启迪思维原则。教师要充分发挥教学中的主导作用，精心设计问题序列，创设思维情景，设置思维障碍，激发学生的兴趣，启发学生积极思考，发展创新思维能力。

开放探索原则。教师在教学中要突出学生在数学学习中的自主性和思维的开放性，引导他们合作讨论、积极探索、发表见解，“百花齐放、百家争鸣”，给学生的思维活动提供更为广阔的天地。

(4) 数学任务型学习创新性的三大教学方法

启发式教学法，是教师遵循学生认知规律，激发学生的求知欲和学习兴趣，引导学生积极开展思维活动，主动获取知识的一种教学法。它同“注入式教学法”有着根本区别。教育家叶圣陶说：“教学，教学，就是教学生‘学’”。小学数学教师应当深刻理解这个思想，使自己的教法设计紧紧围绕“使学生学会学习和创造”这个中心。它的基本教学模式是“提出问题—分析问题—解决问题—理性归纳”，主要适用于运算、检验和应用题的教学。实施启发式教学法，要求小学数学教师在教学过程中按“问题解决”的形式设计教学过程，设计一系列的问题情境，提出带有启发性的问题，让学生运用所学知识创造性地解决实际问题。它一方面要抓住课本的典型题例进行延伸和扩展，编拟出内涵丰富的应用题让学生“钻研”，另一方面要抓住数学问题本质，编制现实情景的实际应用问题让学生“试练”。这样不但可以把数学知识恰当地放到各种实际情境中，训练学生的思维能力和应用数学的意识，还可以运用丰富多彩的各种数学课外活动，使学生在生活中真正地应用数学，从而增进学生创新思维的培养。

探究式教学法，就是在教师的积极引导下，学生带着自己的问题，运用所学数学知识，通过实践、实验、想象、推理、领悟等来解决问题的教学法。在探究过程中，鼓励学生合理假设，合理猜想，仔细论证，认真评价，回顾总结，推而广之，实践运用。这种教学法的基本模式是“创新情境—分析探究—猜疑假设—论证评价”，主要适用于概念法则、公式、定理、例题等知识形成过程的教学。它要求在例题的选择和配置上，要加强探究性问题，让学生运用合情推理在更广阔的空间里探索；在解题环节上，要突出探索活动，重视分析学生在探索中出现错误的合理性；在探索活动的形式上，可采用个人思考、分组讨论、大组报告等多种形式和 CAI 软件，让学生通过数学实验在更理想的空间进行探索和发现。探究过程，是学生发展智力、掌握学习策略、积累学习方法的重要过程，是学生形成创新能力的重要一环。

小组合作教学法，就是把班内学生，根据知识积累、学习能力性格、同学关系等情况，恰当分组，以小组为单位来完成教学活动和实现教学目标。在小组合作活动中，教师要注重将单一的讲授方式转变为师生间互动式的交流方式，并随时加以调控，引导学生积极踊跃地发言；还要采取灵活多变的教学模式，如实施小组“纠错课”“自习课”“比赛课”等，引导学生积极参与和启迪思维。

第二节　小学数学任务型学习的分类

数学教学的任务是培养学生数学思维及创新、归纳和推理能力。小学数学领域的教学任务，既不能过于范化、浅化，也不能过度深化。任务型学习的思想根据研究的侧重点不同，把学习分为实践学习和理论学习两部分。但在不同阶段的实际研究中，我们根据不同标准又进行了以下细分(图 2-1)。

图 2-1　任务型学习不同研究阶段分类模型图

一、依据学习目标划分:单一任务和综合任务

任务型学习依据学习目标可分为单项任务和综合任务。所谓单项任务，也叫一般型任务，是相对于较复杂的任务而言的。与一般的练习不同，它以聚焦重点、难点知识为特征，旨在帮助学生更深入地理解与掌握知识。它既带有鲜明的专项学习目标，又指向培养学科核心素养的综合目标。对于小学低年级学生来说，它可以是观察的即时任务，而对于高年级学生来说，则为答题任务等。许多课堂上所安排的常见的即时任务，如观察、操作、交流、展示等，都可以被称为单项任务。例如，苏教版数学二年级《观察物体》一课，在实施任务过程中，以学生为中心，先观察，再对比两张照片有什么发现(见图 2-2)。教师在这里不需引导，耐心等待学生作出判断，重点是让学生说明判断的理由，进而体会从不同方向观察物体，看到的形状可能是不一样的，从而引出本课主题。

(a) 地点一　　(b) 地点二

图 2-2　图从哪儿拍的

此类任务难度偏低，普适性较高。它从学生的生活经验出发，从培养学生的观察习惯入手，通过观察对比即可完成任务，促使学生在轻松的氛围中展开学习。学生在获得成就感的同时，体验了数学学习的乐趣，还进一步发展了比较力。单项任务较之于一般性练习，更具有即时性、聚焦性等特点。

所谓综合任务，也叫复杂型任务、典型任务或特殊性任务，是指在较复杂的真实情境中，融合了三种或三种以上学习因素，需要以自主探究、合作共同体等组织方式来发现问题、研究问题和解决问题的一种复合型任务(其实施模型见图 2-3)。数学综合任务一般用时较长，少则一节课、多则几节课才能完成，几节课完成的复杂任务还可以称为数学小项目化学习。它经常可以延伸到课外，使学生在具体的课堂学习实践中，经历合理化的任务完成过程，对学习产生良好的情感，从而调动学习者的主观积极性，达到了“以学生为中心”的目的。一般常见复杂任务的来源有四种：一是教材中的综合实践活动课提供的任务，如《制定旅游路线》；二是故事(绘本数学)中的数学任务，如《聪明的快递员》；三是著名的数学定理中的研究任务，如《黄金分割有多美》；四是名师经典课例中的特色任务，如张齐华老师执教的“配玻璃”、储冬生老师执教的“搭配中的学问”等等。该类任务既培养了学习者发现问题、解决问题的能力，也直接指向学习者学习综合能力的发展，其设计是关键，难度指数较大。学生在综合情境中产生了对知识与技能的需要、归纳和升华，为其发展数学素养服务。

二、依据学习方式划分：识记任务、操作任务、探究任务和实践任务

任务型学习依据学习方式可划分为识记任务、操作任务、探究任务和实

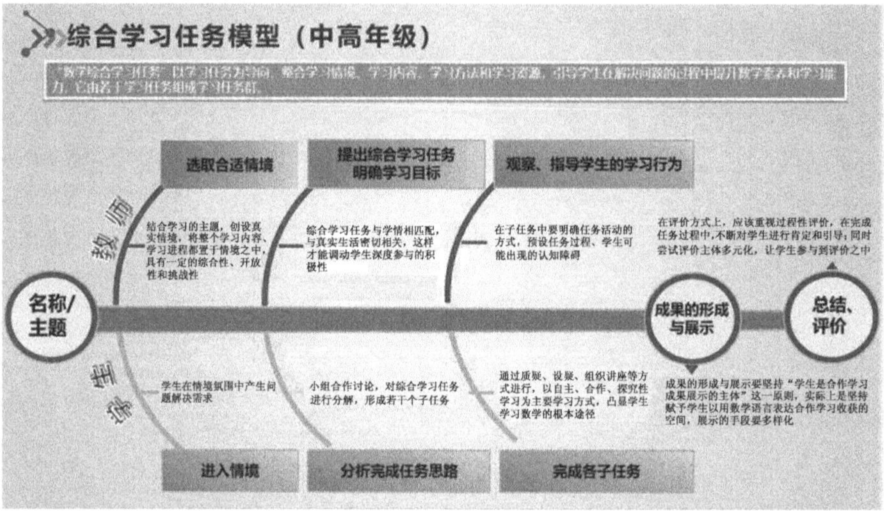

图 2-3　综合型学习任务(中高年级)实施模型图

践任务。需要说明的是,这一分类在特定任务里会有交融,只不过是达成任务所侧重的路径不同而已。

所谓操作任务,是指在数学学习任务中引入学具进行实际操作,在抽象的数学知识和形象的儿童思维之间,架起一座沟通的学习桥梁,从而调动学生多种感官参与、多种心理投入。操作任务在整个小学阶段极为重要,既培养学生用眼观察、操作、语言表达等外部操作能力,还培养动脑思考、发现问题、梳理成果等内部思维能力,更主要的是在完成任务的认知活动中发展抽象力(其实施模型见图 2-4)。如苏教版数学一年级《认识 11—20》中,初步理解 10 个一是 1 个十,借助多媒体做一个有趣的实验,快速出示 11 根小棒,1～2 秒后消失(重复进行操作),让学生尝试回答看到了多少根小棒。有趣的实验激发了学生的兴趣,让学生尝试估算。再次出示课件一同数一数,引出任务:想办法利用小棒摆一摆,让人一眼就能看出有 11 根小棒,并在小组内说一说你是怎样摆的。学生自主参与学习全过程,真正站在了学习舞台的正中央,成了学习主体。操作任务的练习,多是学生在教师的引导下一步一步地完成相关动作。如上面这个操作任务是让学生完整地经历把 10 根小棒捆一捆的动手操作过程,来抽象出计数单位“十”的价值。在活动过程中学生还可以借助同伴,合作互助,教师组织交流反馈来总结提升学生的活动感受，继而使学生体会到抽象的数学学习方法可以既有趣又简单。

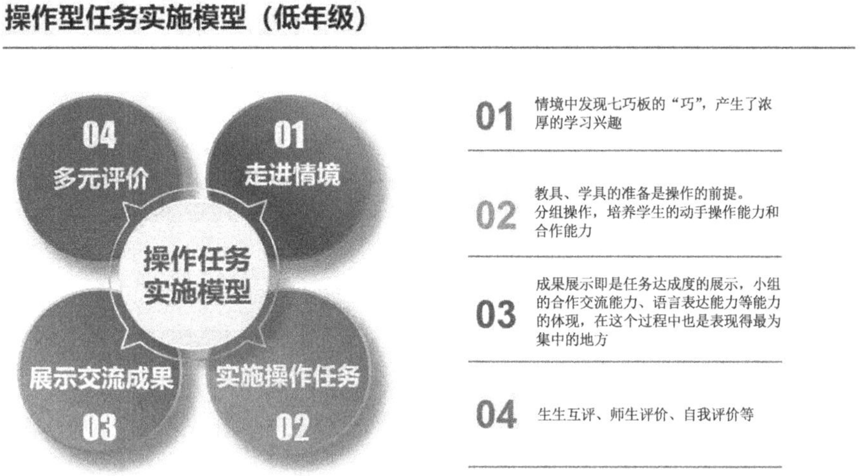

图 2-4　操作型学习任务（低年级）实施模型图

“探究学习”属于“研究性学习”的范畴，它是由科学研究方式推演而成的学习方式。因而，探究任务聚焦于课堂探究性学习，它是在操作中发现、在观察中提炼、在比较中联想，并通过大胆猜想、推理和验证来解决问题的任务（其实施模型见图 2-5）。例如，苏教版数学六年级《体积和容积》一课，所设任务为：空间都去哪儿了？探究一，每组准备两个同样大的玻璃杯，左边的杯子中盛满水，右边的放一个桃，同位两人配合，将盛满水的杯子中的水倒入装桃的杯子中，让学生观察发现了什么。探究二，准备两个同样大的玻璃杯，一个放桃一个放荔枝，再往两个杯子里倒满水，让学生观察倒进哪个水果杯里的水多一些。探究三，准备三个同样的玻璃杯，让学生选择三种水果（苹果、葡萄、小番茄），分别放入三个玻璃杯中，再倒满水，让学生观察发现了什么。学习者以类似于科学研究的方式达成了活动要求。这是一种开放性、自主性获取知识的方法，在这个过程中，学生的好奇心被有效激发、思维被充分解放，在互相合作中发展了推理能力。

生活，是学习数学的源头，是学习数学的大课堂。实践任务是基于生活世界而产生的，通过任务的完成，学生能够用数学眼光主动观察生活、思考生活现象，生成知识再运用到实践中。此类任务可激发学生进行数

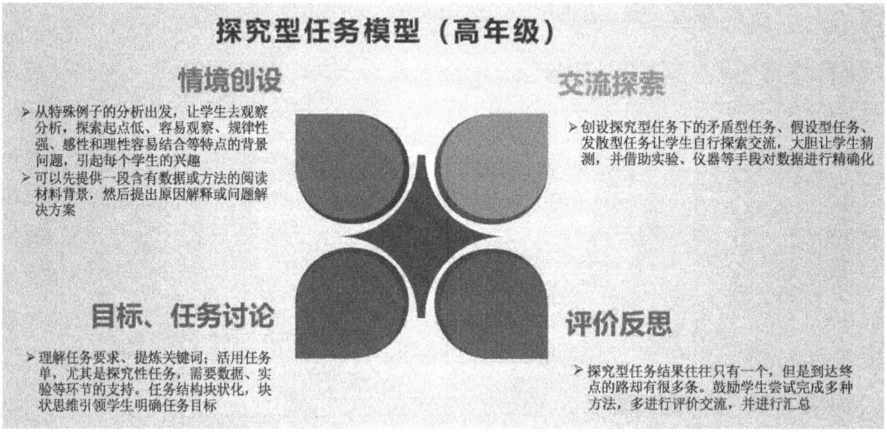

图 2-5　探究型学习任务(高年级)实施模型图

学学习的积极性与主动性，改变学生的学习方式，有利于发展学习者对特定的数学技能、概念或思想的概括能力。如，数学综合实践活动《聚焦长方体》一课，为了加深对长方体特征的理解，强化表面积和体积在生活中的实际运用价值，安排学生根据本组方案设计，在小区内、商场里、大街上、超市中和家里进行相关调查活动。集中汇报时，实践者将针对不同材料，选择不同展示形式，通过整合与概括作小组任务的研究汇报。学生在语言交际场景中，合作价值感得以提升，其思维能力特别是概括能力将得到较好发展。

三、依据基本教学目的划分：课内任务和拓展任务

任务型学习依据基本教学目的的不同，可以划分为课内任务和拓展任务。

课内任务，顾名思义，是学生在课堂学习中能够自主或合作完成的学习任务。课内任务一般难度系数较小，与新知识的联系更为紧密。如苏教版数学四年级下册《用数对确定位置》一课，创设了这样的课内任务情境：

师：同学们，我们来做个游戏吧，“寻宝”。课前，老师在这个教室中一个桌子的抽屉里藏了一个小礼物，看大家能不能根据提示，一次机会就能找出来？

提示1：从教室前门边开始数第四列。

提示2：从教室前排往后数第三排。

找到宝藏：是一本图书《数学的奥秘》。这本书，老师准备奖励给本节课中表现最主动的同学，都准备好了吗？

师揭题：刚才你们就是用数学的眼光来观察身边的生活，今天我们就来研究数学里面如何确定位置。（板书：确定位置）

这是一个较简单的课内任务，通过真实情境下的课前游戏，从学生已有的知识基础和经验展开，把学生的思维带进课堂。学生经历了积极思考和观点交流的过程，内在的学习需要也在不经意间悄然萌发，增强了求知欲和学习主动性。如此设计，也为下一步明确学习方向、正确选择任务主题做好了铺垫。

与课内任务相关联的是拓展任务。拓展的含义为开拓、扩展，是在原有的基础上，增加新的东西。那么，拓展任务是在学生完成基本数学任务的基础上，增加了有一定难度的、有助于学生思维发展的任务。拓展任务一般可由个人或小组合作完成，经常延伸到课外，当某类任务解决时，还能更好地迁移，进而推动另一个相似任务或新任务的解决。再如《用数对确定位置》一课，在总结部分，可设计为：

师：同学们说一说，通过这节课的任务学习，你们有哪些收获？

生按板书分别进行总结。

师：在生活中哪些事情用到了数对的思想？

（出示神舟七号飞船返回地球的画面）这是神舟七号飞船返回地球的画面，地球这么大，我们能快速而准确地找到它，其实就是运用了数对的知识。怎样在这么大的地球上确定位置呢？请同学们课后查阅有关资料解决一下好吗？

通过设计这个拓展型任务，既激发了学生学习的兴趣，又提高了学生的能力，进一步加深学生对数对的理解，并会在平面方格图中用数对确定位置，提高学生运用所学的知识解决实际问题的能力，激发学生学习数学的热情。

四、依据组织方式划分：个人任务、小组任务和班级任务

任务型学习依据组织方式不同，可分为个人任务、小组任务和班级任务。

个人任务一般是学生个体独自可以完成的学习任务,有时也可以借助同伴或其他资源平台来完成,这类任务的设置形式单一、难度较低,在课堂中较为常见。如,苏教版数学二年级下册《四边形、五边形和六边形的初步认识》中,学生在初步感知四边形、五边形、六边形的基本特征后,独自试着动手创造图形就是个人任务。小组任务是指把学生按照一定的标准分为不同的学习小组,在组长的引领下,组员按照各自的分工,共同完成一个较为复杂的任务。如,苏教版数学二年级上册《认识周长》一课,学生在理解了周长的概念之后,教师给出了小组任务:能测会算我最行。小组学生通过合作测量一片树叶的周长,在操作中丰富了对周长含义的认识,并初步体会"化曲为直"的方法价值,初步渗透数学思想方法。班级任务一般是指为了提高研究数据的准确性,而采用的班级全员参与活动的一种任务。如,苏教版数学三年级下册《数据的收集和整理二》一课,要想知道全班哪个月份出生的学生最多,哪个月份出生的学生最少,这时就需要全班学生参与大任务了。数学的研究就是从这样的一项小任务开始的,推而广之,我们就可以估算一个年级、一个学校甚至是一个区域的学生的出生情况。这时,就出现了比班级任务所涉及人员范围更广的学习任务,因条件所限,一般不在我们的研究范围之内。

五、依据范围场所划分:课前任务、课中任务和课后任务

任务型学习依据范围场所不同,可划分为课前任务、课中任务和课后任务。比如常见的课前任务一般指预习任务,是指教师为了培养学生良好的自主学习习惯,而将新课内容梳理成数学任务以课前自学的形式布置给学生。它在培养学生自学能力、激发学生学习兴趣、提高学习效率等方面可起到重要的促进作用(其实施模型见图 2-6)。课中任务还包括之前的操作型任务、小组型任务和探究型任务等。课后型任务可包含综合型任务、小组型任务等。在此不作重点论述。

以上是教师在教学实践中重点研究的几个数学学习任务模型。总的来说,在新课程改革全面推进的形势下,小学数学任务型学习已经展现了良好的发展前景。学习任务的设计形态,经常因话题、学生水平、学习条件等多种因素的影响而多种多样。如何选择和设计适当的任务类型,还应综合分析任务的难度系数与学生已知经验是否相匹配。在教学中,建议教师适当

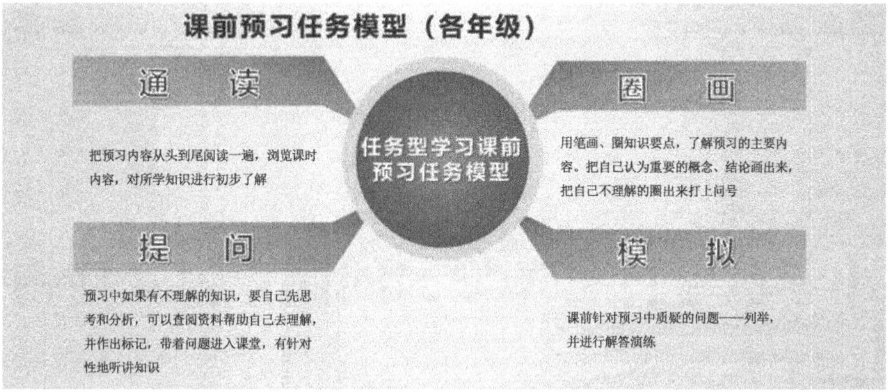

图 2-6　课前型学习任务实施模型图

降低探究难度，这样会使任务的达成取得事半功倍的效果，还能发展学生的理解力、创造力等综合学习能力。

第三章

小学数学任务型学习的课堂模式建构

数学是研究现实世界中数量关系和空间形式的科学。

——恩格斯，德国哲学家

小组任务：学生合作完成数学任务“了解你的好朋友”

课堂是学生学习的场所，教师应该运用自己的智慧和创造力，挖掘课堂的无限生机和活力，建构一套以学生为中心，更适合学生学习的课堂体系。乔伊斯、韦尔和卡尔雷恩在《教学模式》一书中指出：教学模式是构成课程和作业、选择教材、提示教师活动的一种计划或范式。实际上，教学模式并不是一种计划，因为计划一般显得太具体、太具操作性，失去了理论的色彩。而将“模式”一词链接到教学理论中，是想以此来说明在一定的教学思想、教学理论指导下，建立起来的各种类型的教学活动的基本结构框架，表现教学过程的程序性的策略体系。

课堂教学模式，是指教师在课堂上针对学生学习而使用的教学方法，也就是孔子说的因材施教。教师在不同类型课堂以及对待不同学生应采取不同的课堂教学模式，好的教学模式会取得更好的教学效果。

小学教学任务型学习是指以学习者为中心，在真实情境中、在相关数学核心任务的驱动下，通过动手实践、自主探索、小组合作交流等数学学习方式，主动搜集并分析有关信息和资料、解决任务，从而完成对数学知识的建构，使学生在真正理解基本数学知识、掌握基本数学技能、感悟数学思想方法的过程中，培养数学学科素养的一种学习方式。在新课程标准提出转变学习方式的背景下，任务型学习通过情境化、生活化、问题式的数学学习，改变学生的学习方式、教师的教学方式。教师的任务是引导和帮助学生去发现或创生所学知识，使学生在完成任务的过程中发展自己的数学学习能力。

同样，任务型学习的课堂是学生充分自主学习的课堂，是师生互动、生生互动的课堂，是学生对所学内容主动实现意义建构的课堂。在实践研究中，小学数学任务型学习的基本教学模式逐渐形成，如图 3-1 所示。

这一基本教学模式，可以根据任务的难易程度、达成方式、学生水平等情况灵活改变。任务型学习在具体实施中如何根据学习目标来创设优质任务，还要综合考虑以下几个因素：

(1) 数学任务要具有有效性与自主性。有效的任务活动是桥梁，能激发学生的自主学习需要，使学生更容易理解知识的来源。

(2) 数学任务要具有现实性与情境性。数学任务所涉及的生活现象不能一味追求有趣，而要具有现实意义的真情境、大情境，是学生在日常生活中所熟知的事情，从而真正激发学生的学习需要。

图 3-1　小学数学任务型学习的基本教学模式

(3) 数学任务要具有联系性与一致性。较复杂的数学任务可以由几个活动组成,也可以由几节课组成。教学任务的设计应注意要素之间的互相联系,便于学生理解任务解决过程中所形成的不同路径,达成认知冲突的一致性。

(4) 数学任务要具有体验性与深刻性。数学任务要让学生经历充分体验和认知冲突的消融过程。如果对任务的设置泛化或简化,就不能使学生对问题进行深入思考,对其思维、表达、创造等能力的培养效果也将打折扣,而这与开展数学任务型学习的目标是相悖的。

(5) 对数学任务的评价要具有激励性与差异性。在开展任务型学习的过程中,教师要重视对学生的求知欲的保护,充分考虑到学生认知水平的差异性,借助过程性评价,帮助学生重新认知整体活动,引导学生积极参与任务型学习。

基于以上认识,任务型学习的教学策略不应是课堂教学过程的点缀,而应真正地为教学服务。那么,如何使学习内容既具有一定的难度和现实意义,又能增强学生学习的驱动性,实现全面参与学习呢?下面六个环节分别阐述任务型学习的教学实践与探索。

第一节　创设任务情境

一、任务型学习情境理论

（一）学习情境的含义

情境教学法注重的是在一定的环境里对学生的教育，最朴素的代表就是“孟母三迁”。孔子强调的“不愤不启”教育，也运用了情境启发法；苏格拉底倡导的“产婆术”教育，是创设问题情境来引导学生思考探索。此外，还有一些著名的学者也在情境教学上不谋而合。如，认知结构学习理论的代表布鲁纳提倡的“发现法”，就是由教师创设情境使学生在这种情境下产生学习矛盾，从而主动思考，积极提出解决问题的方法。再如，美国心理学家加德纳提出的多元智力理论，认为人的智力是多元化的，人的各种智力是相对独立的，有不同的发展规律，所以教育应该面向全体学生，为学生多种智力的开发创设各种可能的情境。

如今，情境教学也为越来越多的教师所钟爱，成为课堂教学中一道亮丽的风景。许多数学课堂因为创设了生动有趣的情境，提高了学生的学习兴趣，而变得生动、富有吸引力了。加之很多小学数学学习任务与学生的实际生活有紧密的关联，因此小学数学教师在开展课堂教学活动时，可以从学生的实际生活入手，为学生创设相应的生活情境，以此强化学生数学学习效果。

余文森教授说过：情境好比美味可口的汤，知识好比盐，知识必须融入情境中，学生才更容易理解、消化、吸收知识。只有真实的情境才能让数学教学焕发生命活力，才能让学生感到数学的现实意义。

因此，任务型学习的情境设置深受学生喜欢，且有助于提高学生学习效果。任务型学习情境是指围绕任务型课堂学习的目标，所设置的具有一定真实的生活情境或体现数学思维的探索情境。学习者在这样的情境中可根据活动的要求一步步完成学习任务。

（二）小学数学任务型学习情境教学的特征

1. 情境目标的指向性和全面性

情境目标的指向性和全面性，是指教师在设置任务型学习情境时，应该明白该情境应达到怎样的教学效果，以及在整个任务型活动中应该具备怎样全面的引领性。关于准确的情境目标应是怎样的，教育者们一直在争论。已有研究表明，教师对设置情境目标的清晰程度不仅与学生的活动存在密切的关系，也与学生的获得成功感存在密切的关系。情境目标可以对教师开展有效教学提供指导。好的情境目标可以从目标的指向性和全面性两方面理解。

情境目标的指向性是教学要凭借情境的设置而达到的结果和标准。也就是说，教学的本质是学而不是教，是“为学生学习而教”，这是教育的核心理念，也是教学的核心理念。情境目标的全面性是正确的情境目标不仅要将目标定位在学生进步和发展上，而且要使学生的这种进步和发展具有全面性，是整个任务活动的全面的进步和发展。

2. 情境准备的充分性和有效性

情境准备的充分性，是指为确保数学任务型学习活动有计划地进行，而对情境的精心谋划和充分准备。这是有目的、有计划的准备，不是即席演讲、不靠临场发挥。教师在授课前精心备课、计划和组织好教学情境，可以减少教师授课后用在课堂组织和管理上的时间，使教师有更多的时间用于教学。

情境准备的有效性，是指教师不过于依赖情境，而关注课堂教学内容，所设置的情境能有效地满足学生的学习需要，激发学生的学习动机，帮助学生突破教学中的重点和难点。

3. 情境组织的科学性和合理性

情境组织的科学性和合理性，是指为了保证任务型教学内容、活动、策略、秩序等的合理性和科学性，而在情境设置时综合考虑情境设置将会取得怎样的理想教学效果。任务型的学习活动是动态的活动，是尝试性的过程，无论怎样周全的情境计划也难以预料复杂、动态、变化的教学过程。在情境设置初始，就要特别考虑，怎样的情境更有利于学生展示数学的探究活动，使活动更井然有序，且能够减少教师用于课堂管理上的时间和精力，降低干扰学习的活动，更好地保证教学任务的完成。

二、小学数学任务型学习情境教学的实施原则

情境要为教学目的服务。情境教学本身只是手段，不是目的。是否需

要情境，设置何种情境，以何种形式来设置等，都必须服从教学目的，适应具体内容的要求，切不可追求形式，或仅仅为刺激学生兴趣而设置。在小学数学任务型学习中，教师在创设生活情境时，必须坚持相应的原则。

（一）明确教学目的，创设引导性的情境

情境是实现教学目标的手段。教学目标不同，创设的情境也各异，因此创设情境过程中，一定要有明确的目标，寓真理于情，情境交融，情通理达，增强体验，提高实效。情境创设一定要紧紧围绕教学目标，遵循儿童的心理发展和认知规律，用具有引导性的提问来发挥教学的最大效果。引导性的提问是充满了“数学味”的提问，这种提问注重引导学生用数学的眼光去观察生活，并能为生活问题的解决提供数学方面的支持。

（二）贴近生活实际，创设现实性的情境

小学生在学习数学知识时，并不是单纯地依靠智力，还涉及非智力要素，尤其是兴趣、注意力等非智力要素更是对学生的学习效果产生直接影响。因此，小学数学教师在开展任务型学习时，需要通过生活情境的创设来激活学生的学习兴趣，让学生在真实的生活情境中体会数学学习的乐趣，进而主动参与，为数学课堂教学效果的提升奠定基础。例如，在创设“动物趣闻——克、千克、吨的认识”这一任务活动时，为了让学生更加灵活地理解克、千克、吨等单位，在情境设计中，教师就可以展示生活中比较常见的物体，如食盐、食用油、大米等情境图，让学生结合生活中的物体来感受这些单位。融于生活情境中的学习，将使学生对知识的掌握更加轻松。

（三）符合学生特点，创设多样性的情境

学生的学习基于现有的认知发展水平。情境创设要符合不同年龄儿童的心理特点和认知规律。对小学生而言，“现实”情境更多意味着与他们直接相关的、发生在他们身边的、可以直接触摸到的事和物。颜色、声音、动画是他们喜闻乐见的主旋律，因此教师在围绕某一知识点创设情境时，应多“蹲下来看孩子”，试着以儿童的眼光看问题，以一颗童心接近孩子。

数学学科与学生的生活本身具有很强的关联，而小学生本身也具有一定的生活经验，教师在教学中需要充分考虑学生的生活实际，为学生设置针对性的情境，以此激发学生热情，便于学生更好地理解数学知识本质。小学数学教师必须从学生的现实生活入手，剖析学生的认知情况、学习水平，设计契合学生发展需求的情境。同时对于基础比较好的学生，教师还可以对其进行必要的抽象思维能力训练，以此促进学生数学学习水平的提升。考虑到学生的个体差异，在对基础比较好的学生进行教学时，不能按照基础比较差的学生教学方法进行教学，避免学生学习效果不佳，削弱其学习主动性。此外要保证创设的情境契合学生生活实际。

因此，教师在创设情境时，可多采用美丽生动的童话寓言故事、活泼有趣的游戏、直观形象的模拟表演等形式。这些形式符合这一学段的儿童天真、爱幻想的天性和心理特征。针对以上特点，学习情境的创设要具多样性，其主要表现在以下几个方面。

1. 创设悬念式的情境

悬念式问题的设置，利用小学生好奇的心理特点，激发学生的学习动机和兴趣，开启学生的思路，活跃思维、丰富想象、加强记忆，有利于学生在紧张而又愉快的氛围中获取新知，发展智力。

2. 创设竞争式的情境

小学生好胜心强，竞争意识强，上进心足。教师可利用小学生的这种心理特征，创设数学教学情境。在教学中，可以组织学生进行一些竞赛活动，调动学生的学习激情，培养良好的竞争意识。

3. 创设争论式的情境

在数学教学中，教师可以创设争论性的情境，引导学生不受标准答案的约束，通过变换命题、变换解法、变换图形等方式，提出新见解和异议，探索解题捷径，培养其应变能力与创造性思维能力。争论是不同思维活动互相碰撞的最直接、最具体的表现形式。在争论中，学生的思维高度集中，往往能迸发出创新的思维火花，智慧也应运而生。

4. 创设开放式的情境

把问题情境开放化，就是把学生投身于一个思维策略与解题方法不唯一的问题情境中，让学生从不同的角度、不同的层面去思考、分析、解决问题。因此，创设有趣的、有悬念的、有竞争的、有争论的和开放的问题情境，是学生主动获取知识和发展思维的一种最实际、最直接的内驱力，可以使学生对学习与学习内容本身产生浓厚的兴趣。

总之，情境创设要丰富手段，摒弃浮华而追求实效。创设情境不只局限于多媒体的演示，语言、实物操作、教具演示、研究活动甚至教师的手势、体态、表情都可以用于创设情境。在小学数学课堂上，教师不能为追求时髦的“情境教学”而盲目地创设情境。教学情境的创设不仅要激发学生的学习兴趣，更要明确其根本目的；情境创设不仅要紧密联系生活，更要蕴含丰富的数学信息；情境创设不仅应具备多媒体所展示的多彩画面，更应在适当的时候甘愿舍去其华丽外衣，追求真实有效的教学。总之，情境创设应该服从和服务于数学课堂，最终促进学生的全面发展。

数学的魅力，不仅在于它的和谐、完美、有规律，更在于它的应用价值——通过交流锻炼学生应用数学的能力。教师要实现让学生更好学习的良好情境，就要用心做到“情融于境，境融于情”。情境创设既能指导教师更好地教学，又能引导学生更好地学习数学、使用数学，在情与境中成长。

第二节　确定任务指向

任务型学习在小学数学课堂中的应用可以有效提高学生的学习积极性，保证教学优质、高效。带着任务去学习，以完成任务为荣，从而获得老师的赞赏和肯定是每一位小学生的追求。任务型教学模式是一种教与学有效结合的新型探究式教学模式，它能让学生围绕任务展开学习，在强烈的解决问题的驱动力下自主探究和合作学习。

一、任务指向的含义

确定任务指向是任务型学习课堂模式的第二环节。所谓任务指向，是指教学任务所要研究的方向、领域、问题等。其中，任务方案的设计是主要操作路径，任务方案是指从任务目的、方式方法等方面进行具体部署，带有很强可操作性的计划。充分研究任务方案的目标是运用最优化的问题解决路径来顺利完成任务。任务方案一般包括任务主题、任务目标、方式方法、任务结果四要素。在具体实施中，任务目标一般蕴含在其他三要素里，不作为显性要素展示。

二、任务指向与任务主题解析

确定任务指向就是明确探究方向。在四要素里，提炼任务主题占据主导位置。任务主题也叫任务名称，它的设计要具有趣味性和引领性。好的任务名称要贴合教学目标、适合学生的年龄特点，能引领学生思维，激发学生继续学习的欲望和动力，使学习更具方向性。提炼任务主题的活动，应根据具体情况而定：难度小的，由学生自己提出；一般难度的，可以师生共同总结提出；较难的，由教师直接提出。

（一）导学时，在比赛中产生任务主题

奥地利心理学家弗洛伊德曾指出：游戏是由愉快原则促动的，它能满足学生爱动好玩的心理，使注意力不但能持久，而且注意的紧张程度也较高。如果把具有数学趣味的游戏、比赛带入数学的学习课堂中，可让学生在好奇、好胜的心理作用下，在放松、愉快的氛围中，把学习的注意力快速、有效地聚焦到学习的知识内容中去，并随着活动进行有效思维，在愉快的活动中主动生成和提出学习任务。

如，在苏教版数学三年级下册第一单元实践与综合活动《有趣的乘法计算》的课堂导入时，教师一般会在课始出示三四个“两位数乘 11”的计算题，组织学生列竖式计算，为探究速算规律做准备。

教师在进行这节课的导入时，创设了教师与班中“计算大王”进行“两位数与 11 相乘”计算比赛的情境。在师生齐发的“预备，开始！”号令下，“计算大王”在黑板上快速列竖式计算，教师则“悠闲”地直接写出计算题的得数。当时，课堂上“观赛学生”看到教师直接写出得数后，发出了“哇……”“太神奇了”的感叹，甚至有学生睁大了眼睛、张大了嘴巴，做出惊讶而夸张的表情；同时，“计算大王”在比赛过程中逐渐产生强烈的疑惑、受挫、沮丧等感受。在接下来组织畅谈“比赛感受”与“观赛感受”的过程中，学生提出了“老师为什么算得这么快？”“这里是不是有什么计算的秘密？”等问题。课堂竞赛活动较真实地激发起学生速算的强烈愿望，从而引出新课的任务主题——“探索两位数与 11 相乘的计算规律”，显得水到渠成。

在引入导学的时候，教师能够巧妙地设计比赛、游戏等活动，让学生“不自主”地进入学习状态，并且积极参与讨论，自然而然地生成学习任务，并有效地培养学生提出问题的意识。研究解决学生自己提出的学习任务，能有力地发展学生学习能力，让学生真正拥有学习的“知情权”，还有助于提高他们学习探究的热情和兴趣，达到事半功倍的学习效果。

（二）探究时，在合作中强化任务主题

心理学研究表明，学生思维是以具体的形象思维为主导并逐步向以抽象逻辑思维为主导的一种过渡，但是他们的抽象逻辑思维在很大程度上都是与经验有联系的，具有很强的形象性。因此，教师要创设和利用好课堂中的一切学习情境，并引导学生在课堂情境的基础上，或展开独立的思维、或发展和同伴合作讨论，积极主动地研究学习方案，在合作中设计任务主题，让课堂的学习能够基于学生学习的视角。

如，在教学《有趣的乘法计算》例题探究时，教师一般会这样启发、引导学生：两位数与11相乘的积其实是有一定的规律，请观察每题积的个位和百位上的数，并把它们与原来两位数个位和十位上的数进行比较；再仔细观察每道题目积的十位上的数字，思考它们与原来两位数的关系。教师通过问题引导、启发学生进行思考和探索，并利用“引入导学”这一环节的教学，产生“探究两位数与11相乘的计算规律”的学习任务。并在这个基础上，教师给出问题：“我们能够怎么来探究并且得出‘两位数与11相乘’的计算规律呢?”在比赛的活动情境中，思维快的学生就能感受到是怎么算的了，有的还会自然而然地提出“需要看得数有什么规律?”“看得数与那个两位数之间有什么样的关系?”等一系列的学习任务。在此，教师就可以顺着学习主题组织学生通过合作去完善任务研究方案，并且制定出研究的具体步骤：① 仔细计算，算出正确结果。② 仔细观察并且比较积的每一位上的数和原来的数的联系，看看能够发现什么？ ③ 学生归纳：把自己的发现与同学互相交流。至此，课堂就会在大家商议探讨中强化了“探索两位数与11相乘的计算规律”的任务主题。

在探究学习时，教师要善于利用课堂中的学习情境，恰到好处地组织学生“不由自主”地展开想象，顺势主动提出学生视角的一些学习方案，并且在小组合作交流时设计学习步骤，在全班的交流中完善学习主题，培养学生提出问题、独立思考的能力。学生自主地设计任务主题，并且探究自己提出的学习任务，这更容易让学生感兴趣，而且还能很好地完成，也让乐学、减负的教学目标在教学中体现出来。

（三）交流时，在思辨中升华任务主题

课堂教学是一个动态的过程，教师应该根据课堂上学生的表现不断调整自己的教学方法，敏捷地抓住自然生成的任务产生点并为课堂教学所用，带领学生深入思考，展开讨论交流，在自我思考和不断否定肯定的过程中修正任务，有目的地培养学生提问的习惯。

如，在《有趣的乘法计算》教学中，通过上一环节中三个学习步骤的任务研究，学生初步得出两位数与11相乘时，只要“两头一拉，中间相加”的速算方法。学到此处，教师一般会出示五六个同类型的练习题组织学生巩固练习，其中最后一题会设计如78×11类型的习题来考验学生，在运用规律的同时解决“十位满十向百位进一”的知识点教学。

教师在教授这个知识点时，借助学生沉浸在自主探究得出“两位数与11相乘”速算方法的喜悦之时，用冷静而缓慢的语调提问：“学到此时，你有什么想法或者疑问？”很快地，学生便提出了“这样的计算方法可以吗（或者正确吗、科学吗）？”“这样的计算方法适用于所有两位数与11相乘吗？”等非常有价值的学习任务。于是，课堂又顺应着学生思维，顺利地进入“举例验证”的教学环节。

在“举例验证”环节，教师提问：“在用竖式计算验证同桌编写的‘两位数乘11’的过程中，计算结果与同桌用规律写出的得数一样吗？有没有出现什么问题，或者想与大家分享什么的？”此时，学生又提出“中间相加满十”情况该怎么办的学习问题。于是，课堂又自然地进入了下一个学习任务……

在课堂学习中，教师在组织学生交流讨论的时候，要走到学生中去，观察和捕捉学生的学习信息，引导学生一点点去发现、思考自己的学习困惑，在讨论交流中升华任务主题，产生新的火花（新的知识）、新的任务，从而感受学习的乐趣，让课堂真正地把握在学生的手中。

（四）总结时，在推想中延伸任务主题

在数学教学过程中，总结反馈是课堂教学一个不可缺少的环节，总结反馈能够帮助学生梳理所学的知识体系，形成一定的知识架构。在课堂最后的总结反馈阶段中，大部分老师都是问“通过本节课的学习，你有哪些收获？”，让学生回顾本课学习内容，自主总结知识点，形成知识框架。学习任务完成后需要即时进行交流分享，这是开展任务型学习的一个重要环节。当学生分组活动后，会积累一些琐碎的感觉意义和初步的深层意义。如何提炼使之聚合在一起呢？交流分享才是打开多向思维的至关重要举措。有时，一节课中，探究过程和展示过程也不是截然分开的，展示过程有时也是一种形式的探究过程。如，苏教版数学四年级下册《用数对确定位置》一课，在总结部分可设计如下。

(1) 做一做

师:我们再做个游戏吧,都记好表示自己位置的数对,老师报数对时,是谁请起立。观察并思考:起立的同学和数对有什么特点?

生:竖着是一条线。

师:为什么?

生:数对中第1个数字相同,表示在同一列。

师:很准确。你能创造一组数对也是一条线吗?请把想法写在任务单上。

学生的成果有:数对中第1个数字相同,表示同一列;第2个数字相同,表示在同一行。还可能有:数对中两个数字都相同,斜着成一条线。也以让学生结合人物站立情况,说一说人物站立情况与数对之间的联系。

(2) 想一想

师:从一竖排一横排开始学起,发现直线上的一点的位置可以用一个数来表示;上升到教室平面图上一个点的位置,需要两个数来表示,就是我们刚认识的"数对"。如果是在整栋教学楼这样的立体空间中,又该如何表示呢?

(3) 说一说

师:通过本课的学习,你有哪些收获?

以上三种方式是融会贯通的,每个评价方式都给学生带来不同的学习感受,也为课堂效果增添不同的影响。做一做的实战练习,回归生活情境,为知识的学习增添首尾呼应效果;想一想的方式比较开放,关注了学习成果的高阶运用;说一说的方式,能积极促进学生反思,为后续学习积累经验、打好基础。因而总结时,在推想中延伸任务主题,能促进学生语言表达和思维能力的发展,激发学生主动类推和联想,延续和发现新的学习任务,也能激发学生学习数学的兴趣和热情,真正提升学生的数学学科素养。

任务型学习的课堂教学不在于教师讲解得如何精彩,重要的是能确定好的任务主题,能适时激起学生的认知冲突,制造一种"不协调",用知识的力量唤起求知欲望,使学生自主地投入学习,体验学习的快乐。因此,教师作为学生学习的引导者、合作者和促进者,要把自己变得与学生"一样高",

要善于发现创设和利用学习的情境，抓住任务主题这一主线，促使学生进行自我反思、自我提升。

三、确定任务指向的注意事项

(1) 任务指向要把握好“三维目标”。要正确认识并提出与任务紧密关联的知识与技能、过程与方法、情感态度与价值观。

(2) 任务指向要适应学生多方面的需要。由于学生的学习能力、学习基础是参差不齐的，制定一个适合全体学生的教学主题几乎是不可能的。但班级教学又始终围绕一定的教学主题来开展。因此，应确定任务主题的活动范围，并使任务活动在一定幅度内波动。

(3) 任务主题要把握教学效益的底线。教学主题所指向的是“预期的大部分结果”，而不是教学效益的全部。主题设计时关注重点是预期的结果，它是课堂教学的决定因素，也是教学效果的基本要求。

第三节　制定学习方案

在新课程背景下，教师只有结合自身的实际情况，改变原有的一些教学方式和学生的学习方式，才能有效地提高课堂教学效益和教育教学质量。当代学生从小接受传统的教学模式，他们的自主学习、自主探究能力和合作学习意识不强，独立思考问题习惯没有养成，在课堂上多数学生要依靠老师，离了老师就不知自己该怎么发展。他们的学习方式比较单一，自主学习能力难以满足个人终身发展以及现代社会的要求。

任务型学习方式改变了单一的课堂学习样态，也对教师的教学设计提出了更高的要求，其中制定学习方案就是其中主要环节之一，任务型学习方案的制定是在任务主题确立之后而进行的。下面将具体论述学习方案的含义、制定原则和常见类型。

一、学习方案理论

(一) 学习方案的含义

学习方案简称“学案”，是在教学方案的基础上生成的。

(二) 任务型学习方案的含义

任务型学习方案是指教师在指导任务型学习时，根据学习内容和目标，在方式方法和要求上所做的一些具体预设，包括活动结果的达成情况。其核心包含“五要素”：任务主题、任务目标、活动要求、活动过程和任务结果。

1. 任务主题

对学生来讲，任务型学习的主题应十分明确，在课堂的某个阶段紧紧围绕一个既定的主题，开展相关的知识学习和操作活动。鲜明的任务主题应帮助学生顺利完成任务，达到教学目标的要求。当然，教师在设计任务主题时要紧扣教学目标，激发学生的求知欲，这样才能提高其学习效率和兴趣。做好了这一步，方案的实施就有了一个良好的开端。

2. 任务目标

教师要站在课程高度，认真研读课程内容、钻研课程标准，理解知识、能力、情感态度与价值观三个方面的要求，制定简单、明确而又完善的学习目标，培养学生能力，促进学生发展。

3. 活动要求

活动要求的设置要有利于帮助学生找到方法突破学习内容的重点和难点。明确的活动要求可以让学生在活动时有所侧重，多关注该知识点，投入更多时间和精力去思考这些问题，有针对性地开展活动，从而极大地提高课堂学习效率。

4. 活动过程

学生前后 4 人为一小组，组长带领组员自主探究、交流合作，参考学习目标和学习内容，结合困惑提出有价值的问题。问题的设计是引导学生探求新知的关键点，也是设计“学习方案”的重要手段。小组问题分为“我的问题”“我们的问题”。最后教师精选问题让全班同学共同学习探讨，即结合学生的学习情况，及时补充不同层次的“老师的问题”，满足不同程度的学习需求，使学生查漏补缺，巩固知识。

5. 任务结果

任务结果是对学生自主学习后的及时检测评价。学生层次不同，能力也有差异，从而导致理解和解决问题都不一样，学习中会出现多个层面的新问题，教师查看学习结果、帮助学生及时发现问题，并答疑解难，给予有针对性的指导。

学习方案的设计实际上是将教师的教育理念和教学思想，结合相应的教学目标，对教学活动的内容、形式和过程进行创造性设计，并通过文本呈现出来，便于学生自主参与任务型学习的实施过程和学习结果的测评。学习方案的设计核心是体现教师的教育理念和教学思想，重点要结合相应的教学资源，难点是教师要创造性地设计，作用就是实施和评价教学。学习方案的基本模型架构如表 3-1 所列。

表 3-1　学习方案的基本模型

任务主题	任务：________________
任务目标	知识目标：________________ 能力目标：________________ 情感态度与价值观：________________
活动要求	重点：________________ 难点：________________ 突破方法：________________
活动过程	1. 我的问题：________________ 解决办法：________________ 2. 我们的问题：________________ 解决办法：________________ 3. 老师的问题： 解决办法：________________
任务结果	基础题(必做)：________________ 能力提升题(选做)：________________

任务型课堂的实施效果，很大程度上取决于学习方案设计的质量。为提高学习效率，教学方案的设计内容应简单明了、准确到位。

二、学习方案的制定原则

（一）“学为中心”的学习原则

教师自始至终都要有清醒的认识，学生才是学习的主体，教师切不可越俎代庖。从接受心理学的角度来考虑，教师一定要让学生在任务的完成过程中，先学、多思，充分尊重学生的个性化体验。

（二）强调合作学习的原则

学习方案的设计要给小组合作学习提供足够的探究机会，教师要坚信学生们在“乱哄哄”的讨论中会产生智慧火花的碰撞；要坚信这种“争吵”会对他们思维的发展产生积极的影响。在合作中，学生敢于发言且言之有理，乐于合作且合作愉快，从而为更出色地完成任务，培养发现问题、分析问题、解决问题的能力打下基础。

（三）提供探究性学习的原则

数学探究性学习不一定要在综合实践活动课里才能训练，教师要把它和任务型学习结合起来，看成是一种学习方法。因而，在进行学习方案设计时，可把探究性学习的内容难度降低，以教材内容为基点而引出对其数学文化、知识结构、系列主题的讨论等，也可是基于教材内容向课外延展而进行的数学课程的探究。

三、学习方案的类型

（一）自主探究式学习方案

1. 自主探究式学习的含义

自主探究式学习本着“以学生发展为本”“教为学服务”的理念，想方设法调动和发挥学生的学习积极性与主动性，挖掘自主探究式学习的潜力，培养学生的创新意识和实践能力。它具有两个显著特征：学生学习的参与性和师生关系的民主性。

所谓自主探究式学习，就是把学生看成学习主体和发展主体，教学目的是帮助学生提高学习的自觉性，逐步养成良好的学习习惯。教师要充分利用课堂这一实施素质教育的主战场，培养学生的自学能力和创造精神，把课堂还给学生，把学习的主动权交给学生。如在学生预习思考的基础上，通过教师的点拨，围绕重、难点展开讨论和交流；设计自主探究式学习方案，引导他们在实践中主动获取知识、形成能力，改变过去“教师讲、学生听”及大量演练习题的模式。

2. 自主探究式学习方案的设计原则

(1) 主体性原则

列昂节夫和皮亚杰都认为：主动性是主体活动本质特征。离开主体对客体的活动，就不可能产生认识或反映，正如不发生对物体的触摸就不可能产生对物体的触觉。只有学生主动参与教学活动，学习才会真正发生。学生是学习的主人。任务型学习更加强调学生主体性原则，学生通过趣味活动、自主探究、合作交流、反思提高这一系列自身活动，获得综合能力的发展。

在主体性学习中，教师是教学必不可少的组织者、指导者和合作者，其作用是设计、组织、协调和点拨。任务型学习强调学生的自主发展，但不是由其自由发展，而应在教师的合理控制之中；学生的主体作用不仅体现在时间上，最重要的是体现在思维上。

（2）适应性原则

发展心理学研究表明，学生的思维发展呈现一定的阶段性。数学任务型学习也要适应学生的认知发展水平。为此，要注意做好以下两点：学习方案的设计应从学生已有认知特征出发，力求建立学科知识结构与学生认知水平的联系；学习方案的组织形式应符合学生的心理发展水平，有利于充分调节课堂气氛，有效推动群体思维的深入。

（3）情意性原则

自主探究式学习更加关注学生的情感体验。情意性原则包括两方面含义：一是关注师生、学生之间的情感；二是关注数学任务型学习过程中的情感。良好的师生关系是学生学习顺利进行的首要条件。为了营造良好的人际关系，要坚持教师与学生人格的平等、师生相互尊重、真理面前人人平等的原则。如果师生之间没有形成一种良好的平等氛围，那么学生在探究中就不会把自己的思维过程更好地讲出来。特别是当学生一知半解的时候，就失去了恰好的教育机会。同时，学生也难以体会学习的愉悦，感受不到数学探究学习的有趣。

（4）建模性原则

数学教育是小学教育阶段的一个重要和基础的环节。素质教育的有效实施，能提高学生的数学成绩，更重要的是能使学生学到有用的数学知识，从而提高学生的数学思维能力与综合素养。数学学习不仅要使学生获得新的知识，而且要提高学生的思维能力，使学生在思维发展中，不断提升数学模型的构建能力，自觉运用数学知识解决日常生活、生产中所遇到的实际问题，从而形成良好的思维品质，造就一代具有创造性思维的新人。

3. 自主探究式学习方案实例

下面是苏教版数学六年级上册《容积单位》一课学习方案的实例。

★任务主题:发现容积单位间的奥秘。

★任务目标:使学生通过观察、操作、类比、联想等活动认识体积单位;初步具有1立方米、1立方分米、1立方厘米的实际大小的观念;培养学生对空间观念的感知能力和观察、比较、归纳、类推等学习能力。

★任务要求:

(1) 做一做:通过实验探究升、毫升、立方分米、立方厘米之间的关系。

把1升满的水倒入1立方分米的玻璃槽中,得到什么结论。

把500毫升的水倒入1立方分米的玻璃槽中,得到什么结论。

把1升水倒回到500毫升烧杯中,倒了几次,得到什么结论。

(2) 想一想:说说有哪些发现。

推论1:1升=1立方分米。

推论2:1立方分米=1 000立方厘米。

推论3:1毫升=1立方厘米。

★任务结果:使学生在提出方案、实践探究、操作验证、合作交流中,始终处于积极的参与状态。引导学生在操作、观察、讨论、思考中感受、理解知识,把课本现成结论变为学生探索的对象,培养学生自主探索精神。

(二) 小组合作式学习方案

1. 小组合作学习的含义

新课程理念关注学生的发展,重视学生数学学习的历程,强调学习方式的多样化。小组合作学习就是让学生通过小组合作与讨论,相互了解彼此的见解,超越原来的认识,从而形成更加丰富的理解,以利于学习广泛迁移的学习方式。因此,让数学走进学生的生活,培养学生应用数学的能力,是现代数学课堂教学的必然趋势。小组合作式学习方案,就是教师有计划、有目的地设计小组合作参与活动的学习方案,让学生在实践中进行合作,并使他们在生动、活泼、有趣的数学活动中体会合作的作用和乐趣。

2. 合理构建小组合作式学习

(1) 合作学习小组的建立

小组合作式学习方案的构建,首先要基于学习小组进行科学划分,因此小组的建议非常关键。教师必须在开学后一周左右，努力了解学生学习状况、兴趣爱好、学习态度、性格等，然后调整座位，实现学习基础、认知状况、性格互补。同时，把学习基础较好、有责任心、有一定组织能力的学生选作组长。由组长、组员协商产生本组的副组长。对于落选的学生要做好思想工作，以防学生自暴自弃，丧失上进心。

教师在划分小组时，要考虑各组成员的性别、学习水平、性格特征、智力差异等因素，根据“组内异质，组间同质”的原则，将学生分成若干个小组，每组 4～6 人，分组长、副组长和组员。每个小组可有 1 个优等生、3 个中等生和 1 个普通生(人数比例可适当调整)，男、女比例相当。

(2) 小组合作技能的训练

学生在合作学习中，主要通过讨论、争辩、表达、倾听及参与实践等形式来开展。为了提高任务型学习的有效性，学生必须重视小组合作技能的培养。

① 学会倾听

在小组讨论过程中，要求一人先说，其他人必须认真听，要能听出别人发言的重点，做出评析并及时补充。在长此以往地训练下，学生可以养成专心听讲的习惯和相互尊重的品质，这种好品质的影响有可能伴随学生的一生。

② 学会讨论

学生在独立思考的基础上，通过集体讨论、相互启发，达到合作学习的目的。为了提高讨论的质量，教师还要教给学生讨论的方法。例如，各组先由一人汇报自学或独立思考的内容，其他成员认真听然后补充；或者围绕主题，人人发言，有序轮换。最后，要将各自遇到的问题提供给全班展开讨论，对达成共识和未能解决的问题分别归纳整理、集中解决。

③ 学会表达

听说技能是小组合作学习的基本技能，它是在学生独立思考的基础上，通过讨论和探索形成的。在合作学习中，学生的讨论交流和陈述观点都离不开语言的表述。为了达到训练目标，教师首先要为学生提供讨论的空间和时间，使学生想说、敢说，培养学生善听、思考、判断和补充意见的好习惯。其次，教师要求小组成员人人都说，而且能大胆地、完整地、清楚地说，鼓励使用礼貌用语,使学生在合作学习中相互帮助、相互启发、相互促进。

④ 学会组织

小组合作讨论的成败与否,很大程度上取决于组内的组织者,也就是组长作用的发挥。具体做法是:教师要指导好组织者进行组内分工、归纳组内意见、帮助别人评价等。另外,为了体现小组内的主体性,教师要定期培训、及时更换组长或成员职责。长期训练不但可提高合作学习的效率,而且为培养学生的学习能力打下坚实的基础。

⑤ 学会评价

在小组合作学习活动中,评价不能太单一,要采用多元化的小组学习评价方法,包括教师对学生的评价、学生之间的相互评价、学生的自我评价、学生对教师的评价和师生对任务活动成果的评价等。教师在教学中可以通过范评引导学生互评,如让学生倾听他人发言后,用手势表示判断,用准确流畅的语言评价,以增强评价的能力,提高评价的水平。

3. 小组合作式学习方案实例

下面是苏教版数学四年级下册《用数对确定位置》一课学习方案的实例。

★任务主题:确定小军的位置。

★任务目标:感受数对的产生过程,感受数对的简洁性和唯一性,初步感悟数形结合的思想方法;在自主、合作与运用知识的过程中培养自我的抽象思维与概括等能力。

★活动要求:

(1) 想一想:小组成员每人想一个合理的表达方法(关注每一个学生的思维发展)。

(2) 议一议:组内讨论,评出最佳观点(第一轮的观点辩论,关注语言表达及说理能力的发展)。

(3) 写一写:每组派一个代表在黑板上写下本组的观点(关注每个组的观点,调整归类,避免遗漏)。

(4) 辩一辩:分别说出本组观点的优势,其他同学进行反驳(第二轮的观点辩论,关注语言表达、归纳和推理等能力的发展)。

(5) 理一理:找找规律,判断不同之中又有着怎样的相同之处(关注总结和概括)。

★任务结果:使学生感受类似数学家所经历的数学概念的提炼过程,并理解数对的规则和含义。

总之,小组合作学习作为一种学习方式,越来越受到人们的青睐,其优越性也越来越多地被体现和发挥。如何使它在任务型学习的课堂中发挥出最大功效,还有赖于教师对学习方案做更深层次的探讨、尝试和研究。只有教师对小组合作学习有了正确的认识,并对每一次学习方案设计做好精心准备,才能真正提高小组合作学习在数学课堂中的有效性。

第四节　开展任务研究

任务型学习是以学习者为中心的学习方式,关注学习者在任务探究过程中触及事物本质的程度,也就是触及数学知识的本质。任务型的深度学习不是要加深学习内容的难度、加重学生学习的负担,而是重在引领学生像数学家一样体验数学知识产生的过程,进而探寻数学史发展的历程,揭示数学的规律与奥秘。

开展任务研究是学习模式的第四环节,也是重点工作。在本环节中,教师要把握好开展任务研究应遵循的基本原则和注意事项。

一、开展任务研究应遵循的基本原则

(一)鼓励全员参与原则

在开展任务研究环节中,有些学生可能不爱表现,总是“浑水摸鱼”“沉默寡言”。出现这种情况的原因有很多:有的学生对自己的数学学习能力缺乏信心,害怕表现,担心自己表现不好会遭到嘲笑,或担心影响整组的表现;有的学生存有依赖心理,总觉得组内有学习能力强的同学,自己跟随应和即可;有的学生思想懒惰,不愿动脑筋等。无论哪种情况,都会影响任务研究的开展效果。教师在教学中,必须关注每一个学生,鼓励全员参与,让他们在组内都能主动地、大胆地去探究。

(二)发展性评价原则

学习评价应贯穿教学中的每个环节。从学生的角度来讲,它能够检验学生的知识掌握程度,指出学生在学习上的不足。在任务研究的活动中,学

生学习的自由度非常高，个人发挥的空间也很大，而且合作探究本身就是一种动态化模式，涉及多种元素。为了让评价基于学生发展、富有指导意义，教师要设计发展性、期待性的评价机制，增加评价的多元化元素。如，开展评比优秀学习小组活动，既能促进小组中内部评价，激励组员主动发言，主动地表达自己的一些想法；还能促进小组间互评，使活动更守时、更高效地完成。发展性的教学评价有利于学生在相关评价机制的驱动下有目的性、有条理性地开展自主学习活动。

（三）重视合作探究原则

相较于传统的听讲学习，任务型学习灵活度更高、可变性更强、创意性更好。教师在组织开展任务研究时，要重视指导学生进行自主探究并开展合作。教师可以让学生根据学习方案互相讨论，在探究合作中揭开数学任务的神秘面纱。

（四）整体提升原则

任务型学习不是旨在培养尖子，而是要让所有学生都享有发展的机会，都有展示自己的平台，各尽所能、整体提升。在活动时，学习任务由小组长按组内成员的能力分工，学有余力者可辅导其他成员，以共同完成学习任务。总之，在秉承合理科学的教学原则基础上，教师应围绕学习方案和知识点来采用一定的方法，让每一个学生都能快乐学习、共同成长。

二、开展任务研究的注意事项

（一）教师要做好充分的准备工作

教师在组织开展任务研究前，必须把握教学重点，充分认识每个学生的特长与不足。如，有的学生胆大，善于口头表达；有的知识面广泛，不善于口头表达；有的同学思维敏捷、灵活，但表达没有深度；有的同学可能语感薄弱，心明口慢，语言烦琐不清等。此外，准备工作还包括一些学具及情境的设计等，也应充分考虑。因此，教师在活动时要提醒各组学生科学安排，以提高研究学习的效率。

（二）教师要注意培养学生良好的合作学习习惯

小学生自我管理能力差，只是初步形成了合作学习的意识和能力，在实施的过程中，还有待于养成良好的合作学习习惯。教师不能为了追求课堂气氛活跃，而忽视无序、低效的现状。任务型学习的目的是让人人参与学习全过程，使学生学得生动活泼，人人都能尝试成功的喜悦。教师要注重培养每一个学生的合作习惯，使每一个学生都能积极思考、踊跃发言，真正地参与课堂学习，亲身经历探究新知的全过程。

（三）教师要注意因材施教、有效指导

在开展任务型学习中，一些教师给学生布置完“下面开始小组活动”的指令后就不指导、不监控学生的研究活动。实际上，教师不能作为局外人，而要为学生提供热情的帮助和必要的建议，做好因材施教、有效指导，形成一种师生互动的良好研究氛围，使学生在合作中敢想、敢做、敢说，从而使学生的研究活动顺利开展，积极实现深入探索。

三、开展任务研究的教学实例

下面是苏教版数学四年级下册《用数对确定位置》一课，教师在开展任务研究时的上课片断。

【片断】开展研究，实现深入探索。

师：数学的魅力在于符号化，数学符号不分民族、国籍，全世界通用。像刚才表述小军的位置在第 4 列第 3 行，既不够简洁，又不能世界通用。接下来，我们就根据刚才确定的任务方案想一想：怎么设计一个数学符号，表示的还是第 4 列第 3 行，能让全世界的人都看懂呢？同学们按照任务方案开始探索吧！

各小组按照任务方案开始研究活动。

各小组讨论后派代表将方法书写在黑板上：

4 列 3 行	4　3	4L3H	4.3
4|3	4—3	4/3	4,3

在本环节中，学生凭借任务方案自主进行深入探索，各小组都运用了自认为简洁、准确、清楚的符号来描述小军的位置。这就是数学任务型学习的魅力：不仅能促进学生自主探索能力的提升，而且能使学生充分表达自我，在提升自我理解力的基础上，助力学习效果向深度推进。

第五节　交流研究成果

交流研究成果是任务型学习模式的第五环节，属于核心部分，也是探究的重要目的之一。在这个环节中，学生要汇报学习活动，对提出的问题做出解释，根据已有的小组研究对所作解释加以检验，并把自己的发现传达给别人；同时，在此过程中解决问题，表达观念，训练技能和获取知识。这个环节组织指导得好会很出彩，能起到画龙点睛的作用，很多课的高潮部分往往出现在这个时段。下面就交流展示的形式做具体论述。

一、语言交流研究成果

心理学家皮亚杰指出：语言是智力发展的促进者。语言是思维的外衣，是思维的工具，它对思维有概括和调节的作用。人们借助语言才能对事物进行抽象、概括，反过来借助思维对人们的语言进行调节。在数学教学活动中，学生的口头表述，是教师获取教学反馈信息的重要来源，也是教师调整教学策略的主要依据。从小培养学生口头表达能力，将对其一生产生重大的影响。

在小学数学任务型学习中，为了促使学生思维的发展和表达能力的提升，在交流研究成果环节应积极创造条件让学生多说，加强对学生说的训练。教师要激发学生“想说、敢说、多说、会说”的欲望，给学生提供更多表达自己思想、观点、看法的机会，帮助学生提高口头表达能力。

那么，如何提高语言展示的效果？教师需要有计划地对学生加强说话训练，加强学生口头表达能力的培养。主要做法有：充分发挥教师的示范作用，加强对数学语言的引导；提供数学表达的机会，要重视数学语言不同形式之间的转换。具体做法如下。

（一）充分发挥教师的示范作用，加强对数学语言的引导

任务型学习中的情境描述和表述图意都可对学生进行口头表达的训练。教师在教学中要教会学生全面地看图，看清图上画的是什么，让学生能根据不同图意学会讲几句话。这样学生在看图、讲图意的过程中能使数学口头表达能力得到培养。

中、低年级学生往往是从模仿别人讲话开始学习表达的，为了提高语言交流展示环节的效率，教师的示范作用显得尤为重要。在教学时，教师的语言是启发学生想象、促进语言发展的重要因素。教师要力求用正确、清晰、生动的语言来讲述数学概念、计算方法等。即使是在学生汇报时，教师也要适时补充示范，然后再让学生模仿着说，通过模仿并逐步内化，全面培养学

生的语言表达能力。

例如:教授 9+2 时,教师要用凑十的方法(看大数、拆小数、凑成十)讲清计算过程后,让学生看着实物演示图、算式,照着样子讲,学生在领会的前提下模仿出来,学会了讲述计算过程。

算式图:9+2=11,学生表达:看见 9,想到 1。把 2 分成 1 和 1,9 和 1 凑成 10,10 再加 1 得 11。

教学时,还可以请口头表达能力强的学生来示范,带领大家讲述。例如:学习了 9+几后,教师在教 8+几时,可以鼓励学生自己试述计算时的思考过程,学生们的积极性充分被调动,争当"小教师"。请想说的同学试着说一说,说给大家听。等口头表达能力相对较弱的学生也能完整表达后,请同桌学生互相说说,互相评价说得好不好。个别学生说不完整,可由同桌帮着说,最后让全班学生来说。

教师的示范和同学们的示范,给大家发言领了路,同学们学有榜样,全班口头表达水平随之提高,语言交流能力也会得到不断增强。

(二)提供数学表达的机会,重视培养思维能力

汇报展示最忌讳的是变成一两个人的独角戏,因此教师要制定好小组展示规则,长期训练,如每个成员都要发言,发言声音要响亮等。在交流展示的过程中,不要只是单一地展示过程,否则就容易变成一个小组展示、其余小组走神的情况。为了避免出现这种情况,教师要提供更多组数学表达的机会,让生生互动,学会质疑。鼓励其他学生对于小组展示中提及的问题发表自己的不同意见,学生只有对知识深入理解才会产生质疑,因此在质疑的过程中学生不但能认真倾听,而且也激发了斗志。同时,教师充分给学生提供数学表达的机会,可以活跃课堂气氛,培养学生爱动脑筋、爱表达的良好习惯。更重要的是,学生在"说"的过程中,有利于巩固数学知识,还能增强初步的逻辑思维能力。语言交流汇报中加强"口头表达能力"的培养,对提高学生的综合素质具有非常重要的作用。

二、作品展示研究成果

学生学习成果一般需要依托一定的载体,而作业、作品是展现学生学习成果的一种媒介。在任务型学习中,为了完成数学学习任务,提高学习效果,教师在学生开展任务研究后,要为学生提供展示成果的舞台。开放性和

独创性成果展示方式赋予学生更广阔的自由空间，可以促进学生思维的发展，培养学生的创新能力。为此，教师可在研究成果展示环节优化展示交流的形式，把研究成果变为可视化作品，提升学习成果的表达品质。

例如，在苏教版数学五年级上册《统计表和条形统计图》一课中，教师给学生布置了课前任务：调查统计“我最喜爱的体育活动项目”，各小组分工开展调查，搜集数据，在完成数据统计之后，进行全班研究成果的展示。于是，各组提供了不同作品：有的根据数据绘出统计图，并做出分析；有的将男、女生分开统计，如男生最喜爱的活动是滚铁环，女生最喜爱的项目是跳房子；还有的根据年级进行调查等。学生们将实践活动的“作业”变成了凝聚心血和创意的“作品”，在集中展示成果时，这样的作品给孩子们一种无法言表的成功感。

学生研究成果还可以通过说、画、演、做等形式进行展示交流。学生学习成果一旦由作业变成作品，学生的学习态度就会发生改变，他们将变得更积极、更有创意，在各种展示汇报中将会获得更多的学习自信心。

第六节　实施多元评价

陶行知先生说：真教育是心心相印的活动，唯独从心里发出来的，才能打动心灵深处。教师充满魅力的心灵共通的评价，虽不是蜂蜜，但能够黏住学生；虽不是磁铁，但能够吸引学生；虽不是号角，但能够鼓舞学生。

教学评价，是依据教学目标对教学过程和结果进行成效判断，并为教学诊断服务的活动，是对教学活动现实的、潜在的价值做出判断的过程。任务型学习教学模式的最后一环是实施多元评价，是在师生教与学的过程中，基于任务主题、学习方案、研究方法手段、教学管理诸因素的落实，达成任务目标情况的评价。其中主要是指对学生学习效果的评价和教师教学工作过程的评价，这是一个多元化的评价指标。任务型学习的教学评价不仅多元，而且强调两个核心环节：对教师教学工作（教学设计、组织、实施等）的评价——教师教学评估（课堂、课外）；对学生任务型学习效果的评价——课堂表现、考试与测验。

在一般情况下，任务型学习的实施多元评价环节多是对学生活动的评价，接下来作具体阐述。

一、认知评价和情感评价相结合

在数学任务型学习的课堂上，教师对学生学习的评价，既要关注学生对知识和技能的理解程度，又要关注他们情感态度与价值观的形成和发展；既要关注学生学习的结果，又要关注他们在任务研究中的变化和发展。数学学习中不管哪方面的提高，都离不开知识体系这个载体。因此，教师在课堂评价中，还要做到知识评价不放松。同时，课堂除了是学生获取知识的场所外，也应是学生体验情感、陶冶情操的精神乐园。新教育理念下评价的目的是促进人的发展，而人的发展中最核心的东西就是情感态度与价值观。因此，对学生的评价首先是对学生学习的情感态度进行评价，这样，学生在课堂上得到的就不仅仅是知识，还有人际交往和协调合作等个性品质的发展。

二、教师单向评价和生生互动评价相结合

教师评价是一种最经常、最普遍的评价方式，即在学生表达见解之后，教师对他们的观点给予直接评价，以促进他们进一步思考。这种评价过程是教师主导作用的体现，可以帮助学生快速地领悟问题的实质，抓住解决问题的关键。但是，这样的评价如果作为教师的“专利”，将致使学生处在被动、被忽略的地位，甚至主观能动性也得不到很好的发挥。任务型学习理念下的评价，十分重视学生在评价过程中的主体地位，教师在评价中要充分地给学生“放权”，变教师单向评价为师生评价和生生评价。比如一个知识点交流完毕，教师可启发学生：还有不同意见吗？你还有新的想法吗？谁还想做补充？只有让学生积极参与评价，使教师与学生在课堂上互评互析，形成一种新的评价伙伴关系，学生才能在评价中对自己的学习行为做自我调控。

三、激励性评价和反思性评价相结合

在任务型学习“以学习者为中心”这一前瞻理念的指导下，教师们积极采取肯定、正向、富有激励性的评价。的确，激励性评价可以激活课堂气氛，激发学生参与课堂的积极性。但是，在实际教学中，如果教师过于重视发挥评价的激励作用，对学生的发言一味想方设法夸奖，甚至连学生的错误都不

明确指出，那么这样的评价是片面的、不完整的，属于过度使用激励性评价。因为评价的目的在于激励、促进反思和完善，仅靠激励是远远不够的，还要使评价致力于促进学生反思，帮助学生不断完善、提升自己。因此，课堂评价在恰当运用激励性评价的同时，还要融合运用反思性评价，即让学生在进行自我反思的基础上，促使他们自我提升、自主解决问题，同时也促使他们主动学习、自我监督和自我调节。

第四章

小学数学任务型学习的情境实施策略

学校课堂要有使学生能够产生问题运用思想的情境，那就必须设置主动的作业和足以运用的资料。

——杜威，美国教育家

探究型任务：学生合作完成数学任务“可能性”

新课程倡导的学习观包括自主预习、小组合作、任务探究。为了有效解决传统教学中“少数学生争台面，多数学生做陪客”的难题，教师在教学中引入了任务型学习的形式，来提高学生学习的主动性，使学生在获取数学知识的同时，形成良好的人际关系，促进学生的全面发展。

任务型学习实现了教学活动中多种因素的多边互助，尤其是生生互动占据了课堂教学的重要地位，改变了传统集体教学中师生单向交流的被动局面，对于发挥学生学习的积极性、主动性、创造性起到了不可替代的作用，真正体现了以学生发展为本，全面提高学生素质的价值。虽然任务型学习已被证明是一种较好的学习模式，但由于理论研究深度不够、缺乏正确的引导，有些应用只是表面上存在任务型学习的形式，实质上却与任务型学习的主旨和精髓相去甚远，因而就出现了对任务型学习的误解和误用。有些课堂教学中的“任务型学习”往往存在“注重形式，忽视实质，缺乏实效”的现象。

教师在任务型课堂学习模式的引领下，如何恰切地组织任务型学习，使教学工作克服以上弊端，并使学生学习落到实处，培养他们的综合学习能力呢？本节重点从学习情境的创设策略、教学设计策略、制定学习方案策略和教学评价策略四个方面，来阐述任务型学习在课堂教学中如何有效实施的策略。

第一节　学习情境的创设策略

小学数学任务型学习离不开学习情境。创设情境就是让数学的学习内容与学生已有的生活经验相衔接的过程。有效的数学学习情境可以让学生的思维进行创造性地发散，可以使他们的知识、经验、能力、情感自然生长，针对不同的教学内容和学习素材，灵活地采用不同的情境策略，合理利用各种学习资源让数学课堂更加多元化、生动化，助推学生数学学习的动力。在对情境的处理上，要善于挖掘教材情境，提高信息素养；合理改编教材情境，培养灵活思考能力；原创教学情境，帮助优化教学效果。有策略地创设学习情境，并将其真正融入数学教学环境中，让生动灵活的学习情境贯穿每一次数学知识的学习，使得学生能够真正成为学习的主人，并在数学学习中得到良好的发展。本节提出的学习情境创设策略均应符合第三章所说的“引导性、生活性、有趣性、探究性”的要求。下面将从情境创设形式和情境处理两个角度来具体论述。

一、素材视角下的情境创设形式

素材视角下的学习情境策略包括游戏情境、操作情境、问题情境、生活情境策略等。学习情境要根据学习内容、数学任务进行合理创设，在数学学习活动的过程中，激发学生参与活动的兴趣，调动学生已有的经验基础，帮助学生建构知识体系、提升数学素养和能力。

（一）游戏情境

数学学科知识中包含了许多概念、算理、数量关系等抽象内容，对于学生来说理解和掌握比较困难，而且小学生本身注意力难以长时间集中。在这种情况下，传统的讲授式教学方法很难适应学生的心理，使得教学效果大打折扣。所以，数学课堂教学需要采用更适应学生心理的数学学习情境，激发学生学习数学的热情。小学低年级是学生心理趋向游戏化、活动化的阶段，游戏活动能够启发学生智慧，激发学生的童真，寓数学知识于游戏活动情境中，让学生在游戏中就能发现数学之美，轻松快乐地学会更多数学知识。

课堂中调动学生学习的游戏形式是多种多样的，教师在教学活动中应该根据教学目标、学生的实际情况和已有的知识水平创设游戏情境。比如，在学习苏教版数学一年级上册《10 的分与合》时，利用儿歌和对口令的方式；学习《认识图形（一）》时可以用猜谜的方式揭晓将要学习的图形；在巩固提高计算能力方面通常可以创设抢答、接龙比赛、过河、夺红旗等形式的情境。特别是在二年级初次接触表内乘法的时候，学生在记忆乘法口诀时，很多都是嘴上功夫，用口不用心，采用分组对口令的比赛方式，让每位学生在比拼中相互促进、不断进步。采用游戏化情境策略，自然地调动了学生的学习热情，既可以让学生体会到成功的快乐，又能促使学生更加积极地参与到课堂知识学习中去。

（二）操作情境

动手操作策略将学生的思维具体性与数学抽象性建立起联系，让学生能够更好地获得数学知识、提升数学能力。教师根据教学内容和目标创设操作情境，让学生通过手脑并用的方式，获得直观、真切的感受，加深学生对于数学知识的理解，在操作中积累活动经验。

学生对特定对象的操作，一般要经历实物操作、表象操作和符号操作等几个过程，这个过程由浅及深，不断促进学生知识的形成和发展。实物操作主要是借助学具等外部工具进行一定的操作；表象操作则是通过观察和想象操作的过程；而符号操作则是数学语言的表达、一定的逻辑思考和推理等。例如，苏教版数学二年级下册《角的初步认识》第一课时，创设了以下几个操作情景：

(1) 实物操作：借助多个"角"的实物，如数学书本、三角板、红领巾等，要求先观察再用手比画角的形状；借助三角板在纸上描出其中一个角；借助小棒，摆出角；用课前准备好的活动角进行拉伸、缩小，体会角是有大小的。一系列的实物操作，帮助学生更好地认识了角，丰富了感性材料。

(2) 表象操作：学生闭上双眼，想一想角的形状是怎样的，并用自己的话说一说心中的角，建立动作思维向形象思维的过渡。

(3) 符号操作：引导学生对感受到的角，进一步予以加工和整理，并用数学语言将操作过程中对于角的理解进行数学概括和表达。

动手操作活动是一种主动学习活动，形象具体，易于调动学生的学习兴趣。教师利用图示、教具、学具等材料组织、指导学生开展实践操作活动，让学生参与学习全过程，在教师指导下，亲自动手，使学生在活动中体会到实践操作的意义，学会既动脑又动手的本领，从而调动学生学习的积极性，引起新的学习需要，不断地激发学生的学习兴趣。教师在教学过程中，特别是学生操作实验中，要多方面地为学生创造表现自己和获得成功的机会，并且要善于发现学生的成功和进步，及时给予肯定，使学生在享受成功的快乐中增强学习兴趣。

例如，在教学《三角形内角和》一课时，为了让学生们对这个问题的认识更为深刻，学生四人一小组，每人画一个三角形(任意三角形)，然后，各人拿出量角器测量自己画的三角形三个内角之和是多少，把测量的结果记录下来进行比较，大家会发现，测量的结果都是 180 度。接着，让学生撕一撕：把剪好的三角形纸片的三个角分别撕下来，拼在一块，大家会发现三个角都组成了一个平角，还是 180 度。此时，大家都对三角形内角和是 180 度确信无疑了。教学实践证明，让学生动手操作参与教学，比看教师拼、摆，听教师讲解获得的知识牢固得多，既能提高学生的学习兴趣，又能开发学生的数学潜能。总之，就是使学生在愉快的操作活动中掌握抽象的数学知识，既发展学生的思维，又提高学生的学习兴趣。

在传统的小学数学教学中，教师只关注知识和理论的传授，经常忽略实践的应用，造成了理论与实践相脱节。《义务教育数学课程标准》中指出：义务教育阶段的数学学习，学生能够获得适应社会生活和进一步发展所必需的重要数学知识、基本的数学思想方法和必要的应用技能；初步学会运用数学的思维方式观察、分析现实社会，解决日常生活中和其他学科中的问题，加深对数学的理解，增强学好数学的信心。例如，学习《三角形面积公式推导》一课时，教师可创设小组实践探究的学习情境。让学生充分研究后，都拿出自己小组推导三角形面积公式的方法进行交流。学生亲历完成实践任务的操作过程，既主动地获取了知识，又创造出了独特新颖的方法，还可以培养语言表达、思维辨析等综合学习能力。

再如，《最大公约数》中设计了如下的操作情境教学片断。

师：王老师有两根木棒，一根长 12 厘米，另一根长 18 厘米。想把这两根木棒截成同样长短的小段(整厘米)，王老师可以怎样截呢？

生：(四人分组交流)可以怎样截？有几种截法？

组织大家交流得出：分别可以截成 1、2、3、6 厘米。

师：(追问)每段 4 厘米不行吗？为什么？

生：(反思)想到每段必须同时是 12 和 18 的约数。

最后建立模型，尝试解决。

师：如果一根长 24 厘米，另一根长 36 厘米，把这两根木棒截成同样长的小段(整厘米)，可以怎样截？

生：在交流基础上，得出"公约数"和"最大公约数"这几个概念。

本案例中，如果让学生直接从几个数中找出公约数和最大公约数，学生很容易掌握，但学生很难把这一内容的学习与实际应用联系起来。通过以上任务情境教学，从公约数的运用入手，学生印象深刻，以后碰到类似问题，就能迎刃而解。数学来源于生活又服务于生活。因此，任务型学习情境的创设一定要从生活出发，尽可能真实。

当然，数学课中的操作是具有一定学习意义的，所以在创设操作情境时还要注意根据教学内容采用适合的学具，掌控使用的频次，把握好操作的度，同时还要留给学生足够的操作和思维空间。

（三）问题情境

创设问题情境能够激发学生的探索精神和求知欲，是学生能动获取数学知识的前提，同时还能培养学生的问题意识。在呈现问题时，为了节约时间，教师一般会通过多媒体或实物，让学生进行观察进而提出问题。学生常常因感到枯燥乏味，不愿意继续对问题展开探究。为此，教师在开展问题情境教学时，提出的问题必须基于小学生的最近发展区，符合学生的思维发展方式，能够在思考、探索后加以合理地解决，让学生体验到成功解决问题的自豪感。这样，学生才能感受问题情境的趣味性，才能设身处地地投入思考问题与解决问题的过程中。同时，教师需要对问题和知识进行有机的整合，关注数学的应用，鼓励学生深入思考，调动发展学生的认知能力和情感。

一般来说，问题的构成包含三个要素：条件、目标和解决途径。教师在教学的过程中，给出的条件和问题一定要清楚明了，才有利于帮助学生找到解决问题的途径。例如，在教学苏教版数学五年级上册《解决问题的策略》，呈现问题情境，用 22 根 1 米长的木条，围成一个面积最大的长方形花圃，可以怎样围？在已知的条件基础上，提出要解决的问题：帮助王大叔设计一个面积最大的花圃。分析条件：长方形的长和宽都是整米数，周长是 22 米，已有的知识基础和原理是长方形的周长公式和面积公式。从所求问题出发，就创设了一个真实的问题情境。学生根据已知条件和教师提供的学习工具和材料，自由发挥与设计，增加了自主性和参与性，一系列的分析与设计最终促使学生参与问题的解决过程。

再如，苏教版数学二年级下册《角的认识》一课，用生动、有趣的故事导入：在我们的图形王国中，有一群可爱的图形娃娃，它们幸福、快乐地生活着，经常在一起唱歌、跳舞、做游戏。其中，要数“角娃娃”最调皮了。这不，在图形娃娃们玩捉迷藏游戏的时候，角娃娃躲到我们生活中的一些物体上来了，你能把它找出来吗？这样的问题情境导入，不仅符合学生的年龄特点，而且激发了学生的学习兴趣，为本课的学习营造了一个轻松的学习氛围。

（四）生活情境

在小学阶段，学生的记忆力相对较好，但是理解力欠佳，所以在呈现任务时要将抽象的、不易理解的知识转化为形象的、生动的学习内容，以便帮助学生更好地了解和掌握所学的数学内容。创设生活化的情境，将数学学习与实际生活相联系，让知识与现实产生联系，并以此为纽带，使得学生在课堂中学习更有代入感，让学生感受到数学学习和生活的紧密性。

创设情境是小学数学任务型学习中常用的一种策略，它有利于解决数学的高度抽象性和小学生思维的具体形象之间的矛盾，使学生们更容易地掌握数学知识和技能。通过教学情境，不仅能激发学生求知欲和好奇心，增强学生乐于参与、关注活动的兴趣，引导学生沉浸在探索、思维和发现境界中，挖掘学生的内在潜力，开发学生的智力、能力和想象力，而且能引起学生的学习兴趣。教学中要为学生设计适合任务型学习的情境，提供全面清晰的有关信息，引导学生在设计的教学情境中，多开动脑筋，自主学习，掌握知识，引起他们的学习兴趣。

小学生的思维比较简单，在学习知识时更加习惯于自身的形象感知。而数学知识具有较强的抽象性，如果教师在教学过程中单纯地为学生进行知识讲解，而不引导学生进行形象化的论证，那么学生很难对知识有浓厚的兴趣。传统的灌输式教学下，学生虽然可以记住很多公式、概念，但是并非因兴趣而学，难以理解这些知识的本质，难以灵活地应用这些知识解决实际问题。对此，在小学数学教学中，教师可以借助生活情境，带给学生形象化的体验，让学生在熟悉的生活环境中学习、应用数学知识，这样既满足了学生的学习需求，又契合了学生的身心发展特点。例如，“小小存钱罐——人民币的认识”这一任务型学习活动中，教师可以设计各种面额的人民币的情境，让学生对人民币有更加直观的感知。随后将学生日常生活中的购物情境引入课堂，引导学生在课堂上进行“购物”活动，学生在生活情境的丰富体验中，有助于加深对人民币知识的理解，也有助于逐步强化学生对任务型学习的兴趣。

再如，苏教版五年级上册《分数的大小比较》一课的教学情境创设如下：

刚上课，教师给学生讲了一个“猴子分饼”的故事：猴山上的小猴喜欢吃猴王做的饼。一天猴王做了3个大小同样的饼，先把第一个饼平均分成4块，给猴①1块，猴②看到说：“太少了，我要2块。”猴王把第二个饼平均分成8块，给它2块。猴③更贪心，说：“我要3块。”猴王又拿出第三个饼平均分成12块，给他3块。师：“小朋友，你们知道哪只猴子吃得多吗?”生：“同样多。”师：“聪明的猴王是用什么办法来满足小猴子的要求，而且又分得公平呢？猴④要4块，猴⑤要5块，那么猴王又该怎么分呢？”正当学生聚精会神地听着，百思不得其要领时，师说：“学了分数的基本性质，你们就知道了！”

本案例中，正是由于教师巧妙设计并自然地引出问题，才深深地吸引了学生的注意力。悬念式情境的创设是生动有趣的，是能激发学生学习兴趣的，学生在情境活动中不知不觉地、高高兴兴地进入数学王国，享受数学知识的乐趣。变枯燥的数学知识于充满乐趣的情境中，又不超脱和远离学生的生活实际，从而收到事半功倍的效果。

在教学苏教版数学五年级上册《负数的初步认识》一课中，对于“负数”这一抽象概念，学生没有接触过，但是生活中却有很多情形与负数有关，如：楼层中的地上与地下、温度的零上与零下、海平面的高低等。通过发现生活中的“负数”，进而引入负数的内容，帮助学生更好地理解负数，感受负数在生活中的运用。在学习苏教版数学五年级上册《小数加法和减法》这一内容时，学生理解数位对齐时比较困难，在竖式计算中掌握不好小数点的正确位置。教师通过生活情境来帮助学生理解这一知识点，引入生活中的买书等购物情境，利用学生们手中现有的书本资源，像语文书、数学书、英语书等，将价格标注出来，分组进行角色扮演顾客和书店老板，让学生真实地参与到购物的情境中，提高了学习的趣味性和学生的参与度。情境模拟完毕，既可以提升同学们之间的沟通合作能力，又可以加深学生对小数加减法计算的理解与应用。通过创设生活情境，能够有效提升教学的趣味性，激发学生学习兴趣的同时提升了实际教学效果。

二、教材视角下的情境处理策略

数学教材是学生获取数学知识的基础载体，学生进行数学学习一定要立足于数学教材，把教材当作学习的基石，但又不能一味地照本宣科、照搬教材。教师不能拘泥于教材中的数学情境，而是应该深挖教材本身所涵盖的数学教学本质，并根据学生的认知发展、所处的生活环境等，对数学教材中的情境进行合理运用、优化改编、创新创造，以达到更好的学习效果，彰显数学教材的引领价值。

（一）挖掘教材情境

在现有的小学数学教材中，大部分情境的呈现是通过图示的方式，内容丰富多样，体现了教材的编著者对教学内容的深刻认识和理解。因此，要懂得挖掘和正确运用教材中的情境，读懂图示情境中数学信息的编排和数学知识点与教学之间的联系，进而设计出行之有效的课堂活动。学生通过情境图中的数学信息引导，进行深入探究，从而提高课堂学习的效率。

例如：苏教版数学一年级上册《8、7 加几》一课，学生重点掌握用凑十法口算 7、8 加几，并进一步理解进位加法算理。例题呈现的情境图是两盒小号，每个盒子的格子数是一样的，都能放 10 把小号，左边盒子实际上放了 8 把，右边盒子放置 7 把。如果仅用这幅情境图来引入算式 8+7，那么对情境的理解就太过于表面化了。教师应将盒子中的 10 个空格充分利用起来，让学生更好地理解进位加法中是如何凑十的，可以让学生自由选择，把 8 或 7 进行凑十，并让他们说一说如何进行操作才能凑成十，并比较在凑十法的运用中凑哪个数更方便，从而体会到将大数凑成十更加简单、方便。

通过情境图的利用，将教学重难点一一化解，创造性地使用了教材。教师一定要用心思考教材情境所蕴藏的更深层次的用意，这样才能充分发挥教材情境应有的作用。

（二）改编教材情境

“教学有法，但无定法”“不同的学生有不同的认知”“不是教教材而是用教材”，这些教学观念都倡导教师能够对现有教材进行合理改编。当然，在改编教材情境的时候不能只改变形式，也要追寻教材本质，在理解原有教材情境的学习意义基础上，对情境进行改编，体现出情境教学应有的教育价值。

例如，在认识长度单位“分米”时，测量铅笔的长度改变为测量吸管的长度，这样避免了有些学生的铅笔不到 10 厘米和找不到整 10 厘米铅笔的困境，同时赋予了吸管长短的现实意义。情境给出的是为 8 厘米的饮料瓶配置一个合适的吸管，短了吸管容易掉到瓶中，太长又浪费资源。在学习平均数时，某教材中给出的是跳绳比赛，而该学校是一所乒乓球特色学校，因此，教师通过将情境素材改编成每位学生颠乒乓球的成绩，在计算平均数时，所有数据有理有据，真实可信，这样更能让学生产生共鸣。

再如，在教学圆柱体体积计算时，可以设计这样一系列矛盾：要求计算圆柱体容器里的水的体积该怎么办？学生会回答把水倒入长方体容器中再测量。教师接着问：要求圆柱体橡皮泥的体积呢？学生会说把橡皮泥捏成长方体再求。如果要求圆柱体铁块的体积呢？要求商场门口的圆柱体柱子的体积呢？通过改编这一情境，学生就被推入更深的疑问中。这种由浅入深不断施问的情境，把学生带入主动参与问题解决的过程中，从而激发了学生探究圆柱体体积计算公式的强烈愿望。学生处于"愤""悱"的心理状态，有助于产生探求新知识的欲望。

同时，在任务型学习中，进行情境改编时，一些教师认为动手操作能帮助学生更好地完成某项任务，但是忽略了数学学习中对于抽象思维的培养。例如，用写有1、2、3的数字卡片摆出不同的两位数。学生面对数字卡片，有些学生可以直接将答案列举出来，动手操作就显得多此一举，所以可以适当改编情境要求，先让学生试着将不同的摆法写下来，如果在思考的过程中遇到困难后可以借助卡片摆一摆。这样，学生针对自身需求，选择合适的方法，让不同的学生得到不同的发展。

（三）创新教材情境

我国地域辽阔，各地的民俗习惯和生活环境大不相同，学生的生活经验和基础也各不相同，很难有普遍适用于每个地区、每个班级的数学教材情境。因此，教师在了解学生的学习情况和已有的知识经验基础上，创设更适合学生学习的情境有利于学生更好地学习数学知识和技能，获得良好的数学情感体验。原创教学情境，并不是随意创造，也不是瞎编乱造，教师在创新的过程中一定要把握好教材和学情，在了解现有教材逻辑思路和数学本质的基础上进行创新。

例如，以苏教版数学四年级上册《平均数》一课为例。首先，教师应分析本课的教学目标和重难点，了解有关教学内容的背景资料，知道平均数在统计学中的地位和作用，从数学的角度考虑平均数这一内容要教给学生什么以及怎样教。其次，了解学生对于学习平均数已有生活经验基础和学习这一课时可能遇到的困境，考虑到平均数受到极小值和极大值的影响，让学生在学习中感受平均数在表示数据时的集中趋势和典型水平有其弊端，了解平均数在反映数据时的优越性和缺点，这样，对于平均数的认识才能够更加全面。最后，在原创情境时还要参考优秀教学案例和名师示范课，领会他人在设计教学情境时的用意，并转化为自身创编的优势，内化为自己的方法，这样应用起来才能自然有效。

教师将情境教学策略应用到数学教学中去，根据不同的教学目标以及学生的实际情况创设不同的情境来吸引学生注意力，引导学生自主学习。总的来说，创设情境应该要体现学习目的，符合当前的学情，有利于学生知识的迁移，引发学生思考，让学生积极地投入到学习活动中，在情境中学会数学。

在任务型的课堂情境教学中，提升教师的教学设计能力，是指在教学之前，明确所教课程的内容、学生的兴趣和需要、发展水平、教学目标、教学任务以及教学方法与手段，并进行综合考虑和整体构思，预测教学中可能出现的问题与可能的教学效果。创设任务型教学情境的方法多种多样，教师要根据学生实际和教材内容等具体情况来灵活运用，创设出适合学生、富有感情的任务情境，使学生在情景交融之中自由探索、深刻理解、全面掌握科学知识。因而，任务型的课堂情境教学还具有现实性、探索性和开放性等特点。这就要求教师要具有创新的教学方式与教学观念，关注学生的批判意识和怀疑意识，勇于打破陈旧的情境模式，积极创设新颖的、有吸引力的情境模式。

总之，通过任务情境的创设，可以在很大程度上提高学生对学习任务的理解，并且能激活学生的数学学习欲望，让学生可以更加自觉地投入数学学习中，引导学生在生活情境中实现提升，这对于学生的综合学习能力发展有很大帮助。

第二节　小学数学任务型学习的教学设计策略

教材是教学的最基本内容，也是落实课程标准、达成教学目标的重要载体。教材内容为教学提供重要资源，是安排教学内容的基本线索，是教学内容的重要组成部分，但不是全部。教材内容完全符合学生实际的学习需要，不需要做任何调整，这当然是理想的情况。但实际上，教师要科学、合理地组织课堂教学，必须寻找教学内容与教学现实的结合点，从目标、内容、结构等方面对教材内容进行“二次规划”。这包括教学内容的整合、教学内容序列的调整和教学内容的结构化重组，是教师在备课时要厘清的用好教材的基本思路。

任务型学习的教学流程是教学过程的系统展开，是把教学内容与教学手段进行合理地链接，从而达到一定的教学目标的过程。通俗地说，教学流程就是一次完整的课堂教学安排，是对整节课的“战略部署”。教师在任务型学习的备课中，关注教学流程的设计是非常必要的，也是非常重要的，既要规范，又要创新。

教学设计实际上是将教师所依据的教育理念和教学思想，结合相应的教学资源，对教学活动的内容、形式和过程进行创造性地设计，并通过文本呈现出来，作为教学实施和教学评价的依据，其核心是体现教师依据的教育理念和教学思想。一个完整的任务型学习活动，包含五个要素，即：任务主题、任务目标、任务内容、实施过程和完成结果（如图 4-1 所示）。

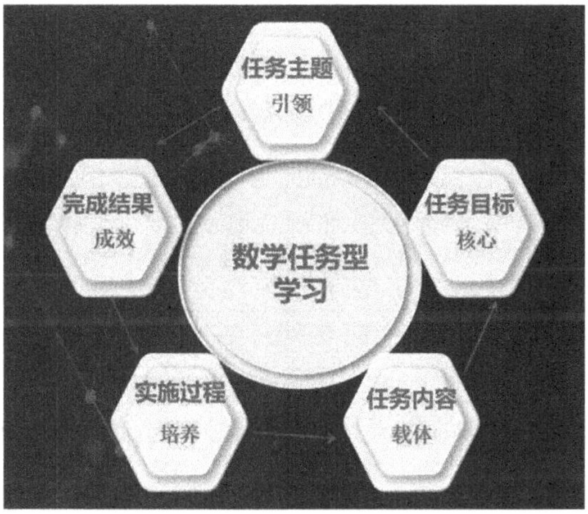

图 4-1　任务型学习教学设计的五大要素

顾明远教授指出：学生既是教育的主体，也是教育的客体。主体性是人在学习或实践中表现出来的能力、作用、个人看法等，也是人的主动、能动、有目的进行活动的特质和特性。小学数学课堂运用任务型学习法，是一个有目标、有计划、有组织的过程，教师从深度学习的特质出发，认为其主旨要体现学生的主体性和发展性。具体来说，进行任务型学习教学设计的一般策略有：确定任务主题、明确任务目标、选择任务内容、优化实施过程和完善结果评价等，以达到发展学生自主学习能力、解决实际问题能力等学习目标，下面将具体谈一谈任务型课堂教学设计的相关策略。

一、确定任务主题：体现趣味性和引领性

小学生都具有好奇、好动、好学、好胜的天性，如何调动学生的积极性和主动性，让学生能够品尝到学习成功的喜悦和乐趣呢？托尔斯泰说，成功的

教学不需要强制，而从激发学习兴趣开始。教师设计出活泼有趣的任务主题才能抓住学生的注意力，而且好的任务主题要适合学生的年龄特点，能引发学生思维，激发学生的学习欲望和动力，提高学习品质。如教学《用数对确定位置》一课，在导入时，教师一稿设计是先出示一幅古今世界名人图，接着提出“寻找数学家笛卡尔”的学习任务。围绕这一任务还设计了 4 个相关活动：学生用自己的语言描述笛卡尔在图中的位置；引入数对(3,2)，再让学生描述笛卡尔的位置；自主、合作学习研究(3,2)的含义；相机介绍数对发明者笛卡尔的故事，小结数对含义。通过对以上具有逻辑关系的若干问题的研究，学生知道了数对的由来，并理解了数对的作用和含义。但实际学习效果并不如想象般理想，绝大多数学生对数对的发明者笛卡尔一无所知，而且在众多的名人头像中，学生所认得的也寥寥无几。学生的学习兴趣受到较大限制，可以说学习者是在艰难地进行寻找活动。在修改后的二稿中，任务主题是“寻找我的好朋友”，所用图像全是同学们身边的人物，孩子们的学习兴趣一下子上来了，都积极踊跃地参加活动，课堂气氛也变得空前热烈，学习效果不言而喻。可见，基于学生经验和兴趣的任务设计是多么重要！学生在有效情境和主题明确的任务体验中，既经历了概念性知识的形成过程，又提升了完成任务的信心。

二、明确任务目标：体现层次性和综合性

这里的任务目标就是教学目标，它是教学活动的出发点和归宿，对任务设计和成果评价等具有引领和定向功能。《义务教育数学课程标准》确定的数学课程目标是一个整体，是课程基本理念的体现，对数学教学实践有具体的指导意义。任务目标的达成离不开一定的师生活动，加之数学素养的生成远非几节课或几个任务能够完成的，因此，它具有高度的层次性和综合性，它与生成情境、生成过程和生成方式等因素紧密连接。同时，任务目标要兼顾知识学习和能力培养，特别要强化能力培养的目标设计。而且，任务型学习目标的制定还应是由易到难、由简到繁、层层深入的过程；过易或过难的任务目标都会导致学生失去学习兴趣，也不利于目标的达成。例如，还是教学《用数对确定位置》一课，在“寻找我的好朋友”任务中，其 4 个活动的目标分别指向：活动一目标是理解数对的作用和意义；活动二目标是通过对(3,2)的研究，理解数对的规则和含义；活动三目标是初步感悟数形结合的思想方法；活动四目标则是训

练学生自主、合作的能力。如此设计，活动预设与目标定位一一对应，较大程度地增强了任务型学习的目标导向性，在难易程度上逐步递进、趋向学科本质；整体上由知识目标向素养目标过渡，再向能力目标提升。这样的任务目标设计，既能使学习者动机强度稳定地保持在较高水平上，还能在前一个目标达成时，马上提出一个新的更深层次的学习目标，从而更好地发展学生的情感态度、自主合作和创造性等综合学习能力。

三、选择任务内容：凸显适切性和针对性

这里任务内容设计的适切性和针对性是指用教材教，课程内容只有部分地成为教学内容才是用教材教，教师要有清晰的目标，就要先把教科书的目标变成教学目标，并把教材内容变为任务内容，也就是说内容的选择要与任务目标相对应。教师如何选择教学内容呢？除了部分的课程内容外，还要做到适切学情、结合具体的情景等，有针对性地来规划，如素材的趣味性、形式的生动性、难度的适当性、参与的便利性等，设计中坚决反对“教教材”，坚决纠正想怎么教就怎么教之类的现象，这才能体现学科教学的深度性，并与学科核心素养相结合。如教学苏教版数学二年级下册《时分秒》一课，在学习之前学生已经积累了一些经验，知道了“整时”“半时”和“几时刚过”等说法。那么教师就可以直接提出第一课时学习任务：解开钟面之谜。课前，学生结合已有知识完全可以进行自学；课中，各个小组根据成员分工和研究成果，做交流汇报。有一个4人小组表现如下：他们充分利用了手里的资源，先安排一位同学用自制钟面学具，带领认识3个指针；接着一位同学教大家数钟面上的大格小格数；然后由一位同学示范教学整时的读写方法；同时，小组长是汇报的灵魂人物，他适时补充，并进行最后的总结。当他们汇报结束后，班级内响起了热烈的掌声，同学们无不佩服其合作的默契、表达的流畅。因而，数学教学内容是一个具有生命活力、开放而多变的系统，既要考虑学习目标的可达成度，又要照顾学生的可接受度。教师站在学生立场，根据学生学情灵活地设计任务内容，更有利于以学生认知为起点，建构学习目标的生命化、教学素材的生活化、教学情境的生动化，从而最大限度地实现深度学习及学生数学素养的发展。

四、优化实施过程：强化活动性和参与性

数学的课堂学习时间是宝贵的，如何更好地利用有限时间达成教学目

标，促进学生数学素养的提升，是每位数学教师所面临的重要课题。任务实施的过程设计要具体、细化，要兼顾方方面面，重点是考虑怎样有效地促使学生参与学习。要多采用活动化的学习方式设计，活动的覆盖面要首先考虑涉及每一位学生，一般采取先全体后个体的方式。但在现实的一些公开课中，教师费尽心思，为了让数学课显得精彩、丰富，看起来热热闹闹，实质上给学生思维能力带来的提升并不多。所以，基于学生认知角度，深层理解教材，通过整合学习任务，设计简捷自然、精炼优化的学习路径，促进与强化学生的活动性和参与性，使教学过程得以突出主干和重难点；同时，围绕关键知识点，在最近发展区上下足功夫，才能取得事半功倍的成效。例如，教学《百分数的应用》一课，教师在创设水结成冰的情境后，提出学习任务：探究水的奇妙变化。原题是，当盆里 45 立方厘米的水结冰后，体积会增加，约为 50 立方厘米，问冰的体积比原水的体积大约增加了百分之几？亚里士多德说过：思维从对问题的惊讶开始。这一任务的展示使很多学生产生了好奇，进而引发了探究的欲望。此外，教师并不需要给予过多指导，学生基于科学课中水的三态变化知识，再通过独立自学、小组合作与交流的方式，完全可以明白其中奥秘，使问题得以顺利解决。因而，调动学生参与性的探究过程使学习的内驱力得以凸显，促进学习者在思维上发生矛盾碰撞，在思考辩证的活动中实现知识的内化。而且，关注每一个学生活动的过程设计，在使学生深度参与课堂学习的同时，又使课堂学习目标变得更加清晰、明了，能明显地提高课堂学习效率。

五、完善结果评价：强调及时性和有效性

在实际教学中，教师为了解学生接受知识程度如何，普遍在新知识学习之后设计相关检测题，作为这节课教学效果的评价，并为下节课教学提供基础。而任务型学习强调善始善终，也就是每一项任务的设计和完成都要有及时的评价环节，以确保任务完成的高效率，这就是任务结果评价的及时性和有效性。它包括任务目标是否达成、活动是否落实、学生是否学会和能力是否得到训练等。以苏教版数学二年级下册《认识方向》一课为例，任务一是“我会用太阳辨别方向”，教案设计（见表 4-1）一改过去备课只备教师行为，只设计老师怎么做的常态，增加了预设学生的活动情况及完成结果的评价。这一改革正好与崔允漷教授所做的“学科核心素养与教学变革”报告精神相一致。崔教授

说，教学改革必须先从教案变革做起，教案就应该把深度学习设计出来，指向素养的学习必须是深度学习！我们一线教师不仅要提高把“教材内容”变为“教学内容”的能力，真正理解课改的理念不仅是改课、改教材，还要改学习方式与教学评价，并把对学习结果的评价一起设计出来。这种“着地”的设计，才是教师为解决学生学习的真问题而进行新学习方式的研究，才真正体现注重学习结果的及时性和有效性。只有解决好学生的知识需要与习得的确定评价相匹配问题，他们所学知识、技能才能真正化为学科素养。

表 4-1　教学设计范例

教学过程				
名称	目的	内容	操作	完成结果
任务一我会用太阳辨别方向	1. 在丰富的活动中，让学生复习体验本单元第1课时认识东南西北的知识。 2. 训练学习巩固、应用知识的能力。 3. 培养学习的整理归纳思想	子任务 1： ① 说一说： 用评议描述如何利用太阳辨别方向。 ② 唱一唱： 播放视频 2(方向歌)。 子任务 2： ① 探究儿歌里的“东西南北”排序规律。 ② 游戏： 闭眼转圈后，根据提示说方向。 ③ 播放视频 3(太阳小结，末尾引出北极星)	① 指生 2～3 人，说一说怎样用太阳辨别方向。 ② 观看视频 2(方向歌)，全体跟着合唱方向歌。 ① 指生 2～3 人，说说东南西北这个顺序是按什么排列的？ ② 游戏： 先找 1 人，师生示范，学生闭眼转圈后，根据老师提示的一个方向说出其他三个方向。示范后，再全体学生同桌分组活动。 ③ 观看视频 3(太阳小结)	1. 学生能正确回忆起和太阳相关的辨认方向的方法(早晨、傍晚面对太阳) 2. 学生能熟练掌握方向的相对性(东-西，南-北)和顺序性(顺时针/向右：东南西北)，并能根据它们由已知的一个方向判断出其他三个方向

总之,任务型学习的教学设计策略,是为了更好地提高学生学习兴趣,使课堂生态变得生动有趣,使学生在顺利完成各项任务的过程中逐步获得学习经验,发展每个学生的理解力、自主学习能力等数学综合能力。当然,教师在实际教学中,需要考虑具体情况,合理兼顾、综合考虑实用性和可操作性等要求,这样学科核心素养才能真正落地,学生的学习能力才能获得长足发展,他们的世界才能充满无限的创造空间。

此外,数学任务型学习还具有突出的活动性。做好教学设计,就是为了更好地提高学生任务型学习活动的质量,使课堂生态变得生动有趣,使学生在顺利完成各项任务的过程中逐步获得活动经验,并发展学生的理解力、沟通能力等数学综合活动能力。

第三节　小学数学任务型学习的学习方案研制策略

学习方案的设计基础是以学生为中心,是师生课堂组织和实施的计划,是实现学习目标的蓝图。每节任务型学习的课程都应该有对应于学习目标的学习方案。有了学习方案,学生的学习行为才具有明确的目的。学习方案的制定极大地缩短了教师授课的时间,为学习者自主学习提供了可依循的学习指导策略,能够增强学习者自主探究、合作交流的能力。本小节将重点介绍学习方案的制定策略。

一、基于学情分析,制定学习方案

学情分析是教与学目标设定的基础,是制定学习方案的先行条件。因为只有真正了解学生的现有知识经验和心理认知特点,才能高效突破学习内容的重点和难点,落实"以学生为中心""以学定教"的教学理念,实现有效学习。

如何进行学情分析呢?学情涉及的内容非常宽广,学生各方面情况都有可能影响学生的学习。学生现有的知识结构、兴趣、思维情况、认知状态和发展规律、生理心理状况、个性及其发展状态和发展前景、学习动机、学习内容、学习方式、学习时间、学习效果、学习感受、生活环境、最近发展区、成功感等都是进行学情分析的切入点。下面将详细解读几个比较常见的学情分析。

（一）分析学生的生理、心理特点

学生的生理和心理仍处于身心发展过程中，具有很强的可塑性和易变性。教师可以通过心理学的知识，也可以借助生活经验，来观察分析学生，预见教学中可能存在的问题。比如：学生是善于形象思维还是抽象思维；乐于发言还是羞涩保守；喜欢跟老师合作还是抵触老师等。

（二）分析学生的认知基础和已有经验

学生带着思维进入课堂学习，所以教师要根据学生学习该内容时所具备的知识、技能、方法、能力等，来确定新课的起点，做好新旧知识的衔接工作。可以通过单元测验、摸底考察、问卷等较为正式的方式，也可以采取抽查或提问等非正式的方式。如果发现学生知识经验不足，一方面可以采取必要的补救措施，另一方面可以适当调整学习难度和学习方法。

（三）分析学生的个体差异

由于智力因素和非智力因素形成较大的个体差异，教师要对不同学生理解掌握新知识的能力进行分析。据此设计教学任务的深度、难度和广度，因材施教，采取变通灵活的教学策略。教师应该结合教学经验和课堂观察，敏锐捕捉相关信息，通过提出挑战性的问题、合作等方式尽量“取学生之长、补其之短”。

（四）分析班级风格

教师还要对班级学习风格进行分析。一个班级的学生在一起时间长了会形成“班级性格”，有些班级思维活跃、反应迅速，但往往思维深度不够、准确性稍微欠缺；有些班级则较为沉闷，但可能具有一定的思维深度。教师应据此设计不同的学习活动。

二、基于学法指导，制定学习方案

有些情况下，因为学生是初次制定学习方案，所以不知道如何实施，教师可以查找各种学习资料选择优秀的模板作为参照，然后让学生进行模仿制作学习方案。在教学过程中，我们经常会遇到一些学习很努力但成绩却总是不令人满意的“好学生”。对这类学生而言，并不是主观不努力、不认真，从某种意义上讲，在勤奋方面已经做得无可挑剔。但其中一个很重要的原因，就是这些学生没有掌握有效的学习方法，有的教师在教学中也忽略了对这方面的指导。因此，对于制定有效的学习方案，还要从学习方法上给学生一定的指点和引导。

（一）明确任务目标，确立学习方案

学生在任务型学习中首先要明确自己一堂课的学习任务，包括知识的学习任务，操作练习的学习任务，能力提升的学习任务，要做到心中有数，早做计划，这样才能胸有成竹。学习有了明确的要求，便于自我检测、反省、提高。

（二）养成良好学习习惯，确立学习方案

习惯是靠重复同样的行为逐渐固定下来的东西，良好的学习习惯是学习有效性的重要前提和保障。任务型学习课堂上的一般模式，更强调培养学生的学习习惯。例如，预习与复习习惯、先看书后作业习惯、小组合作习惯、积极探究习惯、有序汇报习惯和有错即改习惯等。

（三）分析整理与综合归纳相结合，确立学习方案

日常学习都是以课为单位进行分散学习，所学的知识是零乱的，也是琐碎的，任务型学习方案的设计可通过一段时间、一个单元的学习，引领学生对知识进行分析整理，概括总结。此外，在制定学习方案的时候，教师还可按照学生的座位前后 4 人自然分组，学生自主预习学习内容并根据自己的疑惑提出问题，然后带着这些问题阅读和收集学习资料中的重要数学信息，组长带领组员一起交流研讨。在这期间教师巡视各组情况，随时参与讨论并适当地点拨和指导，最后每个小组制定出符合学习要求的学习方案。

由此看来，学习方法是一门科学，也是一门艺术，是发展的、变化的，因人而异，需要我们不断改进、不断探索、不断实践。

三、基于学生评价，制定学习方案

没有评价就没有课程。评价方式从单一的老师评价转换为教师和学生的多元主体评价，让学生交流讨论后自主制定小组评价。首先老师带领学生一起提前学习知识点和重难点；其次学生结合自己的疑惑，分别提出“我的问题”和“我们的问题”，教师适当补充一些突破性问题；然后学生经过小组交流与合作，一起学习探究教材，共同解决疑难问题；最后由小组长带领组员互相评价。

在这样的学习中，不仅教师发挥了正确的主导作用，而且学生的主体地位也得到了尊重。学生在经历了教材研讨、小组合作与交流的情况下，学习

了制定数学学习方案。在任务型学习中要积极倡导小组合作学习，促进学生之间的交流和互动。因为这样的交流和互动，最能体现学生的主体性，更有利于让学生开展探索性的学习，使学生在合作学习中获得感知、增长技能、愉快发展，让学生在合作学习中真正学会倾听、学会讨论、学会表达，并促进学生合作意识、合作能力、交往品质等多方面素质的协调发展，激发他们的学习兴趣。学生不仅学会发现问题、提出问题，更学会了解决问题的方法，全方面发展孩子们的知识与能力、过程与方法、情感态度与价值观等三维教学目标。当然，学案中还存在着很多不足之处，教师在今后的研究工作中应加强对学生学习能力的提高，引导学生积极主动地利用学习方案来培养自己良好的学习习惯，尤其是培养他们自觉主动学习的良好习惯。

四、基于时间分配，制定学习方案

课堂上的任务型学习，要让学生有充足的时间通过自学课本、查阅资料和同学探讨等方式把设计的学习方案予以落实，并对知识结构进行一番思考和探究。这里所说的充足的时间，是保证学习有效性的前提。一般情况下，可分为以下 4 种类型。

（一）10～15 分钟的小组合作

在课堂中学生通过 10～15 分钟完成合作探究中“我的问题”“我们的问题”和“老师的问题”环节的设定，找出本节课要解决的问题和存在的疑问。教师参与其中深入了解学生预习所达到的水平以及存在的问题，以便更好地把握讲课的方向和重点、难点。

（二）10～15 分钟的拓展延伸

学生花 10～15 分钟完成“拓展延伸”环节的内容，一方面迁移知识形成技能，另一方面可以拓展学生的思维。

（三）5 分钟的总结归纳

教师花 5 分钟总结归纳本堂课学习了哪些内容，主要探究了哪些问题，运用了哪些探究方法，通过本节课学习所得到的启示等。

（四）5～10 分钟的监测评价

学生花费 5～10 分钟进行“学习结果测评”。

学习方案的制定贯穿整堂新课。

数学学习方案的使用，创设了富有生机和活力的课堂教学气氛，较好地解决了学习态度、学习习惯问题，转变了学生的学习行为，使学生的自学能力有了很大提高，同时也在很大程度上提高了教学质量。数学学习方案的应用，促使教师树立新的教育观念，使学生的主体地位真正得到重视。

实际上，除了基于学情、基于教师、基于评价等因素制定学习方案以外，还需要立足教材和学科本质等来综合考虑，并使之确保容量、难度适当，目标明确、层次清晰。

可见，尊重学生的主体地位，着力培养学生的能动性、自主性和创造性是素质教育区别于应试教育最显著、最根本的特征。这要求任务型学习应时刻把研究学生的学习方法、培养学生的学习能力放在十分突出的地位，努力使学生成为发现者和探索者，充分发掘自己的最大潜力。

第四节　小学数学任务型学习的学习方式选择策略

随着教育信息化的快速推进以及关于教育内容的交流愈发频繁，对于教师教学的基本技能、基本思想和基本活动经验的要求在不断提高；以知识学习为主要目的的传统型学习方式无法更好地适应任务型学习的需要，为了深化教育改革，全面推进素质教育，各级各类学校都在逐步推进学生学习方式方面的变革。任务型学习方式在学生学习方式的变革中，也占据了主要的地位。本节将从学习方式的含义和任务型学习方式的选择策略两方面做出阐述。

一、学习方式的理论解释

学习方式是当代教育理论研究中的一个重要概念。在国内很多学者认为学习方式是指在完成既定学习任务的过程中学生基本的行为和认知取向，即学习方式是学生的学习行为、行为动机和倾向，是学生完成既定学习任务过程中逐渐形成的比较稳定的或习惯性的风格。在《学习风格论》中学者谭顶良指出美国的哈伯特·赛伦于1954年提出学习风格，核心即为学习者习惯使用的学习方式及表现出来的学习特征，具有倾向性、稳定性和独特性，一般也把学习方式称为学习风格。在认知心理方面，学习方式是学生根据环境形成的特有认识程序，被称为理智上忠实的形式，学习方式与学习方法、学习策略及学习能力有所不同。目前，综合学术界对它的解释主要有以下两种观点。

观点一：学习方式或称学习风格是学生在完成学习任务时基本的行为和认知的取向，它不是指具体的学习策略和方法，而是学生在自主性、探究性和合作性方面的基本特征。

观点二：简单说来，学习方式就是人们在学习时所具有或偏爱的方式，即学习者在研究完成其学习任务时所表现出来的具有个人特色的方式。学习方式是学习者持续一贯表现出来的学习策略和学习倾向的总和。学习策略指学习者完成学习任务或实现学习目标而采用的一系列步骤，其中某一特定步骤称为学习方法。

不同的定义在本质上有许多共同点：第一，学习方式的实质是学习者喜欢的或经常使用的学习策略，反映了学习者对不同教学方式的偏爱以及学习倾向。第二，稳定而独特是学习方式的本质属性。稳定指学习方式在长期学习过程中逐渐形成，很少因学习内容、学习环境等因素的改变而变化。独特指学习方式在学习者生理结构及其机能基础上，受到特定的家庭、教育和社会文化等因素的影响，通过个体自身的学习活动而形成，具有鲜明的个性特征，因人而异。第三，学习方式受到社会、家庭、学校教育方式的影响。

所谓学习方式，是指学习者持续一贯表现出来的学习策略和学习倾向的总和。学习策略指学习者完成学习任务或实现学习目标而采用的一系列步骤，其中某一特定步骤称为学习方法。学习方式还是一个组合概念，它包括学生的行为、情感和认知，这三种因素有机结合，参与到学习活动中去，可以改变学生的学习态度、学习意识和学习习惯的品质。例如，有的学生倾向于借助具体形象进行记忆和思考；有的学生偏爱运用概念进行分析、判断和推理；有的学生善于运用视觉通道（读与看）；有的学生倾向于运用听觉通道（如听讲、听广播）；也有的学生喜欢运用实践的通道（动手做一做或自己说一遍）。学生在学习过程中会表现出不同的学习倾向，包括学习情绪、态度、动机、坚持性以及对学习环境、学习内容等方面的偏爱。比如，有人必须在绝对安静的环境中才能专心学习；而有人却喜欢在音乐的陪伴下学习；还有人能够在嘈杂的环境中有效地工作和学习；有的学生为获取家长许诺的奖励而学习；有的学生却能够从学习过程本身感受到乐趣；有的学生喜欢在竞争中学习；也有的学生偏爱合作学习等。

二、学习方式的选择策略

作为教师，在任务型学习中，不仅要关注学习内容的呈现方式，还应关注学生如何进行学习、指导学生开展相应的学习活动并能够恰当地选择相应的学习方式，通过自主学习、合作探究学习等多样的学习方式，在激发学生学习的主动性和积极性的同时培养学生良好的学习习惯，使学生学会学习。

（一）组织自主学习，激发学生学习需要

建构主义认为，学习不是教师向学生传递知识，而是学生主动建构自己的知识。学生不是被动的信息吸收者，而是知识的主动建构者。自主学习在学生的任务型学习过程中是至关重要的，因此在进行任务型学习时，教师应设法唤起学生的主体意识，让其明白自己才是学习的主人，然后通过提出问题、启发引导、解决问题的形式，激发全体学生自主参与到每一堂课的学习过程中，促使其主动建构知识、自主学习，实现由接受式学习向创造性学习的转变。在任务型学习中，若想培养学生的自主学习意识，教师可以这样做：创造条件后，给他们留有相应的空间进行自我探索，使他们真正成为课堂的主人。

自主学习的过程是指在教师指导下，学生以系统掌握间接知识经验为主的特殊的认识过程。教师不仅要注重知识的内容，更应该注重知识“原创造”的过程。正如美国学者兰本达认为：“任何有意义的发现、领会都是经历、卷入和参与的结果，而材料就是其中激发、引起探索经历的有效手段。”因此创造自主学习条件是提供自主学习机会的前提和基础，但条件的创造也不是随意产生的，而是在教师充分了解教材特点、学生实际情况之后创造出来的，让学生利用原有的知识去自主探索新知识。自主学习的关键是为学生提供自主学习的时间和空间，让学生亲自探究，如亲手操作特定的实物材料后发挥其想象力、创造力去体会实物材料中的概念，获得对事物的感性认识，然后通过总结概括获得理性认识。如在《认识长方形和正方形》一课中，通过橡皮筋，钉子板，长方形、正方形纸张，直尺等实物材料，引导学生进行量一量、折一折、围一围等活动。如在认识长方形时，有的学生用直尺测量每条边的长度并做好记录；有的学生将长方形纸对折；有的学生选择用橡皮筋在钉子板上围出各种各样不同的长方形，然后分别数出每条边所占的

格子数，无论选择哪一种方法最终都得到同一个结论，即长方形的对边相等。在实际动手操作的过程中，学生不仅亲身参与到“原创造”的过程中，获得感性认识的同时也掌握了理性认识，而且在操作过程中还体会并掌握了解决问题的方法。

（二）开展任务型小组合作学习，培养学生综合学习能力

除了自主学习，还有一种学习方式也符合新课程的发展要求，即小组合作学习。这是一种旨在以学习小组为基本单位，系统利用教学中动态因素之间的互动，开展有明确责任分工的协作性学习活动，完成共同学习目标的一种学习方式。任务型的小组合作为每一个学生参与学习活动提供机会和平台，使学生在合作探究中互相补充、互相促进，从而利用群体带来的积极功能，提高个体学习的动力和能力；通过小组合作，使学生对自我能力、自我管理有一个清晰的认识，同时使其具有适应现代社会发展需要的协作精神和合作意识；小组合作不仅可以改变传统教学模式，打破沉闷的课堂教学氛围，提高学生的学习效果，还具有锻炼学生人际交往的能力，有助于其形成健全良好的非认知品质，以适应社会对于未来人才的需要。

1. 合作小组的组建过程

学习小组在分组前，通过多种途径与渠道充分了解学生的知识能力水平、性格爱好、学习态度等具体情况。例如，可通过测验、问卷调查、谈话聊天、观察等方式，了解学生的性格爱好、学习态度、知识能力水平等。

学习小组在分组时，根据学生的知识能力水平、性格爱好、学习态度等方面的差异，以组间同质、组内异质的原则，将班分成若干个小组，每组 4 人，并可以让小组的同学为小组起名。

学习小组在分组后，根据学生已有的知识水平、性格爱好、学习态度等因素综合考虑对组内的每个成员明确职责，如组长、记录员、发言人等，目的是让其在小组合作过程中带着自己的任务，积极参与到学习活动中。职责可由教师指定，也可由学生自己选举产生。其中组长主持小组的学习活动，负责组内人员分工并确保每个成员都参与其中，控制好每个成员发言时间，保证组内讨论有序完成；记录员对每次学习活动中的具体数据和成果进行汇总记录；发言人可以选择主、副发言人代表小组进行汇报，也可以做好汇报分工，给每个人汇报的机会。

在实际学习活动中，通过建立组间竞争机制将良性竞争引入其中。根据学习活动中存在的问题，对组员之间或者组内分工进行相应的调整。

2. 小组合作的探究过程

(1) 设计引导。在开展学习活动前，教师不能直接将任务丢给学生，应该做好具体的活动引导，使学生明白活动的任务和要求。特别是在小组合作的初级阶段，更应一步一步地提前引导，使小组成员知道应该先做什么，再做什么，最后做什么，只有这样才能保证学习活动的完成度及有效性。如在《三角形的三边关系》一课中，为了验证"任意三条线段一定能围成三角形吗?"这一问题，教师可以引导学生按照三步骤进行具体操作：第一步每个成员在任务单中写出从 2 cm、4 cm、5 cm、8 cm 四根小棒中任意选择三根小棒的所有选择方法；第二步每个成员选择其中一种情况围一围，记录员将结果记录在任务单中；第三步根据具体操作，组内交流得出结论。这样细化到每一步要做什么，避免了学生盲目地、无效地讨论，为学生完成任务提供了强有力的支持。

(2) 合作探究。根据小组合作学习目标，设计数学学习活动的内容及形式、步骤(讨论、操作、自学、实践、应用)，组织、引导学生探究问题、研究方法、概括总结、形成互动、多向交流，及时消除学习障碍，发现新的思路。在这一阶段中，学生在明确本次活动的任务和要求的基础上，先进行自主学习、独立思考，然后积极参与到组内交流中，充分发表自己的思考结果，对有疑问的地方进行分析比较，最终求同存异形成组内共识。组内交流时应该围绕主题，人人发言，但是在初期考虑到学生合作能力比较欠缺，可以先统一规定每一次小组活动中的发言顺序，如按照前排两人先发言、后排两人再发言等发言顺序进行发言，避免出现只有"一家之言"的情况。待学生的合作能力提高后组内可以不再拘泥于规定，形成如先弱后强、不爱发言的人先说等组内的发言风格。无论发言顺序如何，都应做到广开思路、不重复，这样既节省了时间，又提高了效率。如在《三角形的三边关系》中，以四人小组为单位对任务二"任意三条线段一定能围成三角形吗?"进行合作探究，从 2 cm、4 cm、5 cm、8 cm 四根小棒中任意选择三根小棒，一共有四种选择方法。因此小组长依据选择方法给每个成员进行了相应的分工与安排，即每个成员选择其中一种方法，通过动手围的方式得出是否能围成三角形的结论，然后每个成员在组内交流得出自己的结论，组内讨论交流后形成统一的答案，记录员对结果进行整理汇总。

(3) 汇报交流。汇报交流是指将本小组在学习活动中的成果向其他小组进行汇报交流，汇报交流不是某个人的自我展示，而是小组中每个成员的责任，这就对小组长提出了很高的要求，需要组长组织协调好小组内成员汇报交流的具体事宜。汇报交流不仅考验学生知识层面的内容，同时对学生的语言组织能力和表达能力等也提出了很高的要求，所以相应的规则也应该根据学生的具体情况进行调整，小学生尤其是低年级学生在语言组织、表达方面一开始不可能那么到位，教师应从学生易达到的要求来规范学生的小组汇报。首先发言人发言时要面向全体，声音响亮，做到目中有人，思路清晰，达到基本要求之后，可以声情并茂，并辅以恰当的面部表情和肢体动作，这样其他听众会全神贯注地倾听，发言者也能得到良好的反馈。如在《三角形的三边关系》的任务二"任意三条线段一定能围成三角形吗?"中结论有很多，所以小组进行汇报交流时可以按照能围成和不能围成两种结论将小组分成两部分进行汇报，首先请一位成员说能围成的情况，另一位成员用小棒将其摆出，便于其他同学进行观察，然后请一位成员说不能围成的情况，另一位成员用小棒将其摆出。这样给了小组内每位成员机会进行展示，而且展示的方式多样，不仅有语言的总结，还通过实际操作使其他同学能够更直观地看出结论。

(4) 及时评价。当小组汇报交流后，教师应进行恰当的评价，评价应注重时效性，越及时越有效；评价应注重内容的针对性，切忌假而空，应该根据学生回答的内容进行具体评价，如从汇报内容、汇报方法、汇报态度等多个角度进行评价，使全体学生明白其优异之处在哪里，便于其他学生学习，以此让学生顺利地构建与自己认知水平相适应的知识结构，不断地完善自身的认知结构；评价应注重方法的多样性，如精神表扬、物质表扬等。同时在进行组内评价时应关注整体，即组内开展学习活动时，着重从小组内整体学习情况进行评价，促进成员之间的团队意识和集体意识的形成，而组间开展学习活动时，着重鼓励勇于发言的人，既锻炼了自己也为集体争得了荣誉。

(5) 实践应用。根据学生活动的具体目标，教师应设计一些练习，这不仅是对内容的巩固，同时也有助于教师把握学情。练习不仅要注重层次性、基本性、发展性、综合性和开放性，同时应该具有情境性，因为数学来源于生活，并应用于生活，所以要让学生在生活情境中去发现问题、提出问题并解决问题，去体会、感受数学的乐趣与魅力。如《认识人民币》一课中，教师通过“跳蚤市场”这个小游戏环节，对本节课的重难点进行回顾复习，在游戏过程中教师对纪律小能手、超级小买手及时进行正强化。通过游戏既能激起学生的兴趣又能对知识进行巩固，使学生从做题中脱离出来，感受数学在实际生活中的应用。

总之，任务型学习的学习方式也是多种多样的，教师不应该死板地运用其中的某一种，应该根据不同的知识内容和学生的年龄特征等选择适合的学习方式。因此教师在组织任务型学习中，不但要“授之以鱼”，还要“授之以渔”，让学生在理解知识的过程中，产生自信心，发掘自身的潜能，在学习实践中大胆探索、勇于创新，从而培养学生分析和解决问题等综合学习能力。

第五章

小学数学任务型学习的资源建设

迟序之数，非出神怪，有形可检，有数可推。

——祖冲之，中国数学家

将数学作为一种活动的数学，必须由学生自己做出来。

——弗赖登塔尔，荷兰数学家

集数字化、资源室和探究室功能于一体的数学教室

课程自始至终都是课堂教学的主要资源，在《义务教育数学课程标准》中“课程资源开发和有效利用建议”已被提升为实施建议之一。如果能在教学实践中，科学有效地开发课堂教学资源，就能够很好地实现对学生学科素养的教育。

“生活里处处有数学，数学中时时即生活”。正因为如此，学习数学不能仅依靠传统模式的教学，要打破这种传统的教学，增强学生在生活中发现数学问题、用数学的意识和多方面提高学生综合运用数学知识的能力。任务型学习模式正是我们每一位老师摸索的适合学生学习数学的道路。为了更好地让每位老师适应任务型学习教学，对其开发与利用是课程改革的重要目标之一。

第一节　小学数学任务型学习课程资源的内涵

一、课程资源的含义

怎么理解课程资源，并针对这个问题进行深入了解，是有效利用与开发小学数学课程资源的前提条件。但是，一些小学数学教师对于这个概念的理解还依旧停留在课程资源等于教材这一水平之上。

凡是有助于实现课程目标的一切因素都可以叫作课程资源。所谓数学课程资源，《义务教育数学课程标准》认为：数学课程资源是指依据数学课程标准所开发的各种教学材料以及数学课程可以利用的各种教学资源、工具和场所，主要包括各种实践活动材料、录像带、多媒体光盘、计算机软件及网络、图书馆，以及报刊、电视广播、少年宫、博物馆等。但这里数学课程资源的内涵基本限定在“物质”的范围内，忽视了对非物质的课程资源的开发与利用。鲍淼芳、南纪稳在《课程资源：概念重建与有效开发》一文中，从物质和非物质角度把课程资源分为物力课程资源和人力课程资源。因此数学课程资源就是指有利于实现数学课程目标的一切条件，包括人力资源和物力资源。其中人力资源包括教师资源、学生资源、家长资源及社会其他主体资源等。

学生资源属于课程资源中的人力课程资源，就是指有利于教学的、学生已有的知识、经验和人格质量以及在课堂教学中通过师生互动、生生互动而生成的来自学生方面的资源。主要包括学生的基础性资源、差异性资源和生成性资源。

课程资源是指课程要素来源以及实施课程的必要而直接的条件。课程资源的利用、积累、开发和鉴别都是由数学教师决定的，而且资源的效益发挥、利用价值、鉴别程度等也是由数学教师决定的。教师在课程教学中要合理地利用各种有效的资源进行课堂教学，激发学生自主学习的兴趣，提高学生的学习积极性，进一步提升教学质量，这符合新课改的要求。

二、小学数学任务型学习课程资源的内涵

开发和利用小学数学任务型学习课程资源的根本目的是使小学生更加有效地进行数学学习。对于当下一些小学数学教师偏爱形式主义，只为单纯的课程资源的开发而进行开发，就走向了一个误区。作为从事任务型学习研究的数学教师，首先要明白小学数学任务型学习的课程资源是什么，有哪些更为重要。

任务型学习的课程资源结构包括校内课程资源和校外课程资源。校内课程资源，除了教材以外，还有教师、学生，师生各自不同的经历、生活经验、学习方式、教学方式等都是非常宝贵、直接的课程资源，在此，要特别说明，校内各种功能教室、学习场馆（数学体验馆）、各种活动场所也是重要的课程资源。校外课程资源，主要包括校外图书馆、超市、小区、广场、科技馆、博物馆、网络、乡土人文和家庭资源等，此外也包括可以满足学生个性化学习需求的资源等。

学生是独立的个体，学生与学生之间是有差异的，他们之间的差异也是教师可以开发和利用的课程资源。下面将具体阐述如何开发利用基础性课程资源和生成性课程资源。

（一）开发利用学生的基础性课程资源

学生的兴趣爱好是一种有价值的课程资源。如若能将学生的学习兴趣与教学实际结合起来，那这样的课堂教学一定是成功的教学。基础性课程资源主要指学生的生活经验、情感认知、原有的知识水平和兴趣爱好等。所有这些资源都是学生学习新知识的基础，是教学得以顺利进行的前提。教师若是仅仅从个人已有的知识、经验出发选择和使用教学资源，往往不能很好地贴近学生的生活、学习的实际，那么学生已有的知识、经验、情感和兴趣

势必制约课堂教学效果的实现。因此，在课程教学设计前，教师必须对学生的各方面的素质现状进行调查分析，摸清学生已有的知识、经验、兴趣和需要，面向全体学生，设计符合学生实际、能让学生参与进课堂教学、发挥学生的主观能动性的教学问题和典型案例，这样既能使课堂气氛活跃，也能使学生很好地理解和掌握知识，实现本节课所要达到的教学目标。

1. 善于利用学生生活中的数学资源

学生是课程的主体，一方面是指学生的现实生活和可能生活是课程的依据；另一方面是指发挥学生在课程实施中的能动性，学生创造着课程，因此说学生也是课程资源。学生的生活经验也是重要的课程资源。新课程理念要求“教学活动必须建立在学生已有的认知水平和已有的生活经验基础之上，尤其是数学”。因此，课堂教学要联系学生的生活实际，要把学生的生活经验作为一种重要的课程资源加以开发，以丰富课堂教学，并使之与教学内容、教学目标发生良性互动，实现数学知识与生活经验二者的畅通、互补与融合。教师要密切关注学生的学习生活，经常在教学中联系学生生活中所遇到的事例，及时调整教学预案，渗透生活知识，强化学生在任务型学习中的体验能力和感悟能力。同时，教师还可以通过引导学生在任务实践中不断强化动手操作能力，从而激发学生的探索精神，增强学生的数学知识运用能力。

而学生周围的生活资源非常丰富，包括课堂资源、校园资源、社区资源。如可以利用学生熟悉的购物、乘车为背景，使学生通过利用数学解决与此生活相关的问题，实现生活问题数学化。教师要积极为学生创设良好的教学情景，引导学生在真实的任务情景中感悟数学知识，利用学生所熟悉的生活场景，引导学生掌握数学学习的方法路径，提升学生的理解能力和探究能力。例如，教师在引导学生学习“利率”概念时，教师为了强化学生对于利率更深刻的认识，可以把自身作为案例，实际参与将 1 万元存入银行，获得反馈信息：两年后按照当前利率会取回多少钱？使学生能够直接通过实际生活相互联系的案例，强化自身的认知能力，提高自身的数学学习内驱力和学习热情。

课程资源的开发可以帮助数学教材实现“生活化”。在数学课堂教学中，教材是承载知识的载体，是教师进行优化教学的依据。一味机械地复制教学不利于教材的二次开发，合理开发利用数学课程教学资源，让教材更加“生活化”，贴近实际，激发学生的学习兴趣，提高教学效果。

2. 善于激发学生内在资源

孩子的认知资源也极为宝贵。《义务教育数学课程标准》指出：不同的人在数学上得到不同的发展。由于不同的学生在知识经验和认知水平上都存在着差异，每一个学生都会有各自的思维方式和解决问题的策略。因此，在教学中我们必须充分尊重学生的个体差异，因势利导，激发学生内在资源，使不同的学生得到不同的发展。例如，在教学中采用分层次教学，布置有梯度的练习作业等。

3. 善于利用学生原有的知识水平

学生是学习活动的主人，是教学活动的主体，学生现有的知识水平和生活经验是实施课堂教学的依据。教师应该对班级内学生的综合情况逐一了解，知道他们已有的知识，并针对学生对数学的认知水平，设计出接近其原有知识又能有所超越的教学过程，提高他们对新概念、新知识的感知和理解程度，这样接近他们已有知识水平的教学就更有利于学生对新的教学内容的掌握。当然，教师能做到把所学新知识与学生的现有知识水平相结合进行教学，就要求教师熟练掌握教材的知识体系，眼界开阔，关注学生，能够举一反三。

4. 善于调动学生的学习兴趣

兴趣是学生学习的内动力，抓住他们的兴趣进行教学更能达到授课的目标，因此，一名优秀教师应该随时都注意调动学生学习的积极性和主动性，结合学生的兴趣创造条件让学生在想学、爱学的氛围中不断发现问题，主动地去探究、去创新，然后解决问题，这样的教学效果必定收获甚多。

兴趣是学习的先导，兴趣是最好的老师，学习兴趣一旦形成，学生便会有强烈的求知欲，就能积极主动、心情愉快地学习。因此，在数学教学中，教师应巧妙地利用学生的好奇心理，以有趣的内容、新意的教法、灵活多样的教学形式，来激发学生学习兴趣，数学课堂就会成为人人想上、人人想学数学。

（二）开发利用学生的生成性课程资源

学生是学习活动的主人，是教学活动的主体，是课程目标实施的对象，同时也是数学教学的资源。学生原有的知识水平、生活经验和兴趣爱好是实施课堂教学的依据，并且在教学过程中学生还会不断地创造和生成新的知识和经验。

课堂生成性资源是在师生互动中产生的。数学课程资源的开发有助于激活课堂教学。课程是教师、教材、学生的有机组合，课程是知识、是活动、是经验。教师并不只是向学生灌输知识，还要使这些资源丰富有趣起来，激发学生的学习激情，让学生体会到学习的乐趣。教师在进行教学活动时要尊重学生固有的知识经验，让学生进行自主探究学习，参与到数学教学中去，让课堂充满激情和活力，激活旧知识，促进师生交流，激发课堂兴趣。

课堂教学是师生互动、生生互动的过程，也是动态变化发展的过程。在这个过程中肯定有来自学生对教师的崇拜，回答问题符合教师所预想的；也有学生得出错误的答案；也有学生会对教师的观点提出质疑和反驳，或许表现在言语上，或许表现在表情和眼神上；也会有学生在课堂上频频“插嘴”。我认为后三种学生反馈蕴含着可被开发与利用的课程资源。但在现实的课堂教学中，仍有教师坚持自己的教学权威，忽视学生的错误、质疑与“插嘴”所蕴含的学生的生成性资源。因此，我觉得可以从以下几方面进行开发和利用学生的生成性课程资源。

1. 正视学生的错误并从中挖掘其教学价值

学生在真实课堂教学互动中由于自己的认知水平有限，不可能时时都能获得成功的经历，也会产生认知错误和迷茫。在数学课堂教学中，当学生出现认知错误时，教师要以宽容的态度面对学生的错误。通过巧妙设计，机智地将错误转化为有助于课堂教学的资源，让学生亲身经历错误的解决过程，从而促进学生思维、能力等非智力因素的发展，实现错误背后的创新价值。例如《平行四边形面积的计算》导入阶段，当学生迫不及待地说出“平行四边形的面积就是用相邻的两条边相乘”这一错误结论时，教师可以让学生利用学具操作、画图剪拼等方法进行研究，从而得出正确结论。这样学生不仅能够自主纠正错误，理解平行四边形的面积计算公式，而且有利于进一步认识平行四边形和长方形、正方形面积计算公式间的联系与区别。

2. 善待学生的“插嘴”资源并发挥其作用

在课堂教学中，总有学生会“插嘴”(这里排除那些捣乱的学生)来打断教师的讲解或学生的发言。此时教师不能对其严厉指责或挫伤他们，而是要给予恰当引导。面对有意义的“插嘴”，教师应当把课堂还给他们，让他们大胆提问或阐述自己的观点，并因势利导鼓励班级其他同学也能积极思考，勇于站起来表达自己的观点。例如，《位置与顺序》的游戏练习后半段，大部分学生仍能按教师的要求进行练习，可有一学生反其道而行之，教师说左，他偏指右，教师说上，他偏指下，问其原因，他竟说：“这样做更有趣!”面对这一意外，教师迅速调整游戏规则(按该生的方法进行游戏)，这样既达到了练习的目的，又巩固了学生的兴趣。

3. 开发利用学生的差异性课程资源

学生之间的差异是客观存在的，既有知识基础、学习方式、情感态度的差异，也有文化背景、生活经历、生理心理发展水平的差异。我们不能把差异作为坏事，差异是学生个性发展的重要内容，也是我们因材施教的出发点。要认真对待学生的个别差异，从而进行个性化的教学，才能使教育产生最大的功效。只有这样才能做到使不同的人得到不同的发展，使学生在互相交流中汲取他人的长处，弥补自己的不足，才能在差异中完善和发展自己。所以，学生的差异也是一种课程资源。开发和利用学生的差异性资源要求数学教师必须承认差异，并深入了解每个学生的实际，发现学生的个性特征，并善于运用这种课程资源，进行教学设计，促进每个学生的个性发展。

例如，《圆的认识》教学，课始，教师要求学生利用身边的工具在纸上画一个圆，此时，有的学生能熟练地转动圆规画圆；有的学生虽用圆规，但只能转动纸张画圆或画得不圆；而有的学生却只能利用圆形物体印圆。教师可抓住学生画圆时的这种差异，让学生展开讨论：你们的画圆方法有什么不同？画出的圆又有什么不同？让学生在讨论中悟出半径、直径、圆心等有关圆的知识。良好的课堂教学氛围发展到一定程度的产物，是师生思维活动积极发散的结果，在教学中要充分发挥其积极的功效，使数学课堂焕发更加强劲的生命力。

人非圣贤孰能无过，更何况是孩子，由于学生的知识经验和认知水平有限，所以对数学知识的理解有时是正确的，有时可能是片面的，甚至是错误的。所以，我们不仅要善对正确资源，也要正视错误资源，认识它的价值，灵活巧妙地利用，变废为宝。在教学中，通过“错例”引发大家的反思，在反思中教育大家，在反思中提升认识，促进大家的共同发展。又如，在《比》的教学中，我组织学生讨论“比的后项能为0吗？”“可以！昨天电视直播排球比赛，中国队3∶0赢了古巴队”，一个同学理直气壮地说。这是个错误的认识，但教师不急于评价，而是问“同学们，你们认为这里的比分和今天我们学习的比所表示的意义一样吗？”“不一样。”“为什么呢？”“因为，比表示的是两个数之间的关系，而比分是比赛结果的记录方法。”这样通过错例产生比较，就可以清楚地把比与比分进行区别，加深了学生对比的意义的理解。同时，学生的个体差异也是一种教学资源。

4. 老师的正向反馈有利于激发学生动态的生成性资源的产生

情感资源是人的感情，是丰富而又细腻的，在每个人的心灵深处，都渴望得到别人的赞美、表扬和欣赏，特别是儿童，他们的这种愿望更加强烈。在教学中，教师一个亲昵的动作、一个赞赏的目光、一句鼓励的话语都会触动孩子的心灵。这些鼓励会让更多的孩子点燃学习的热情，更加自信，走向成功。所以，在数学课堂中教师必须善于洞悉学生的心理特征，察言观色，通过多种手段适时地刺激学生的神经器官，酝酿情感，使之升华，培养积极的情感态度，使学生愿学、乐学。

第二节　小学数学任务型学习课程资源的开发意义

义务教育阶段的数学课程具有基础性、普及性和发展性的重要特征，数学教育应帮助学生实现“人人学有价值的数学，人人都能获得必需的数学，不同的人在数学上得到不同发展”的目标。从当前实际情况来看，我国小学数学教师已不再局限于数学教材，纷纷尝试开发和利用小学数学课程资源。

一、小学数学任务型学习课程资源的开发，是课程改革的客观要求

随着新课程改革的越发深入，我国已非常重视开发和利用小学数学课程资源，并建立了开发和利用小学数学课程资源的相关标准。课程资源开发利用是新课程标准的客观要求，学生课程资源的开发利用也是非常重要的一部分，有利于课程资源开发利用的完整性，有利于充分发挥学生的主体性，有利于全面实现课程教学目标，也有利于促进教师专业素养的提升，因此，开发利用学生课程资源是非常重要的。

二、小学数学任务型学习课程资源的开发，可显著提高教师的教学水平

数学任务型课程资源的开发和有效利用意义重大，它可以显著提高数学教师学科的教学水平。开发和利用小学数学课程资源的难度并不大，与我们的实际生活就有着密切的关系，如果教师可以对身边的资源加以有效利用，就可以有效地激发学生对数学的学习兴趣，促进学生综合能力的培养。

因此，单纯地利用教材中的课程资源已不能满足这一目标的实现，由此课程资源的开发与利用成为许多研究者和教育工作者日益关注的重要课题。其中，学生是实现课程目标和课程实施效果的主要载体，在教学过程中发挥着不可替代的作用，也成为一种不可或缺的课程资源，加强对学生资源的开发与利用有助于提高教学的有效性。

三、小学数学任务型学习课程资源的开发，可促进数学学习资源建设

小学数学课程资源的利用和开发是由数学教师决定的，把小学数学课程顺利实施的基本条件也是数学教师。因此，好的任务型学习课程资源的开发可促进数学学习资源建设。

如何进行任务型学习资源的开发，首先要明白任务型学习可开发哪些课程资源。当下，很少有小学数学教师认知到这部分内容，只认为自己本身的经历与经验就可以作为小学数学课程资源利用和开发内容。

任务型学习课程资源的开发有不同的分类标准。按来源可分为基础性资源和生成性资源；按凭借对象可分为人力资源和物力资源；按课程目标可分为课内资源和课外资源；按学习场域可分为线上资源和线下资源等。

其中，基础性课程资源占据主导作用，是指课内教材并结合数学学科背景知识（数学味）、课外生活素材（生活性），所构成的课程资源。生成性资源是指课堂师生互动产生的及时的动态生成的资源。并且，数学教师在课堂上数学教学的想法、借题发挥、形象都是可以转换成小学数学教学上取之不尽的资源。这是对课程理解力的升华。

第三节　小学数学任务型学习课程资源的开发路径

课程资源的开发是依据教材、学生特点等因素来进行的，任务型学习资源的开发是基于教材的适合组织任务型学习的内容进行的，包括素材收集、开发路径、方案设计、内容编撰、案例开发和注意事项等。同时，在教学实践活动中，教师还要引导学生参与课程资源的开发，让学生直接与教材对话。新教材编排的意图，使学生成为学习的主人，教材中的内容都与学生的年龄特点相契合，所举的例子也是学生生活中经常遇到的问题，从而打破课程资源就是教材的固化认识，拓宽任务型学习的课程资源的渠道，让数学课的课程资源丰富多彩、形式多样。因此要基于教材内容，立足课堂教学，开发灵活多样的课程资源，让学生在实践中、研究中和总结中，提高认识、发展思维，培养数学综合学习能力。下面从基于情境和教材的角度阐述任务型学习课程资源开发。

一、基于情境的小学数学任务型学习课程资源开发

从课堂教学出发，有效开发课程资源。课程自始至终都是课堂教学的主要资源，如果能在教学实践中，基于真实情境科学有效地开发任务型学习课程资源，就能够很好地实现对学生学科素养的提升。

要打破以往数学教学上的“陋习”，教材的资源开发正是每一位一线老师思考的问题。经过每位老师不断地磨课探索和总结反思，教师在基于教材的任务型学习资源开发上得出结论：数学和生活相辅相成，每一个任务的创设在教材上更要贴近情境和对情境的正确创设。以下将按情境的不同来对基于教材上任务型学习资源开发做浅要阐述。

（一）联系生活情境，开发任务型学习课程资源

1. 数学任务与生活情境紧密联系的重要性

数学来源于生活，如何让学生在快乐的学习活动中获取数学知识。作为新课标所倡导的教学理念之一，创设情境给小学数学课堂带来了积极的影响。情境作为课堂知识的载体，本身就是为数学学习服务的，在任务型学习模式下我们更要正确认识情境创设对教学内容、学生发展等带来的积极影响，教师要根据学生生活情境积极创设学习任务。教学活动中，创设生活

情境符合学生的认知水平。通过这类情境创设的任务对学生来说是“亲切的”，所以在接下来完成任务时学生没有任务的压力和厌倦。越是贴近生活，学生对待任务的热情和兴趣就越高。

而且，任务型数学课堂教学与社会实践的“链接与交互”，封闭的书本文化积累过程转变为开放的活生生的自我发展过程，这既是学生认识与能力发展完整性的必须要求，也是学生获得全面发展的必经之路。紧密联系社会生活创设的任务，让生活课堂化，让课堂生活化，引导学生把数学知识运用到学生的生活实际中，使学生充分认识到数学来源于生活，也是解决生活问题的基本知识，达到数学课堂教学生活化的目的。

2. 基于生活情境，开发任务型学习课程资源

社会实践产生了数学知识，数学为生活实践服务。社会情境一般是指将发生于学校之外的情境搬到任务型学习的课堂之上。任务型数学教学，讲究从学生的生活经验出发，让学生在生活中学数学、用数学，数学教学才能焕发生命活力。在小学数学教学中，从生活实际出发，把教材内容与“数学现实”有机结合起来，创设多样的社会实践任务，唤起学生的学习兴趣，提高数学课堂教学质量。

比如，在一年级《元、角、分》单元，就可以创设学生参与模拟购物活动情境，通过模拟购物的情境设计取币、换币、付币、找币等“购物”小任务来提高学生学习时的兴趣；在二年级《认识方向》单元，就可以创设实际生活场景，如家门口、路口等实际场景让学生感受，在学校操场上教师给学生发布识别东南西北的任务，通过现实生活的情境引出要在实际操作的任务，对学生来说这样的任务是更生动有趣的；在三年级《年、月、日》单元，可以通过学生实际生日或者节日照片来引出月份和日期，为后续任务做铺垫；在四年级《确定位置》单元，可以通过教室中学生小组、大组的座位或者体育课的队列进行情景的创设，然后以小组报号的形式安排接下来的任务；在五年级《蒜叶的生长》单元，可通过将学生平时养蒜叶的过程（如照片、影像资料）作为任务型学习的导入情境，让学生把自己养的蒜带到教室中，方便分配接下来的任务；在六年级《制定旅游计划》，可将学生憧憬的旅游景点或者熟悉的旅游城市作为任务型学习课堂的情境，布置学生自己动手制定一个旅游计划的大任务。

在信息技术发展迅猛的今天，教材中加工零件、修路等方面的知识显然不能适应新时代的要求。因此，教师在任务型教学中要联系社会实际，吸收并引进与现代生活、科技等密切相关的具有时代性、地方性的数学信息资料来处理教材、整理教材，设立相应任务，创设相应有关的加工零件、修路等方面的知识情境。这样就把教材中缺少社会气息的“修路、做零件”等题材作为情境的导入改编成了学生感兴趣的、活生生的题目，使学生积极主动地投入学习生活中，让学生发现数学就在自己身边，从而提高学生应用数学知识来解决实际问题的能力。

良好的情境如同纽带，联系着学生的认知与新问题，恰当地将社会现象引入任务型学习课堂，能唤起学生强烈的求知欲，并促使学生保持持久的热情，从而获得最佳的教学效果。例如，在教学二年级《除法的含义》时，可联系生活实际进行引入：妈妈买来 8 个梨，要平均分给 4 个人：爸爸、妈妈、姐姐和我，可以怎么分？学生对日常生活中提取的问题非常感兴趣，学习的积极性也大大增强了。又如，四年级学习《三角形稳定性》时，可以在任务型课堂开始前呈现(可通过图片、视频等方式)生活中体现三角形稳定性的地方，紧接着根据社会情境在去布置任务，学生在理解或者完成任务时就会容易得多；在五年级学习《圆》这一单元时，可创设“为什么车轮的形状是圆的”问题情境，并配合实物演示，以便布置后续任务；六年级《百分数的意义》中，可以让学生在课前调查生活中各式各样的百分数，然后在课堂开始前创设情境导入，某种药品的有效率为 95%、衣服上标有 100%棉等学校内没有的都可以编排进情境中，最后再让学生完成提前调查的和同学们分享的任务材料。学生在接受一些学校外的事物时往往兴趣很高，那知识也在任务型学习中得到巩固和应用。

(二) 基于数学味道，开发任务型学习课程资源

1. 任务型数学课要有数学味道的重要性

数学是有魅力的，任务型学习的课堂也是有魅力的，魅力数学呼唤魅力课堂，但实质上，有的活动忽视了学生的生活经验，脱离学生实际，缺乏真实性；有的活动没有考虑学生的心理特征和情感需求，无法达成对学生情感、态度、价值观的培养目标。魅力课堂下设计的每一个任务也都具有思想的味道、思维的味道和思考的味道。这里所说的数学味道不是让学生一味地

进行计算、一味地做题，是要通过巧妙设计的情境让任务型课堂更有味道。

2. 基于数学味道的学习情境，开发任务型学习课程资源

任务型数学教学模式下的课堂教学，对于情境的追求日益加剧，认为教学不仅要创设情境，还要创设"正确"的情境。不可否认，生动有趣的情境使原本枯燥的数学课堂变得有吸引力了。但同时也会发现，在"情境"一统课堂的今天，过滥、过度、过于平庸或过于花哨的情境充斥着数学课堂。任务型教学中的"任务"应当是现实、有意义、富有挑战性的，这样的任务让学生的学习过程充满挑战，既有利于学生的积极思考，又可以培养他们勇于提出问题、敢于发表见解的胆识，又能进一步提高他们的自信心及思辨能力，这正是我们的数学课堂上应该具有的独特的数学味道。

(1) 数学文化性课程资源的开发

所谓数学文化，是指人们用理性的思想对客观世界进行抽象的创造活动，在一定程度上还表明，数学文化是体现人类精神世界的重要载体。因此，在小学数学教学中，教师重视对数学文化的传授与培养，让学生可以在学习数学知识的同时，理解和掌握数学思想和数学文化精神。因为数学知识在日常生活中随处可见，所以，教师要不断加强对小学数学文化教育的实践探究。从狭义的角度来说，数学文化是数学中所具有的思想、方法、观点与精神的发展和形成过程；广义来说，数学文化中蕴含的丰富内容，既包含狭义的意义，也包含数学发展中所出现的文化人物、教育学内涵和美学内涵等内容。因此，数学任务型学习要更加注重数学文化性课程资源的开发。这是连接数学与社会之间的重要部分，通过数学文化教育促使教师全新教学理念的形成，同时也能促进小学数学教学的有序发展。

除了教师在任务型学习的课堂中创立的具有数学味道的情境外，还有一块内容往往被教师们忽视。既然本节讲述的是基于教材的任务型资源学习开发，那么教材独有的两个模块作为任务型情境创设可能更符合数学的味道。苏教版数学教材中的数学文化渗透非常丰富，如"你知道吗"和"动手做"模块。"你知道吗"数学阅读材料包括相关数学史料或背景资料、拓展性数学知识、中外数学家的成长故事、数学知识在现代生活中的应用、数学游戏等；"动手做"模块主要是有趣的数学动手小实验。这两个模块的内容有利于创设数学味道的情境。举几个简单的例子：在一年级学生学习《1—9》

时,“你知道吗”给的内容是用手势表示 1～9,用于任务型学习的情境导入非常贴合;一年级的《认识元、角、分》单元的“你知道吗”是关于古代钱币的认识,放在任务型学习情境应该也会别有一番味道;三年级“你知道吗”是关于生活中的轴对称图形、古代的分数;五年级“你知道吗”是关于古代的圆周率;六年级“你知道吗”是关于黄金比例的介绍等,都具备独特的数学“味道”,同时又能单独作为任务型模式情境的导入。数学广阔的知识、应用外延展现数学“味道”和魅力,特别希望每位老师能对“你知道吗”和“动手做”两个模板加以重视和合理应用。

以上案例,都是从数学文化角度对课程资源的再认识。在数学教学中,数学教师通过有意识地给学生讲解一些有关于数学知识的延伸,有效引导学生走进数学世界,深度感受数学知识所具备的深厚文化底蕴,是提高学生数学学习能力和应用能力的关键所在。

(2) 知识概念科学性课程资源的开发

英国哲学家罗素指出:数学如果正确地来看,它不但拥有真理,而且还具有至高的美。就是说,数学不仅是科学的,而且是艺术的。而数学课是让学生掌握数学基础知识,培养数学基本技能和能力,使学生认知结构不断趋于完善的一门学科,因此数学教学首先具有科学性。真实情境下的数学任务设置要和科学性有关,在具备数学科学性的情境创设下的任务会更有依据性、强制性和准确性,学生在对待这类任务时往往会更加期待,学术内容偏抽象,对于学生来说比较难,更有挑战性,更能激发学生的兴趣。

比如,二年级的《分米和毫米的认识》中,学生可以选择合适的长度单位,估计一些物体的长度作为情境导入,之后在教师的陪同下设计测量的任务,这项任务就必须要严格按照直尺上的刻度进行测量,不能有误差;四年级《有趣的三角形三边关系》中,可以将三点之间哪条路最短的路程比较作为情境,之后根据三角形三边关系设计学生动手用三根火柴棒围成三角形的任务,强调要首尾相连不能出现交错,不能有误差,活动操作需严谨,而严谨体现了科学性。由此可以看出,此项任务型学习的课程资源,仍然以科学性占主导地位。

(3) 逻辑思维严密性课程资源的开发

“数学是思维的体操”。培养学生的数学思维品质是发展学生数学能力的主要任务，任务型学习以培养学生思维的严密性为着力点，通过实践、摸索，力求帮助越来越多的学生体会到数学知识逻辑的美，感悟到数学思维的严密性，进而体验到数学思考的乐趣。

而且，数学知识的产生、发展存在着严密的系统性。例如，数学中的各种运算，加和减、乘和除、乘方和开方都是互逆运算。一方面相互对立，另一方面又可相互转化。数的概念扩充和运算密切相关，从现代数系扩充的理论来讲，自然数集对减法运算不封闭，继而引入了负数，加上零，构成整数集；整数集对除法不封闭，继而引入分数，形成有理数集；实数集对于开方的不封闭，继而引入虚数，形成复数集等。这些知识不仅体现了数学运算和运算之间的辩证关系，即相互依存、互相制约，同时也体现了数学在其发展过程中的系统性。

基于此，可从分类思想的渗透和数学语言的理解运用角度，进行逻辑思维严密性课程资源的开发。

第一，学会不重复、不遗漏地分类，体会分类结果是严密性和唯一性统一的。

在教学中，教师应循序渐进地引导学生把”分类”思想观念延伸到数学知识的学习中。使学生善于发现、总结，学会不重复、不遗漏地整理数据。例如，在对不同的三角形进行分类教学时，教师重点激发学生思考：如何确定分类标准？而且每一种分类标准所对应的分类结果要做到既不重复也不遗漏。学生在不重复也不遗漏的分类实践中，深深地体会到每一种分类标准所对应的分类结果是严密的和唯一的。

第二，重视数学语言的理解和运用训练，培养数学思维的严密性。数学的严密逻辑性决定了数学语言应具有条理性和精确性。在教学中，教师应当把培养学生运用数学语言和学习数学知识紧密地结合起来，从而更好地发展学生思维的严密性和逻辑性。例如，在进行倒数的认识概念教学时，教师与学生共同分享乘积是 1 的两个数互为倒数中，有 3 个关键词的不可或缺：互为、乘积是 1 和两个数。这样分析，学生才能自觉地运用严密的数学语言表述思路，阐述算理。开发这样的任务型学习的课程资源，才有助于提高学生分析问题的能力，最终促使学生的思维能力和表达能力共同发展。

(4) 动手探究活动性课程资源的开发

“以学生的发展为本”是新课程理念的最高境界，教师要做的是从学生的实际出发，在课堂上最大限度地使学生动口、动手、动脑，调动学生的学习积极性和主动性，养成良好的探究习惯和钻研精神。因此，动手探究活动性课程资源的开发也是一项重要的工作，能够促进学生主动参与、主动探索、主动思考、主动实践。让学生在自主尝试、操作观察和动手动脑中，完成探究活动。

比如：一年级《认识长方形、正方形、三角形和圆》单元，通过观察、动手摸一摸和描一描等方式进行自主探索，再通过布置让学生画一画、围一围、分一分、涂一涂等操作任务，在情境中了解图形的名称，感受数学魅力；二年级《角的初步认识》单元，利用魔术创设情境，使学生通过观察到角是有大小的，接下来教师再颁布学魔术的任务，让学生能够直观区分角的大小，提高学习数学的兴趣；三年级《简单的数据汇总》单元，通过创设班级学生的身高、生肖、出生月份等有趣的情境，布置学生进行数据的收集、整理和分析的子任务，感受数据对于分析和解决问题的作用，不断增强收集和运用数据的意识，积累理解和分析数据的经验，初步培养数据分析观念；四年级《可能性》单元，可以创设石头剪刀布、抛硬币等简单小游戏的情境，“与众不同”的数学味道，是构建理想数学课堂的关键，丰富多彩的游戏情境创设也会让任务型学习的课堂有着独特的数学味道；五年级《组合图形的面积》单元，可以通过设置不同类型、不同款式的组合图形情境来探究数学本质，充分利用学生已经储备的知识系统分析问题、思考问题、解决问题，进而掌握知识，增强探索数学的自觉性与创新意识，体验成功解决数学问题愉悦感的同时感受数学的味道；六年级《探索面积的变化规律》单元，可创设玻璃被打碎的情境，接下来颁布本节课的核心任务——重新配一块一模一样完整的玻璃。教师提前准备多种不同类型的玻璃，让学生经历图形面积变化的探索过程，在此过程中数学味和生活味相结合，让学生在动手操作中感悟从特殊到一般的归纳思想，发展数学思维。

再如：教师在建构《认识圆》单元任务型学习时，可以通过实践性的教学活动，引导学生设计圆形、剪裁圆形，根据学生制作的速度和准确性来鼓励和引导，强化学生实践探究能力的发展。二年级“动手做”用圆盘影子认识时间；三年级“动手做”做一个风车；四年级“你知道吗”的摸球游戏；六年级

“你知道吗”中的按比例放大图形、挂珠子、设计图形等，这些操作任务要求学生直接参与动手操作、游戏的活动。教材里安排的内容对于此类的实践活动融入较少，如此创设课程资源，不仅能够吸引学生的学习注意力，还能够强化学生的学习热情。

关注“数学味”，既是对数学传统教学的继承，又是对教学“生活味”的提升。无论是基于生活情境还是数学味的学习情境，好的教学情境均能引发学生积极思考、丰富想象、内化知识，强化学生的认知行为，促使师生双方达到和谐统一。营造愉悦的教学氛围是激发学生积极进取的好方法，它能改变平铺直叙的刻板式说教，使教学过程跌宕起伏、错落有致，让教学内容在学生脑海中形成深刻的印象。此外，任务型教学课程资源的开发要求建设良好的教学情境以密切师生关系，使教与学更加协调，能有效消除学生学习中紧张心理，达到“亲其师，信其道”的教学效果。

二、基于知识板块的小学数学任务型学习资源开发

数学任务型学习是任务型学习在数学学科中的运用。学习者在数学相关任务的驱动下，通过动手实践、自主探索与合作交流等学习方式，真正理解和掌握基本的数学知识与技能、数学思想和方法，并在完成特定数学任务的过程中培养数学综合学习能力。这里的“任务”，并非指课堂上教师布置的一般性任务，而是更为复杂性的任务，任务的设定直接指向学生的综合学习能力。

小学数学的课程内容分为“数与代数”“空间与图形”“统计与概率”“实践与综合应用”四大领域，这些内容在每一册的教材中都有所体现。目前，小学数学教材以单元的形式进行编排，每一个单元都侧重这四大领域的某一项内容。在内容安排上，遵循着由易到难、由浅入深的原则，前面的学习内容往往是后面学习内容的基础，它们之间有着一定的联系。所以，在数学教学中对于数学任务的设计我们要有单元整体思想，要整合单元内容，加强单元内容之间的联系，这样才能有利于学生完备知识结构的建立。每个领域，任务的设计也是不完全相同的。

（一）小学数学“数与代数”领域的任务设计

“数与代数”领域的学习内容有：数的认识、数的运算、常见的量、式与方程、正反比例和探索规律。“数与代数”内容一直以来在小学数学教学中有

很大的比重，这一版块的内容单元之间、各个知识点之间具有一定的关联性。在小学阶段，前后知识之间也存在着许多联系，如果我们没有一个整体观念，那么“数与代数”这一版块的知识教学就无法形成一个整体，会显得零散，不利于学生数学综合能力的提升。

1. 以现实生活情境呈现学习任务

小学阶段学生通过数学学习，应初步体会数学与自然、人类社会的密切联系，了解数学的价值，增进对数学的理解和学好数学的信心。因此，在设计教学任务时，教师应为学生提供现实生活问题，激活学生思维，促进学生发展。数学教材本身就蕴含着丰富的生活资源，尽可能地将数学知识放在教学情境中，将学生熟悉的已有的生活经验进行物化，如“数学乐园”“生活中的数”等。学习数学是学生生活常识的系统化，它离不开学生现实生活经验。课堂上的数学学习是学生生活中有关数学现象、经验的总结与升华。因此，在数与代数的任务设计中要从学生的现实生活出发，选择与学生生活背景有关的情景设计课程内容，为学生发现和探索数学问题提供丰富、生动、有趣的资源，使学生体验到生活中处处有数学，数学来源于生活。

“数学来源于生活，数学广泛应用于生活”。从贴近学生的生活问题出发，激发学生求知热情，同时让学生感受生活、学会综合应用。它不仅拓宽了教师的视野，冲破了原有教材的束缚，使课堂拓展到课前课后，在空间上由教室延伸到家庭、社会，给数学赋予了生活的意义。有效的情境将带来学习方式的改变——提问、猜想、探究与合作，更加点燃了学生探索的热情。实践出真知，只有让学生充分经历“实践与综合应用”学习活动的全过程，才能真正获得必要的实践能力和创造能力。

2. 结合具体素材设计任务，培养学生数感

发展学生的数感非常重要，是我们课程标准中的一个重要的目标，也是数与代数领域的核心内容之一。除了保证学生掌握数数、读数、写数、数的大小比较、加减运算等基本的知识和技能之外，教师还要特别重视发展学生的数感。那么，什么是数感？它表现在哪些方面？理解数的意义，能用各种方法表示数，能在具体情境中把握数的大小，能用数来表达和交流信息等，这些都是数感的具体表现。在教学中，让学生利用新认识的数，不断地进行交流，培养学生用量化的思想去观察生活中的事和物，尝试着用数去描述和

交流信息，这时，我们可以发现这也是培养学生数感的一个很好的途径。数感是对于数和数的关系的一种良好的直觉，需要教师用较长的时间逐步地去培养，应将其贯穿教学的全过程。

3. 在教学中提高学生算理感悟

“数与代数”的教学不仅要使学生掌握必要的知识和技能，更重要的是要使学生在学习过程中体验这些知识的来源、现实背景和本质，形成符号感。作为一名数学教师，要想提高学生的计算能力，应该让学生在课堂上多说算理，因为说算理在我们的计算教学中是十分重要的。说算理对学生计算能力的掌握、逻辑思维能力的培养具有积极的作用。然而，形式化说算理忽视学生对计算的感悟，有害而无益。形式化说算理表面上看，似乎有理有据、推理严密，但它不是建立在学生对计算过程和方法感悟的基础上进行的，因而难以使学生对算理真正“内化”，难以使学生实行对所学知识的“意义建构”。

4. “数与代数”练习任务的设计

“数与代数”内容相对来说比较枯燥，教师要根据练习的内容，灵活设计多样化的练习方式，寻找丰富多彩的素材，增添练习任务的生活性和趣味性。教师可以结合教材中的书面化形式的计算，组织学生进行口头练习，比如读数、口算和估算等，有意识地训练学生的口算和估算能力，促进数学思维能力的提升。高年级小学生已经开始有自己的意识，仍旧喜欢争强好胜，教师可以用竞赛的方式来组织练习，进行正确率和速度的比赛，可以有效节省课堂时间，培养学生的思维能力。教师还可以组织学生开展独立练习、分小组合作练习等。

（二）小学数学“空间与图形”领域的任务设计

对小学生来说，“空间与图形”领域的学习，抽象性很强，小学生难以形成由图形到概念(包括由对图形的初步感知到完整地表述“空间与图形”的运动现象)的描述。如何实现从形到文字有效的过渡是教师应该思考的问题，应考虑如何使学生能结合图、形或体，完美地对数学知识进行演绎推理和归纳推理，培养学生由直观的、具体的、感性的学习材料构建出空间的、理性的、逻辑的知识体系。具体操作可从以下两个方面入手。

1. 根据生活中的具体实例设计任务，帮助学生理解

数学这门逻辑性强、思维缜密、抽象严谨的学科与生活联系十分紧密。

特别是“空间与图形”领域中的知识，平面图形、立体图形等在生活中随处可见，学生会经常接触但是不容易发现其中蕴含数学知识、原理、理论。数学源于生活却高于生活，利用生活中的情境进行教学既可以提高学生学习数学的兴趣，又可以渗透生活中的数学知识，两全其美，何乐而不为？在平时的学习过程中应加强学生观察物体的直观性。教师要抓住生活中几何图形和物体的素材，在学生已有的生活经验中感受到实物的表象，触摸到实物的外围及平面，能用简单的语言总结归纳出物体的特点。比如，正方形、长方形、三角形等平面图形，学生平时在身边处处可见，脑海里也都留有表象。如何深化内容，学生就会将注意力集中在几何图形上，如以上举例图形，学生会总结归纳：它们的表面平平的，角尖尖的，有 4 条边、4 个角等数学概念，把物体的特征整合后归纳得到抽象的文字，这也只是最简单、最基础的几何概念，这也是学生从感性认识到理性认识的一个过渡。

2. 布置动手制作学具的任务，提升学生几何图形认识

有些教师在进行“空间与图形”领域的教学时，不相信学生的动手能力，总是觉得学具制作麻烦、浪费时间，还不如多讲几道题来得快，这种思想会导致学生失去学习数学知识的兴趣，对无论简单的还是复杂的数学问题感到枯燥乏味。比如四年级下册，教师在讲授《旋转》一课的时候，呈现出简简单单的图形，就问学生，观察后发现是怎么旋转的，并描述旋转的特点。动态的物体描述时需要规范语言，学生本来理解能力就不强，再加上思维跟不上，一部分学生就因此失去了学习兴趣。如果教学能有效地结合学生动手操作，效果会大不一样。自行创作学具既可以培养学生动手能力，又能培养学生的发散思维。教师不可以直接把数学问题的答案告诉学生，让学生在题海中不断总结解题方法，不给学生创新的机会，让学生自己探索。例如，《圆》这一课，可以让学生制作出很多美丽的图案，发现方中有圆、圆中有方这一规律。如果教师只是一味地讲授，那么学生的创新能力得不到提高，学习效率以及兴趣就会大幅降低。

（三）小学数学“统计与概率”领域的任务设计

“统计与概率”是一门研究数据处理、随机现象及其规律的学科，为人们认识客观世界提供了重要的思维模式和解决问题的方法。随着现代信息技术的发展，数据时代已经到来。人们每天从电视、网络、报刊中获取大量信

息,大到关于国民经济的国民生产总值、物价指数,小到日常生活的天气预报、理财投资等,其中大部分信息是以数据、图表的形式呈现的,这类信息都运用了统计与概率知识。由此可见生活中统计与概率无处不在。

1. 统计的任务设计

统计知识的教学可以培养学生用数学的观点认识周围事物,用数学的思想方法去观察、分析现实社会,去解决日常生活中的问题。所以统计初步知识是小学数学教学中的一项重要内容。根据2011年新课标、新理念,小学数学教科书从第一册起每学期都由浅入深地安排有关统计内容。基于课程统计板块的任务型学习设计,为更好地培养学生的创新意识和思维的开放性,还应兼顾以下三个方面。

(1) 注重儿童的生活经验。如一年级关于《分类》的教学,教师设计任务时,选择分类的对象应该是一些生活中熟悉的实物,比如他们常用的文具、常吃的水果等,让他们尝试按不同规则进行分类。在分类活动的过程中,他们逐渐学会了如何将这些物品按一定的规则标准进行排列,并逐渐理解了按不同的规则标准就会有不同的分类结果,这为今后学习数据整理与分析打下基础。

(2) 强化数学活动。教师在教学组织的过程中,不要让学生对有关统计的知识与技能进行简单的死记和反复训练,而要尽可能地多组织一些活动,使他们在经历数学活动的过程中去体验和理解统计知识的内在意义。

(3) 将知识运用于现实情境。教师要经常引导学生将知识运用于现实情境,培养学生的统计观念与统计的思维方法。

2. 概率的任务设计

《数学辞海》第四卷指出:概率是随机事件出现的可能性的量度。21世纪的数学课程改革把统计与概率作为一个独立的知识板块纳入小学数学课程,这是一个具有划时代意义的重大举措。其中概率部分是小学数学统计部分核心内容之一,它的教学发展历程能为改进课堂教学、落实学科核心素养提供理论参考和实践依据。整体来说,学生对概率认知的变化情况是以自身在各阶段的认知发展水平为基础的。学生在理论计算任务上的表现欠佳,但是概率直觉在估算任务中起到重要作用,且对于高阶概率内容认知的潜能与局限并存,因而,教师在进行概率的任务设计时,应该呵护学生的概率直觉，通过游戏活动、课件等直观模拟技术渗透概率思维。

(1) 通过设计大量的游戏活动来体验事件发生的等可能性、游戏规则的公平性。玩是儿童的天性，大量的实践表明，利用游戏来引导儿童体验事件发生的等可能性、游戏规则的公平性是一个非常有效的任务。

(2) 通过学生设计学习方案去体会事件的可能性。让学生试着设计活动方案，实际上就是将知识运用于现实情境的一种策略。儿童通过设计活动方案可以进一步体验知识的内在含义，并进一步体验知识对现实生活的价值。

(四) 小学数学“实践与综合运用”领域的任务设计

综合与实践作为小学数学教学的重要内容，是以数学内容为基础，与其他学科和学生生活紧密相连，以实践活动为主要组织形式，以促进学生综合发展为目的的一门课程。通过综合与实践活动能够提高学生认识问题、分析问题、解决问题的能力，让学生获得多种数学体验，促进学生的全面发展。

1. 给学生布置观察生活的任务

数学与生活有着千丝万缕的联系，数学来源于生活，在日常生活中蕴含着大量的数学事例，这些事例有助于学生加深对数学问题的认识和理解，提高学生的数学意识和数学能力。综合与实践课是学生认识生活、探究数学问题、理解生活与数学关系的重要平台。由于小学生年龄比较小、好奇心重、生活经验有限的特点，往往缺乏发现生活中的数学问题的方法和能力，在教学过程中，教师要做好方法指导，指导学生从生活中发现问题。校园是学生重要的生活场所，蕴含着很多的数学知识，但是由于学生观察问题的意识和能力不足，无法发现生活中的数学问题。因此，在教学时教师要做好方法指导，给学生布置观察生活的任务，让学生发现生活中的数学。如在教学《校园的绿化面积》综合实践课时，教师可以指导学生有目的地观察校园的绿化情况，采集信息，并结合采集的信息画出平面图形，然后根据平面图进行分割、组合，最后根据组合图形进行计算。通过方法指导，学生发现了生活中的数学问题，加深了对生活的理解和认识，提高了学习的兴趣。

2. 给学生布置参与活动设计的任务

综合与实践是提高学生创新意识和实践能力的重要平台，是将学生的数学知识应用于生活实践的重要活动，活动设计的科学与否直接关系到活动的效果。综合与实践活动课以学生探究为主要形式。因此，教师在教学时要科学设计活动过程，重视学生探索方法，注意活动分工，强调动手实践，以培养学生的思维能力和实践能力为目的，进行教学活动过程的规划。当然，在具体教学过程中由于个体差异，学生的思维和活动可能没有达到预期效果，教师要根据具体情况灵活调整活动规划，使活动过程科学有效。如在教学综合实践活动《我们去春游》一课时，教师可以根据学生对春游的体验和认识来设计实践活动过程。为了保证活动的实效，教师首先举行全体学生会议，商讨活动的安排，了解学生的实际需要，然后让学生根据班级实际情况制订春游计划，鼓励学生大胆发言，对春游中涉及的地点、人员、车辆、费用、项目等内容进行充分讨论。教师在充分讨论的基础上，进行实践活动的设计，这样会更合理、更有效。

3. 采取多样化的活动形式

综合实践活动大都是以小组合作为主要活动形式，小组合作是一种有效的沟通方式，对于提高学生的语言表达、人际交往、团队意识有重要作用。为了提高学生在小组活动中的积极性，教师可以根据活动内容采取多样化的活动方式，如观察、调查、实验、游戏等，让学生在多种活动中不断培养动手、动脑、动眼、动嘴等能力，从而为学生提供展示自我的机会，增强学生的课堂参与度。如在教学综合实践课《周长是多少》时，教师可以先让小组合作进行围一围活动：用一根线围成自己喜欢的图形。在激发学生探究问题兴趣的基础上，让学生用 12 个大小相同的正方形进行拼一拼活动，如果一个小正方形的边长是 1 厘米，那么数一数拼出来的图形的长和宽有哪些变化？并将得到的图形情况进行数一数、算一算等活动了解图形的类型和计算周长的大小，最后进行比一比活动，总结发现的规律。通过这种多样化的活动形式，提高了学生探究学习的兴趣，培养了学生的动手操作和实践能力。

学生通过多样化实践与综合应用活动，使自己对数学有一个较为全面、客观的认识，愿意亲近数学、了解数学、谈论数学，对数学现象保持一定的好奇心。同时，教师对学生的评价应是激励性的正面评价，对每一位学生的每件成果、作品给出真诚的、恰如其分的肯定，使他们从教师和同学那里获得积极的评价，感受到成功的快乐，培养他们继续学好数学的自信心。

4. 教给学生探索交流的方法

综合实践活动是学生通过探索生活中的问题,不断增强认识、获取能力的重要途径。这种活动的根本目的是解决问题,而问题的解决都是有一定规律和方法可循的。因此,在进行实践活动时,教师要教给学生探索交流的方法,培养学生的创新思维能力,让学生在发现问题、分析问题、回顾问题的过程中,不断提高自身的问题解决能力。如在教学综合实践课《摆一摆,想一想》时,教师可以先利用猪八戒在数位表上贴人参果比大小的故事进行导入,然后让学生以小组为单位进行探究,从而认识在不同的数位表上贴人参果的数量表示不同的数。为了提高活动效果,教师可以让学生在课前用纸画好数位表和汇总表,学生通过探索活动能够不断增强对数位和数值的认识。学生在摆人参果的过程中,教师要引导学生运用不同的方法探究规律,从而不断增强探索交流的效果。

总之,小学数学任务型学习模式的教学,主要体现"以学生为中心"的教育思想,学生在教师设计的学习任务下进行自主探索、合作交流,在生生互动、师生互动的过程中发现问题、提出问题、交流问题,进而解决问题。数学任务型学习模式不一定适合数学所有的教学内容,应针对不同的教学内容开发、设计多样化的教学任务。尽管这样,教师只要善于挖掘,一些精彩的任务还是能够呈现在我们眼前。这些任务将使我们的数学课堂真正活跃起来,教师引导得轻松,学生学得愉快。我相信,长期坚持下去,学生的综合能力将得到更大的提高。

总之,小学数学任务型资源的开发离不开教材,只有每一位数学教师肯认真钻研、吃透教材、总结反思,任务型学习模式才能真正走入课堂。在贴近学生生活、基于数学味道、融入社会实际、依据科学性质这四种情境分类下的任务的特点都是不同的,有学生喜闻乐见的任务,有学生积极参与的任务,有学生爱不释手的任务,有学生认真聆听的任务。不管是哪种情境下的任务,对于学生来说,都是一种思想上的活动,每一个任务都代表着激趣、迁移的新理念;对于老师来说,任务型学习是一种教学模式的转变,是一种大胆的尝试,每一个任务的设计都含有教师对任务型学习模式的憧憬和探索,正是因为这样,我们才应更好地把控教材,设计好每一个任务,更有效地进行任务型学习资源的开发。

第六章
小学数学任务型学习的教学评价

数学化一个重要的方面就是反思自己的活动，从而促使改变看问题的角度。

——弗赖登塔尔，荷兰数学家

课程评价是为了找出结果与目标之间的差距，并利用这种反馈信息作为修订课程计划的依据。

——泰勒，美国教育家

拓展型任务：数学小研究作品展示

第一节 小学数学任务型学习的教学评价概述

新课程的实施，有一个关乎成败的因素——评价。没有评价，就没有新课程。评价是杠杆，具有导向作用。数学新课改倡导“立足过程，促进发展”的课程评价，多数教师已经对评价的功能有了比较准确的把握。评价目的是全面考察学生的学习状况，激励学生的学习热情，促进学生的全面发展，这是当前教育的核心任务，也是建设教育强国的基本要求。

所谓学习评价，一般指教学评价，是依据教学目标对教学过程及结果进行价值判断并为教学决策服务的活动，是对教学活动现实的或潜在的价值做出判断的过程。学习评价是研究教师的教和学生的学的价值的过程。

小学数学任务型学习评价一般包括对教学过程中教师、学生、教学内容、教学方法手段、教学环境、教学管理诸因素的评价，但主要是对学生学习效果的评价和教师教学工作过程的评价。

学习评价体系主要包括评价主体、评价内容、评价方式三个方面。小学数学任务型学习评价是指根据新课程改革的要求，提出的与任务驱动学习方式相对应的多元评价体系。通过多元评价体系的建立，对学生的数学综合学习能力进行量化评定，旨在促进学生与教师发展的评价制度，更加体现了重“发展性”和“多元化”的特点。

一、学习评价的多元性

(1) 评价内容的多元性。新课程强调形成学生积极主动的学习态度，使获得基础知识与基本技能的过程同时成为学会学习和形成正确价值观的过程。即培养目标应包含知识目标、能力目标和情感态度与价值观目标。学校教育不仅要培养学生终身学习的能力，还要为学生今后的工作和学习积淀一定的思想观念、价值观念，同步体现教育的两大功能。因此，新课程理念下任务型学习评价，不仅是知识与技能的评价，还应涵盖对过程与方法、情感态度与价值观的评价。从评价的内容来看，评价突破了学习结果评价的单一范畴，它包含了对学生知识与技能、过程与方法、情感态度与价值观的多元评价内容。

（2）评价方式的多元性。从评价的方法与技术上看，它不是简单的定量分析，而是将定量分析与定性分析相结合，鼓励学生个人参与评价，运用学生成长档案、小论文、答辩、各式各样的小制作等多元化的评价形式。例如，小组合作学习评价，将学生的合作学习过程纳入评价的范畴，激发学生合作探究的主动性。小论文、小制作、手抄报等形式，有利于展示学生的特长，张扬学生的个性。学生成长档案，纵向比较学生的学习情况，促进学生自我小结或反思，让学生用发展的眼光审视自我，形成自主发展的动力。任务型学习评价体系，切入了促进学生发展方面的作用，体现了人本特征。

二、学习评价的发展性

（1）评价主体的发展性。学生是学习评价的主体，在教学活动中，根据学生的实际情况，对学生实行动态分层，分层设置评价目标。设置分层目标的目的，是尊重学生的差异性，将学生的差异看作一种可以利用的教育资源，同时为每一个学生确立其最近发展区，使不同层次的学生各得其所。在分层评价中，根据学生的成绩和过去所属的层次，依据比较科学的评价标准，确定学生是升层、平层或降层，对升层的学生给予指导，争取更大进步；对学习平层或降层的学生，个别诊断，及时辅导，达到全层推进的目的。分层评价将学生的发展纳入评价范畴，改变了传统的一张试卷、一刀切式的评价方式。

（2）评价范畴的发展性。教育的目的是培养适应未来社会多元化的人，因此，任务型学习评价的范畴，应随着学科知识、社会知识、道德观念的发展而不断更新，将学科前沿知识、现实生活中的知识、社会对人才的世界观及价值观要求，纳入评价范畴，鼓励学生走进生活、了解生活、认识现代社会。

（3）评价空间的发展性。杜威的“学校即社会”理论，提出了应重视学校与社会的联系的观点，学校应真正成为社会的一部分，而不是一个简化、净化的特殊环境。我们培养的学生必须适应社会的发展。因此，任务型学习评价，应该拓展评价的空间，向社会发展。学校教育评价不仅要把学生在校内的活动纳入评价的范畴，还应将学生在校外的活动，特别是思想道德表现、社会实践调查活动等纳入学习评价，评价学生的情感、态度与价值观，以及应用学科知识解决实际问题的能力。

三、学习评价的即时性

(1) 即时反馈教学信息。教师在教学活动中及时对学生学习过程中表现出来的情感、态度、价值观及知识与能力发展情况进行评价,能及时掌握教学信息,有利于教师及时调整教学方法、教学节奏,选择合适的教学手段。

(2) 即时激发学习动机。期中、期末等阶段性评价,有利于建立激发学生学习动机的长效机制,课堂学习评价、实践活动评价、单项活动评比等,有利于建立激发学生学习兴趣的即时机制。因此,任务型学习中的即时评价活动,应贯穿教师教育活动的始终。

(3) 即时提供行为向导。教育评价除中考、高考等选拔性评价外,学校平时评价,应体现即时性,充分发挥教育评价在育人过程中的作用。充分发挥任务型学习评价的导向作用,是实现教育目标的有效措施。教师应在教学活动中,即时进行评价活动,引导学生及时主动参与教学活动,形成良好的学习行为习惯和优良的道德品质。

叶澜教授在《教育概论》一书中指出:教育具有两大功能,即促进社会发展的功能和促进个体发展的功能,教育两大功能的实现最终是通过教育对象,即每个个体的真实发展实现的。因此,任务型学习评价必须正视教育对象的个体差异,公正地评价教育对象的发展水平,才能体现教育促进个体发展,进而促进社会发展的功能,这也是现代教育意义下的人本主义教育观的体现。

接下来,本章将从评价主体、评价内容和评价方式的多元化实施来具体阐述。

第二节　小学数学任务型学习的评价主体

随着新课程改革的不断深入,教育教学工作取得了显著的成绩,特别是在教育评价的构建上,取得了丰硕的成果。教育专家们切实把教育评价问题作为教育改革当中一个至关重要的问题,重点研讨、突破,提出了很多评价方案,形成了很多评价体系,起到了对教育评价和调控的作用,如等级评价、激励性评价、等级＋特长评价、量化与质性相结合评价等，借此对学生的情感、态度、价值观和学习过程与方法进行评价。

评价的主要目的是全面了解学生的数学学习历程，激励学生的学习和改进教师的教学。数学任务型学习评价也是如此，教师对数学学习的评价不仅要关注学生的学习结果，更要关注他们学习的过程；不仅要关注学生数学学习的水平，更要关注他们在数学活动中所表现出来的情感与态度，帮助学生认识自我，建立信心。

教师面对的是一群活生生的孩子，这就注定评价没有一个铸就的模式。因此在教学过程中，教师可采用的评价方式也多种多样，主要有学生自评互评、师生互评、家长评等三种评价方式，并且要做到自评与互评相结合，评价与点拨相结合，使评价的过程成为学生的自我认识、自我分析、自我完善的过程。

一、学生是数学学习评价的主体

数学新课程标准指出，评价的主要目的是全面了解学生的数学学习历程，激励学生的学习和改进教师的教学，应建立评价目标多元、评价方法多样的评价体系。学生是数学学习评价的主体，在评价学生的数学学习时，学生的自评和互评是很好的评价方法。学生的自我评价对于师生来说都是最真实的、最有效的评价。只有发挥学生在数学学习评价中的主体作用，学生才会成为真正的发现者、探究者，成为世界的主人。

（一）为什么说学生是数学学习评价主体

对于这一问题，教育者们颇有争议。从根本上说，数学学习者（即学生）才是数学学习评价的真正主体。主要表现在以下几个方面：

（1）虽在评价的组织和实施中，评价者居支配地位，但要使评价成为被评价者的自主行为，就要充分调动他们的积极性，增强他们的主体意识。

（2）评价需要以大量真实可靠的信息为基础，以客观的价值需求和能力为依据，这些只有被评价者——学生最清楚最明白，也最有发言权，离开学生，教师将会束手无策。

（3）数学学习评价具有教学意义，学生是学习主体，学生理应是评价的主体，教师起主导作用。

（4）评价的根本目的是激励学生奋发进取，外因是变化的条件，内因是变化的根据，没有学生协助和积极参与，评价取不到应有的效果。

因此，在数学教学中应注重学生的自评和互评。

（二）学生主体性评价的含义及作用

所谓评价，是人类的一种认识活动，是评价者对人或事物所进行肯定或否定的判断。美国学者格朗兰德认为：评价是一种价值判断的活动，是对客体满足主体需要程度的判断。学生主体性评价是指学生对人和事物（自身学习、教学、教师、教育环境）的评价。因为学生是教学活动的主体，没有了学生主体性的评价是一个不完整的评价，也就不能对学生进行准确的评价。有了学生的主体性评价，或说让学生参与到评价中来，学习评价才完整。

任务型学习评价的目的是促进学生的发展，而学生的发展是个性化的，是在对周围客观事物的不断适应中发展的。为了适应环境，每个学生都将对周围客观事物进行不断地判断，在判断、评价中不断地调整自己，只有这样才能适应环境，才能发展，在发展中逐步形成具有个性特色的人生观、世界观和价值观，才能逐步树立与之相适应的、相协调的人生、理想和信念，并逐步形成一种巨大的内驱力，推动着学生向着人生远大的目标勇往直前。否则，学生的积极性、主动性会受到很大的影响。因此，充分发挥学生的主体性评价作用，才能更好地促进学生的发展。

（三）学生主体性评价的原则

1．主体性原则

让学生积极、主动地参与到评价中来，充分展现其评价的积极性、主动性。使学生在探知的过程中，对每一环节进行真切、有效地评价，善于发现问题、解决问题，从而提高学生的综合能力。发挥学生的主体性原则就是要把时间、权力还给学生。学生是评价过程中的主动参与者，在评价过程中体验到成功与快乐的同时，生理与心理、知识与技能、情感态度与价值观共同发展。同时让学生学会自我评价，引导学生成为自律学习者，形成学生在自我评价与他人评价、评价他人的共同作用下前进。让学生在评价中学会合作，在合作中学会评价。

2．客观性原则

要求学生在评价过程中以事实为依据，尊重事物的客观性，排除任何主观因素，实事求是地进行评价。教师要引导学生养成用辩证的观点、一分为二的观点分析、评价人和客观事物的良好习惯。摒弃那种主观臆断的心理，用发展的眼光看问题，深入调查研究，广泛征求其他同学的意见，深刻挖掘各方面的积极因素，获得符合实际的结论。要引导学生善于发现每一个被评价者的点滴进步，使之充满信心，哪怕是暂时的退步也要把它作为进步的起点，才会带来不断上进的勇气和动力。

3. 全面性原则

全面性原则包括两个方面：一是学生主体评价的内容要具有全面性。课内的、课外的、学校的、家里的等都可以成为学生评价的内容。二是学生主体评价的范围应具有全面性。可以是对自己的评价，可以是对同学、教师的评价，可以是对班内、校内、校外到整个社会的人或事物的评价。评价者要善于发表自己的见解，这有利于培养学生的评价能力，有利于促进学生的全面发展。

4. 创新性原则

要求学生在主体性评价时要敢于创新，评价的形式和方法新颖别致。但应注意评价的内容和目的，要注意度，不能天马行空，随心所欲。学生在评价中有意使用创新性原则，有利于培养学生的创新精神和创新能力。

总之，学生成为学习主体，主要特征是他们积极参与各种学习活动，这种参与体现在行为参与、思维参与和情感参与上。行为参与体现在学生有参与学习活动的行为，比如观察、操作、讨论等；思维参与体现在学生主动思考，不断思考问题、提出问题、解决问题；情感参与表现为学生的好奇心和兴趣，遇到困难时的积极态度，获得成功后的喜悦等。

二、教师是数学学习评价的主导者

在数学任务型学习过程中，教师应是学生数学学习评价活动的组织者、引导者和合作者，起主导作用。师生互评、生生互评则能全面深入，真实地再现评价对象的特点和发展趋势。

（一）教师的评价语言

著名教育家夸美纽斯说，教师的嘴就是一个源泉，从那里可以涌出知识的溪流。这句话隐含了教师评价的重要性。一个教师说话水平的高低直接关系到教育教学工作的成败优劣。同时，也对学生素质的提高产生潜移默化的影响。在教学中,课堂教学效果很大程度上取决于教师的教学语言,特别是课堂评价语言,因此教师的随堂评价语言就显得尤为重要。其中,教师的评价语言可以分为课堂评价语言和书面评价语言两种。

1. 课堂评价语言

(1) 激励评价增信心。古人云:“良言一句三冬暖,恶语伤人六月寒”。教师的语言应该像温暖的阳光,和煦的春风,去催开学生的心灵之花,去抚平学生的心灵创伤。教师激励性的评价就能够起到这样的作用。特别是对于那些自信心不足的孩子来说,教师的激励性评价就显得尤为重要。

(2) 巧妙评价引思考。学生是学习的主人,教师是学生学习过程中的引路人,因此在课堂教学中教师要认真倾听每一位学生的发言,应根据学生的回答客观、准确地指出学生的长处与不足,既对学生表现出色之处给予肯定,同时又有针对性地提醒并纠正学生的不足。

(3) 幽默评价享乐趣。幽默的教学语言,打破了课堂内死水般的枯燥局面,让学生在轻松的氛围中学习。教师的课堂评价语不能单调,应富于变化,幽默诙谐,这样能更好地调节师生的情绪,激起课堂的气氛,让学生想听、爱听,使学生能从无趣的课堂中得到意想不到的乐趣。

2. 教师的书面评价语言

教师给予学生作业批改中的书面评价,就是向学生谈几句提示的话,引导他们去思考,该怎样想才对,该怎样写才好。使之在以后的学习行为中扬长避短,从而提高学习效果。可见,书面评价作为作业批改中与学生间接对话的一种形式,具有不可忽视的作用。

(1) 提高学习效果。学生作业是教师指导后的练习和巩固,是学生学习效果反馈的重要形式之一,是教学过程不可缺少的重要环节。批改中,教师的书面评价是对学生反馈信息的反馈,即实现师生教与学的双向反馈。

(2) 进行情感交流。凡是学生敬仰的老师,授课的效果当然不同寻常。感情的交流,会导致教学质量的提高。教师的书面评价不仅输出知识信息,还输出情感信息。通过对学生学习行为、个性、情感进行评价和引导,能使学生感受到老师的亲切与信任。

（二）教师评价时应注意的问题

在过去的几十年中，学生的学习评价绝对是以教师为主的，几乎没有人怀疑这种权威式的评价存在问题。但我们却忽略了最了解学生学习情况的是学生本人这一事实。教师应是学生数学学习评价活动的组织者、引导者和合作者，应把评价的权利还给学生，帮助和指导他们正确地进行自我评价和学生互评，让每一个学生清晰地认识自己的进步和不足，激励学生更有效地学习。

（1）教师在评价学生数学学习的过程中帮助学生端正自我评价的态度，组织学生进行有效的自评和互评。

（2）指导学生确定评价标准，帮助学生理解评价标准的含义，内化评价标准，使学生评价标准转化为评价行为，明确把握自己行动方向。

（3）帮助学生明确自我评价和互评的内容。

（4）培养学生自我评价的能力，指导学生进行自我评价，与学生分享成长的责任，帮助学生成为独立的、终身的学习者。

（5）为学生提供诊断，协助学生进行自我评价反思。

可见，教学活动是师生积极参与、交往互动、共同发展的过程。有效的教学活动是教师教与学生学的统一，学生是学习的主体；教师是学习的组织者、引导者与合作者，为学生的学习发展提供良好环境和条件，也是促使学生成为学习主体的关键。

三、家长是数学学习评价的重要参与者

家长是学生学习的主要见证者，也是学生学习评价的重要参与者，家长对孩子的评价直接影响着孩子的健康成长。因此，家长对孩子的评价一定要真实、正确，有一定的艺术性。在开展数学任务型学习活动中，教师经常会邀请家长参与评价。其中有一些注意事项需要家长们予以重视。

（1）学习评价首先得掌握一些基本知识，这样才不会偏离评价的方向。家长要多学习，力求对孩子评价科学一些，这样会使孩子各方面发展得更好。

（2）评价要有依据，不能随心所欲、信口开河、想当然地评价孩子，没有依据就暂不要评价。评价不客观、不正确会误导孩子会产生消极的心理暗示。

(3) 切忌贬低性的评价，就是家长一定要禁止自己在总体上对孩子进行贬低和否定性的评价，否则会造成孩子自我认识和自我形象的贬损，对孩子的心理健康和成长发展不利。

(4) 家长评价孩子是容易带上感情色彩的，它容易使家长偏离客观，评价孩子“走样”。既使孩子某些方面很优秀，家长也不要以毫不掩饰的溢美之词、不留余地地评价，带有浓厚情感色彩的评价，对孩子毫无益处，所以评价要瞻前顾后，留有余地，才是教育之常法。情绪不好、心情不佳时不要进行评价，容易失去理性，从而使评价偏离客观。

(5) 避免错误归因评价，这是传统家教中常犯的错误。归因，意思是把一件事或态度行为归为某个原因。正确的归因评价是指导孩子找到一种正确的努力方向，应该引导孩子经常从主动的、内部的方向去找原因，使孩子的不足成为通过努力可以改变的不足。千万不能在归因评价时将孩子置于无能为力的境地，使孩子总把挫折和失败归于外在的、客观的原因，而不会去深思自己内在的、主观的问题。这就是为什么会有很多人在职业中自己没有成就，总怪老板不重用，或上司排挤他。

(6) 不要总是评价孩子。评价是家长对孩子的一种关注，是孩子的一种需要，但这并不等于评价愈多愈好，而且很多时候孩子不需要被评价，让孩子在自然的、轻松的、没有目的性和功利性的状态中学习、游戏、思考。所以在评价时要注意：一是不要对孩子随时随地地评价，大部分时间和大部分事情不要评价，自然发生，自然消失。二是孩子在学习、用脑或专注某件事情时不要任意打断。三是孩子的学习成绩的升降是正常的，一般情况下不要评价。

总之，数学学习需要建立完整的学习评价体系，让学生感受到积极评价的影响，才能充分发挥学生的积极能动性，充分提高学生学习的兴趣，提高学生学习效率。

第三节　小学数学任务型学习的评价内容

数学任务型学习在明确教育要面向学生未来的前提下，坚持评价应指向理解学生和发展学生。在如何更加科学规范地进行小学数学学习评价上，一种可能的做法是设计任务，对学生的任务完成情况和学习能力的提升进行评价。因此，教师应设计独具特色的小学数学任务型学习方式的评价内容。本节从任务型学习评价内容的特点和建立任务型学习的评价内容体系两方面来进行论述。

一、数学任务型学习内容评价特点

（一）评价时间不同，评价内容不同

根据现在较为流行的三大情感教学体系的原则——乐情、冶情、融情来进行考量，培养学生学习数学的积极性，陶冶学生理性情操，掌握知识技能及人性社会的情感交融，都不是教师仅仅在课堂上的一两句评价或一个分数能够实现的。有些内容方便在课上及时给予学生评价，但有些针对个人的、总结性的评价则适合课后与学生平等对话交流，在交流中有目的地对学生存在的问题进行沟通和评价。延迟性评价作为传统教学中即时评价的补充，有其独特的魅力，这种评价对于情感目标的评价适用性是较高的。用好延迟性评价可以使得我们的课堂教学更加绚丽多彩。它既能使教师多一柄衡量学生学习效果的利器，也让学生在延迟评价给予的开放空间中得到更多的思维拓展。教师可以通过日常教学中的课堂观察、问答、讨论、练习以及任务结果成绩等方式了解并跟踪学生知识的掌握情况、任务的完成状况和学习状态，课后平等地、有目的地与不同水平层次的学生接触、沟通、交流和谈心，帮助他们分析存在问题的原因，共同找出解决的办法。通过交流，师生之间容易产生信赖，学生容易倾诉自己的学习苦恼，这时教师可以对症下药，从学生的倾诉中找到解决问题的方案，达成共识，触发学生的身心变化，帮助学生改进和发展。

（二）评价主体不同，评价内容不同

参与评价活动的人除了教师外，还包括学生家长、学生群体和个体以及学校以外的其他有关人员。其中，学生自主评价侧重思考自己在整个活动过程中的表现，谈认识、谈体会、谈收获，同时能够认识活动过程中自己的不足，提出今后努力的方向。学生在自我评价的基础上，还应进行对同桌、对小组内同学、对不同小组进行评价，如彼此尊重、理解和宽容、表达、倾听和说服他人等。根据各小组同学的表现、交流的成果情况，评出本次学习活动的优秀组员、优秀小组。教师对小组的评价、小组内同学间

的评价、小组间的评价能从根本上改善课堂的气氛，促进学生形成良好的非认知心理品质等，从而提升学生综合学习的能力，促进与他人互相交流合作。

（三）评价对象不同，评价内容不同

上面的阐述主要是对学生在任务型学习中的表现的评价，此外，在开展任务型数学教学时，还应注重对教师任务型教学的评价。例如，教师在任务型数学教学中，是否以任务为目标驱动，即是否有明确的任务或任务层次；是仍旧以教师的教为主体，还是以教师引导学生主动地学为主体；教师在评价学生时，是否关注学生的参与度、完成任务的方法、小组合作的有效度等。在具体实施中，有基本的分项等级评价范式。

分项评价就是依据学科知识结构，把“认知领域”的评价内容分成几个子项目进行评价。例如，六年级一单元分数乘法单元测试，我们按照分数乘法计算、应用题和倒数三项出测试题。分项测试评价能发挥学生在某学科内容学习上的潜能和优势，让他们在自己擅长的项目上品尝成功的喜悦。分项评价突出了教学评价的诊断和改进功能。通过测试，学生对自己学科学习中的成绩和不足有更具体的了解，教师对自己的教学成败得失有比较具体的认识，有利于师生双方提高教和学的效率。

通过多元化评价，教师不仅能考查学生知识技能的掌握水平，还能考查学生运用所学知识分析和解决问题的能力。教师对学生在任务实施完成中的行为表现等方面进行评价，及时诊断、分析、改进问题。评价既注重学生学业水平，又关注个性发展；既注重过程评价，又关注终结评价，从而实现积极发挥评价的激励、导引功能。

二、建立任务型学习的评价内容体系

小学数学任务型学习方式的评价内容体系包括结果性评价、形成性评价、综合学习能力评价三个方面。

（一）结果性评价

结果性评价包括调查报告、研究报告、视频等学生作业。对学生日常任务结果进行评价的作用有：一是让教师观察、记录、了解学生的学习状况、进步过程和努力程度；二是让教师根据学生学业情况及时给予辅导、点评和帮助；三是可以让学生了解自己的学习状况，发现自己的不足和寻找需要改进的地方；四是教师可以积累学生平时的学业评价数据，作为期末学生成绩评定的依据，做到对学生由点及面地进行客观公正的评价。结果性评价中教师要让学生感受、体验成功和收获的乐趣。

（二）形成性评价

数学任务型学习将引入形成性评价的机制与方法，让学生在活动中的表现得到评价，帮助学生反思成功与不足，进一步提高自己。

南京师范大学喻平教授认为，学科核心素养应包括知识理解、知识迁移和知识创新三个层面。当前，基于学生核心素养的发展已经成为课程教学改革的重要方向，这也驱动着评价体系的变革，促使教师必须超越传统的只注重“双基”的客观纸笔测试，采用能检测“学生的认知思维和推理能力以及运用知识去解决真实的、有意义的问题的能力”的表现性评价。这就是指向学生核心素养的表现性评价的一种尝试。在这样的非纸笔测试中，需要更加科学地思考相关问题。首先，需要建立一个指向明确的评价体系，为评价提供具体可参考的依据，即确定评价的内容要素；其次，根据内容要素设计聚焦核心概念的表现性任务，制定可操作的表现性水平层次，而不再是凭主观判断学生的水平；再次，合理地利用测评结果，明晰学生所处的水平，把握学生能力发展的总体状况及个体差异，及时调整教学方向和策略，以更好地促进学生数学思维水平的发展，提升学生的数学素养。

数学任务型学习以任务组织教学，在任务的履行过程中，以参与、体验、互动、交流、合作的学习方式，充分发挥学习者自身的认知能力，在实践中感知、认识、应用，在“干”中学、“用”中学，体现了较为先进的教学理念。任务驱动学习提倡学生相互协作，鼓励学生集思广益，共同克服困难，共同完成任务。他以学科的概念和原理为中心，使学生在合作中接触多种资源开展探究活动，并在一定实践内解决一系列相互关联着问题的一种新型研究性学习模式。

综合性学习强调的是过程，并非仅仅是结果。因此，过程就是目标，综合性学习的评价，关键要注重全过程的考查，并且重点考查学生是否积极参与的态度，具体获得了什么样的体验和经验以及提出问题、解决问题的主动精神和实践能力。

结合上述评价体系，实验教师研制了第一阶段的低、中、高“小学数学学科综合学习能力评价表”，具体评价的指标内容分为参与、养成、体验、自主、探究、合作、发现问题与解决问题、表达等方面，如表 6-1～表 6-3 所列。

表 6-1 小学数学学科综合学习能力评价表(低)

评价项目	评价内容	评价标准	状态水平描述		
			自评	组评	师评
态度情感	参与、养成	1. 愉悦地参加小学数学学习			
		2. 建立良好的学习习惯，如独立思考、积极参与学习活动等			
		3. 表现出学习数学的信心			
过程方法	体验	4. 在观察和动手操作的活动中获得体验			
	自主	5. 在教师引导下能选择合适的学习方法学习			
	探究	6. 在教师引导下能初步养成探究性学习的意识			
	合作	7. 能初步养成与同伴共同学习、交流，并善于与同伴合作完成任务			
知识能力	发现问题、解决问题	8. 能有运用数学知识和能力解决生活中的实际问题的意识			
	表达	9. 学会有序思考，并用数学语言来表达数学问题			
综合评价等级					

评价标准：状态水平描述用☆来表示，最高可获得 5 颗☆，最低可获得 1 颗☆。综合评价等级用优、良、中、下来区分。

表 6-2 小学数学学科综合学习能力评价表(中)

评价项目	评价内容	评价标准	状态水平描述		
			自评	组评	师评
态度情感	参与、养成	1. 展现数学学习的积极性和表现欲			
		2. 培养不断挑战自己、勇于克服困难的信念			
		3. 由意识养成向习惯养成转换			
过程方法	体验	4. 经历和体验从现实问题中抽象出数量关系的过程,体验面积测量的过程			
	自主	5. 能选择合适的学习方法,主动学习			
	探究	6. 能较熟练地进行探究性学习,探索一定的学习方法			
	合作	7. 能与同伴共同学习、交流,能初步评价自己的学习成果			
知识能力	发现问题、解决问题	8. 能较熟练地训练运用数学知识和能力解决生活中的实际问题			
	表达	9. 能归纳整理知识并用数学语言表达			
综合评价等级					

评价标准:状态水平描述用☆来表示,最高可获得5颗☆,最低可获得1颗☆。综合评价等级用优、良、中、下来区分。

表 6-3 小学数学学科综合学习能力评价表(高)

评价项目	评价内容	评价标准	状态水平描述		
			自评	组评	师评
态度情感	参与、养成	1. 学习数学有积极性			
		2. 养成认真、良好的数学学习习惯			
		3. 具备一定的数学敏感性			

表 6-3(续)

评价项目	评价内容	评价标准	状态水平描述		
			自评	组评	师评
过程方法	体验	4. 体验各种图形的面积推导过程			
	自主	5. 能选择合适的学习方法,主动地进行类比猜想,主动地对类比结构进行迁移,主动地沟通知识之间的内在关系			
	探究	6. 发展判断和选择的能力,形成探索规律的研究能力			
	合作	7. 能与群体共同学习、交流,能正确评价自己和同伴的学习成果			
知识能力	发现问题、解决问题	8. 能熟练运用数学知识和能力解决生活中的实际问题			
	表达	9. 能主动收集资料,归纳整理知识并用数学语言表达			
综合评价等级					

评价标准:状态水平描述用☆来表示,最高可获得 5 颗☆,最低可获得 1 颗☆。综合评价等级用优、良、中、下来区分。

以上是第一阶段的量表,它们来源于江苏省“十三五”规划课题“基于课堂观察的小学生数学课堂学习行为优化研究”成果的迁移运用,在操作中以等次划分太笼统,不能使课堂教学的研究走向基于数据、基于实证。于是,项目组教师们又研制了第二阶段的量表,这是从传统的评价老师转向评价学生为主,如表 6-4 所列。

表 6-4　小学“任务型学习”课堂教学评价表(草案)

(2020 年 9 月)

<table>
<tr><th colspan="2">评价项目</th><th>权重</th><th colspan="2">评价内容和标准</th><th>得分</th></tr>
<tr><td rowspan="12">学生学习评价(80分)</td><td rowspan="4">学习时间</td><td rowspan="4">20 分</td><td rowspan="4">对全体学生共同参与学习任务(或环节)的持续时间进行累计评价(每减少 4 分钟扣 2 分)</td><td>环节一时间:</td><td rowspan="4">总时间</td></tr>
<tr><td>环节二时间:</td></tr>
<tr><td>环节三时间:</td></tr>
<tr><td>环节四时间:</td></tr>
<tr><td rowspan="4">参与程度</td><td rowspan="4">30 分</td><td rowspan="4">对每个学习任务(或环节)全体学生的参与率平均数进行统计评价(每减少 5%扣 5 分)</td><td>环节一比率:</td><td rowspan="4">平均比率</td></tr>
<tr><td>环节二比率:</td></tr>
<tr><td>环节三比率:</td></tr>
<tr><td>环节四比率:</td></tr>
<tr><td rowspan="4">学习效果</td><td rowspan="4">30 分</td><td rowspan="4">对每个学习任务(或环节)学生按要求正确完成情况的比率平均数进行统计评价(每减少 5%扣 5 分)</td><td>环节一比率:</td><td rowspan="4">平均比率</td></tr>
<tr><td>环节二比率:</td></tr>
<tr><td>环节三比率:</td></tr>
<tr><td>环节四比率:</td></tr>
<tr><td rowspan="8">教师行为评价(20分)</td><td rowspan="4">教学设计</td><td rowspan="4">10 分</td><td colspan="2">教案设计规范,要素完整(2 分)</td><td></td></tr>
<tr><td colspan="2">任务名称明确,有创意,容量适当(2 分)</td><td></td></tr>
<tr><td colspan="2">任务学习过程设计详细而具体(3 分)</td><td></td></tr>
<tr><td colspan="2">任务完成的结果或成效明确而具体(3 分)</td><td></td></tr>
<tr><td rowspan="4">组织实施</td><td rowspan="4">10 分</td><td colspan="2">能组织学生正确而有序地参加学习活动(3 分)</td><td></td></tr>
<tr><td colspan="2">能及时检查和评估每次学习活动的效果(3 分)</td><td></td></tr>
<tr><td colspan="2">能有效地调动和激励全体学生参加学习(2 分)</td><td></td></tr>
<tr><td colspan="2">及时发现问题,正确引导,精准点评(2 分)</td><td></td></tr>
<tr><td>简要评语</td><td colspan="5"></td></tr>
</table>

评课人:__________　　　　　　　　　　　　　　　　总得分:__________

虽说第二阶段的评价指标更多元化了,更加关注学生的学习能力发展、注重学生学习行为的评价,但实际上教师操作起来更为复杂,其中需要计算时间和比率的部分，让一些教师感觉麻烦。基于这一因素，量表的可操作性应该远远大于它的完备性，所以，项目组又推出了第三阶段的观察量表，如表 6-5 所列。

表 6-5　小学数学“任务型学习”课堂教学评价表

<table>
<tr><td>课题</td><td colspan="3"></td><td>上课教师</td><td></td><td>日期</td><td></td></tr>
<tr><td colspan="2">评价项目</td><td>权重</td><td colspan="4">评价内容和标准</td><td>得分</td></tr>
<tr><td rowspan="3">学生学习评价（60分）</td><td>学习状态</td><td>20 分</td><td colspan="4">有学习准备（4 分）；
有兴趣，有求知欲（4 分）；
有达成学习成果的愿望（4 分）；
学习态度积极，学习活动参与度高（4 分）；
呈现“自主、自信、自律”的学习状态（4 分）</td><td></td></tr>
<tr><td>学习方式</td><td>20 分</td><td colspan="4">能够自觉运用自学、互学、问学、“教”学、悟学的学习方式（4 分）；
在任务要求下有效完成自主学习（4 分）；
熟练掌握合作学习的规则，小组合作目的性强，组内、班内表达、展示活动，促进质疑和对话，学习效果明显（4 分）；
学习活动活泼而有序（4 分）；
每个学习任务（或环节）全体学生的参与率高（4 分）</td><td></td></tr>
<tr><td>学习效果</td><td>20 分</td><td colspan="4">能够熟练掌握学习内容，能建立学习内容与已有知识、与自然和生活的联系（4 分）；
思维和行为变化显著（4 分）；
情感、态度、价值观、综合能力获得发展（4 分）；
学习习惯进一步养成（4 分）；
每个学习任务（或环节）学生能正确完成，任务目标达成度高（4 分）</td><td></td></tr>
<tr><td>教师行为评价（40分）</td><td>教学设计</td><td>20 分</td><td colspan="4">教案设计规范，要素完整，准确把握课标、教学目标和教学内容（4 分）；
任务名称明确，深入学情且有创意，容量适当（4 分）；
任务情景有趣味，遵循儿童的身心发展规律，或能联系生活实际（4 分）；
任务学习过程设计详细而具体（4 分）；
任务完成的结果或能力素养等明确而具体（4 分）</td><td></td></tr>
</table>

表 6-5(续)

评价项目		权重	评价内容和标准	得分
教师行为评价(40分)	组织实施	10 分	能组织学生正确而有序地参加学习活动(2 分); 能熟练掌握和运用"任务型学习"的教学方式(2 分); 能及时检查和评估每次学习活动的效果(2 分); 能有效地调动和激励全体学生参加学习(2 分); 及时发现问题,正确引导,精准点评(2 分)	
	教学能力与素养	10 分	能够营造放松、和谐、民主的师生关系(2 分); 尊重差异,发展个性,注重激励(2 分); 教学体现学科特点,科学、规范、严谨(2 分); 表现出知识水平与能力的素养(2 分); 表现出人格修养以及语言、板书、教态等方面的素养(2 分)	
总分		评价结果	优秀□　良好□　合格□　不合格□	
评价建议				

说明:90～100 分为优秀,75～89 分为良好,60～74 分为合格,60 分以下为不合格。

学校＿＿＿＿＿＿　　　　评价人:＿＿＿＿＿＿

当然,以上三个阶段量表的评价指标内容也不是尽善尽美的,教师在研究中还应该基于学生水平和教学实际,予以不断改进与完善。

（三）综合学习能力评价

教育不能仅仅停留在学生对知识的习得上,更重要的是培养学生运用知识的能力。任务型学习适应学生数学素养的发展需求,能极大地发展学生主体意识和合作意识,培养学生感知能力,为培养学生的综合能力打下坚实的基础。任务型学习在转变学生数学学习行为的同时,能调动学生积极性和主动性,从而有效地促进每一个学生真正地学习,掌握多样的学习技能。

对学生完成任务的学习技能实施评价,包括对如何制订学习计划和学习步骤、如何学习知识、如何理解知识结构、如何操练和运用知识、如何存储所学知识等进行评价，涵盖学习活动中运用的理解、推理、分析、归纳、概括、分类、迁移、联想、猜测、比较、记忆、操练、建构等认知技能。教师及时客观地嵌入任务教学中，对学生进行跟踪评价，对学生改进学习方式和发展起着非常重要的作用。小学数学综合学习能力评价表如表6-6所列。

表6-6　小学数学综合学习能力评价表

一阶指标	序号	二阶指标	序号	评价内容	权重	得分
认知能力（40分）	1	思维能力	1	能够正确获取并提炼知识信息	3	
			2	能够通过记忆、理解来真正了解知识	5	
			3	能够从不同的角度提出问题，并考虑解决问题的办法	2	
			4	能够将获取的知识举一反三	2	
	2	自学能力	1	能对自己已有的信息进行组织和分类，正确整理信息	2	
			2	能够通过自己已有的知识经验来独立地获取新的知识信息	5	
			3	能够通过自己的感知，分析并正确地理解新知识	4	
			4	有求知欲望，能自主地、主动地进行学习	3	
			5	有自己的兴趣爱好，积极尝试和探索新事物	2	
	3	实践操作能力	1	能够吸收消化所理解的知识信息	3	
			2	能够根据自己获取的知识完成学习任务	4	
			3	能够正确地应用知识来解决现实生活中遇到的问题	5	

表 6-6（续）

一阶指标	序号	二阶指标	序号	评价内容	权重	得分
综合能力（40 分）	1	自我监控能力	1	能够有效地安排和利用学习时间	4	
			2	能够不断评价自我的学习过程，并且发现变化和导致变化的原因	2	
			3	能够根据评价，适当地对自己的学习进行调节	2	
			4	能够根据自己不同的学习方式来调整学习步骤和学习计划	2	
			5	学习知识能做到有始有终，有克服困难的意志和自信心	4	
	2	创新能力	1	有意识地参加一些力所能及的创新活动	3	
			2	在创新活动中能够与他人交流自己的想法，敢于标新立异	3	
			3	能够跳出固有的知识框架，提出自己的见解，培养自己的创新性	2	
	3	表达能力	1	敢于呈现自己的想法	3	
			2	能够正确地组织和传达自己想要表达的内容	4	
			3	能够自然、流畅地表达自己想要表达的内容	3	
	4	合作能力	1	愿意与别人合作，并能与他人交流思维的过程和结果	2	
			2	把自己当作集体的一员，评价和管理自己的行为，并承担自己的责任	2	
			3	能够尊重别人的想法或意见，认真倾听，鼓励、支持小组其他成员，关注他们的需要和利益	2	
			4	能够为小组提供信息，质疑、归类和检验，出主意，阐明观点	2	

表 6-6(续)

一阶指标	序号	二阶指标	序号	评价内容	权重	得分
学习策略(20分)	1	学习方法	1	能够根据自己的个性特点和以往学习经验,总结出适合自己的学习方法	5	
			2	定期对自己的学习方法进行调整和修改	4	
	2	自我调控	1	能够根据不同的学习内容正确使用学习方法	4	
			2	能够正确地整合各种学习方法,进行比较最终实现更好地发展学生的数学综合学习能力	3	
			3	能够有效利用学习资源		

此评分表为100分制,高于55分者即为合格,低于30分者需要加强自我的学习能力。

教师对本表的推进,是希望学生能够根据自己的个性特点和以往的学习经验,总结出适合自己的学习方法,定期对自己的学习方法进行调整和修改,再根据不同的学习内容正确使用学习方法,并能正确地整合各种学习方法,最终实现更好地发展学生的数学综合学习能力。

例如,在二年级学习完《米和厘米的认识》之后,老师安排了阶段性综合学习能力检测(见图6-1),检测目标和评分标准如表6-7所列。

本测试采用了实验法,共发放问卷1 170份,通过比对结果得出:徐州市第三十四中学附属小学实验班的成绩显著高于其他区 N 所小学对照班的成绩,p 小于0.001,达到统计学显著水平,进而说明任务型学习可有效提高小学生的综合学习能力,如图6-2所示。

从图6-2中可见:F 值表示方差分析,这是一种统计方法;1和490指的是自由度;p 值小于0.001,表述两组差异非常显著;8.57和7.91指的是平均数;I形符号指的是标准差;*** 表示差异十分显著;其他同类数据意义同上。

任务型学能检测　学校：__________　班级：二（　）　姓名：____

神奇的铁丝

有一天，阿拉丁在自己房间里发现了一个用铁丝围成的（　　）形，**如图1**，于是就研究了起来。他先是对铁丝进行了一番测量，将测量结果填在每条边的旁边。他想能不能算出来这根铁丝的总长度呢？

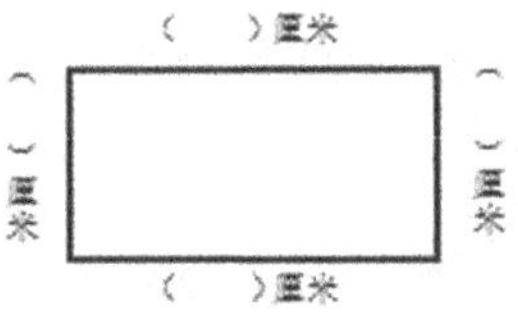

图1

铁丝总长度：______________________________（列式计算）

当他算出来的一瞬间，神奇的事情发生了，铁丝突然变了一个形状，**如图2**，变成了一个（　　）形。但是这根铁丝在变身时出了一点问题，比它应该变成的样子小了很多。如果铁丝的总长度不变，那么它应该变成多大呢？请画在下面的网格纸上。

神灯提醒：1、每个网格的边长是1厘米。

2、需要先算出来变化后图形的每条边的长度。

每条边的长度：______________________________（列式计算）

图2

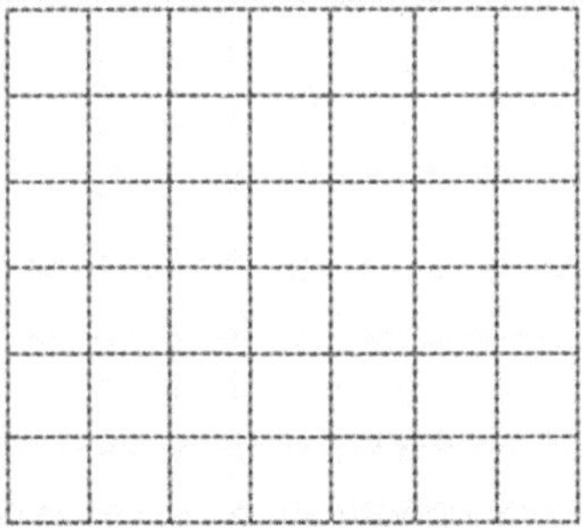

阿拉丁忍不住感叹：“真是一根神奇的铁丝啊！”孩子们，你还想让这根铁丝变成什么图形呢？

____

图6-1　阶段性综合学习能力检测

表 6-7　检测目标和评分标准

二年级 2020—2021 学年第一学期任务型检测目标与评分标准

徐州市第三十四中学附属小学

任务型测评内容:神奇的铁丝

题号	学习能力检测目标	评分标准
1、7	图形的观察辨别能力	每小题 1 分,共 10 分
2～5	动手操作能力	
6、8	阅读理解能力、分析能力、运算能力	
9	理解力、想象力、图形分析能力	
10	图形理解能力、想象力、创造力	

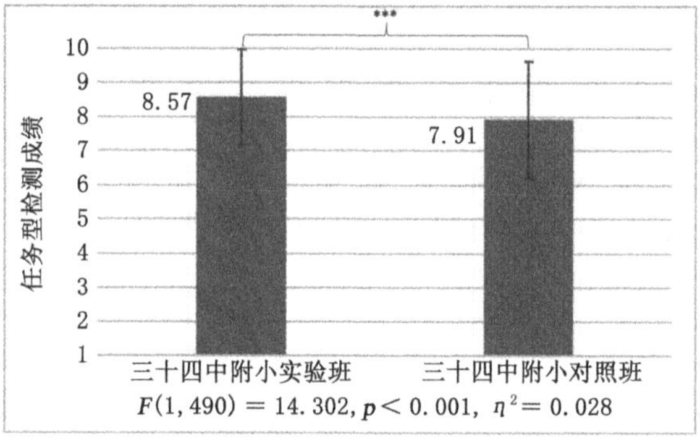

(a)

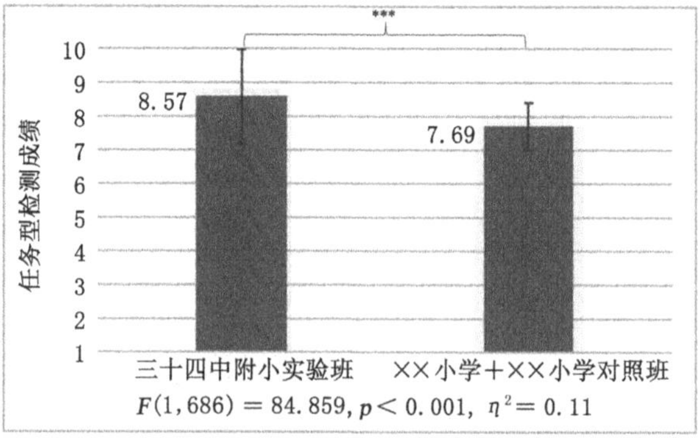

(b)

图 6-2　任务型学习实验对比效果图

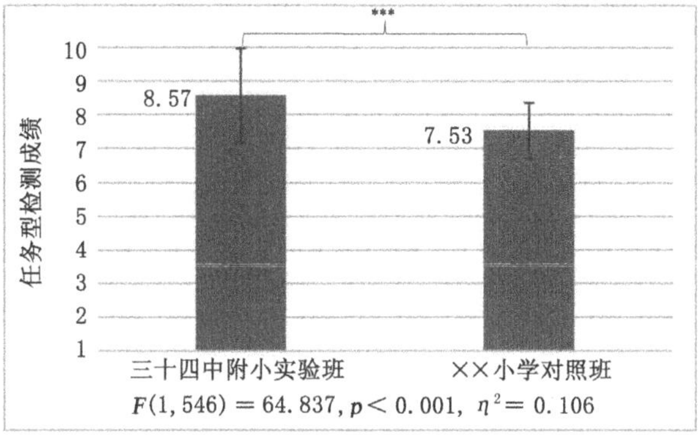

(c)

图 6-2(续)

徐州市第三十四中学附属小学实验组的成绩显著高于该校对照组的成绩，且显著高于其他区 2 所小学对照组的成绩。p 小于 0.001，达到统计学显著水平，进而说明任务型教学可有效提高小学生的综合学习能力。

第四节　小学数学任务型学习的评价方式

以往数学学科对学生的评价主要局限于学业成绩，教师常用的评价方式有闭卷考试、观察、检测等手段。其中，考试的评价方式多样，对于每一个学生都是再熟悉不过的了，它似乎成了教师平时考查学生、评价学生的唯一方法。教师们都知道，以目前的实际情况，考试是不可避免的一种评价方式，作为教师，却可以换个角度来进行评价，透过分数看过程。

新的课程改革强调评价内容的多元化和方法的多样化，不仅关注学生的学业成绩，而且关注学生创新精神和实践能力的发展，以及良好的心理素质、学习兴趣与积极情感体验等方面的发展。教学课、活动课、课外活动等为教师评价学生创设了一个个新的平台和窗口，通过这些平台和窗口，教师可以看到学生学习兴趣、参与程度、合作意识、心理素质、创新精神和实践能力等，从而更加全面和客观地评价学生。本节将重点介绍以下评价方式：学生自我评价、建立成长记录袋、数学日记、课堂学习评价和考试评价等，使小学数学任务型学习实现多元化评价。

一、学生自我评价

(一)学生自我评价的意义

传统教学中,教师与学生的关系是“我教你学,我讲你听”。在学生评价中,学生完全由教师摆布。“分、分、分,学生的命根”,“考、考、考,教师的法宝”。教师处在居高临下的地位,师生之间的关系显然不平等,严重地剥夺了学生的自主性,伤害了学生的自尊心,摧残了学生的自信心,甚至导致学生对教师的抵触情绪,师生关系经常处于冲突和对立之中,学生讨厌和抵触评价,很多同学产生各种各样的考试焦虑心理。

新课程提出:让学生主动参与到评价中来,体现民主、平等的思想。学生自我评价是使学生作为评价主体,依据一定的标准对自己的期望、品德、发展状况、学习行为与结果及个性特征进行判断与评估,是学生自我认识、自我分析、自我提高的过程。包括学中、学末评估,老师一般也会参照学生自评作出自己对该学生的评价,简单的优、良、中、下已是过去的评估方式,在个性教育的时代,如何挖掘每个学生自身独特的可塑性的优势,激励引导学生的自信自尊,是值得每个教育相关者思索的课题。作为教师、学生彼此交流的一个微型平台,学生眼中的自己,老师眼中的学生,彼此加强认识,才有助于更好的交流。

评价的根本目的在于促进发展,而不是甄别。自我评价是课程教学的一个有机构成环节,它也是促进学生发展的有效教育手段。自我评价是对自身建立更为客观全面的认识,促进学生在现有的基础上谋求实实在在的发展;自我评价活动和过程为学生提供自我展示的平台和机会,鼓励学生展示自己的努力和成绩,在很多时候也将成为一种积极、有效的激励手段;自我评价通常会对学生产生不同程度的压力,有助于调动其内在的动机,成为自觉内省与反思的开始,将有可能促使其认真总结前期行为,并思考下一步计划。自我评价的日常化,将促进个体养成良好的反思与总结的习惯,助力其一生的发展。自我评价将成为学生自我认识、自我教育、自我进步的内在需求,认识到这一点,学生将乐于接受自我评价,积极参加自我评价活动。

(二)学生自我评价的内容

以《基础教育课程改革纲要(试行)》中对课程目标的规定和新课程标准为依据,实施学生评价内容的多元化。新课程数学标准要求对学生数学学习的评价，既要关注学生知识与技能的理解和掌握，更要关注他们的情感与态度的形成和发展；既要关注学生学习数学的结果，更要关注他们在学习过程中的变化和发展。

（1）恰当评价自己的基础知识与基本技能。对基础知识和基本技能的评价应从实际背景和解决问题的过程入手，更多地关注对知识本身意义的理解和理解基础上的应用。

（2）注重对数学学习过程的反思与评价。包括参与数学活动的程度、自信心、合作交流的意识，以及独立思考的习惯、数学思考的发展水平等。可对以下几个方面进行反思：是否乐于应用数学知识解决实际问题，是否积极主动地参加数学活动，能够在数学活动中发挥积极作用；是否敢于面对数学活动中的困难，并有独立克服困难和运用知识解决问题的成功体验，有学好数学的自信心；是否认识到数学是解决实际问题和进行交流的重要工具，善于用数学方法思考问题；能否找到有效的解决问题的方法，有反思自己思考过程的意识；能否在独立思考的基础上，积极参与对数学问题的讨论，敢于发表自己的观点，并尊重与理解他人的见解，从交流中获益；是否乐于与他人合作，与同伴交流各自的想法。

（3）重视对发现问题、解决问题能力的自我评价。可从以下方面进行自我评价：能否从现实生活中发现和提出数学问题；能否探索出解决问题的有效方法，尝试从不同角度寻找解决问题的方法，善于评价不同方法之间的差异；是否乐于与他人合作；能否表达解决问题的过程，并尝试解析所得的结果；是否具有回顾与分析解决问题过程的意识。

（三）制定学生自我评价的标准

学生评价标准是对学生进行价值判断的尺度与准则，制定正确、科学的自我评价标准是实施学生自我评价的关键。

1. 学生自我评价的原则

在教师鼓励和帮助下，学生积极参与一些评价标准的制定，与教师共同协商评价标准。学生学习标准既要强调统一性、客观性，又要尊重学生发展过程的差异性，其评价的标准要有一定的层次性、多样性。同时评价标准要有弹性，让每个同学都有所发展，让每个同学都体验到成功的喜悦，个性化的评价标准会鞭策学生积极挖掘自身的潜能。

此外，师生根据实际情况共同确定达到标准的具体方式、时间和途径。

2. 重视多元化与情景化自我评价方式

传统评价以“考试”这个单一的方式进行，过分强调甄别功能。随着学生评价的功能、标准、内容、主体等的变革，评价方式也向多元化改革。《教育部关于积极推进中小学评价与考试制度改革的通知》明确指出：“教师要在教育教学的全过程中采用多样的开放的评价方式（如行为观察、情景测绘、学生成长记录等），了解每个学生的优点、潜能、不足以及发展的需要。”教师在课堂上的评价形式是多元化的。

学生主体性评价的方法灵活多样，多姿多彩，但不宜形式化、格式化。概括地讲，可以用以下方法：量化评价与质性评价；形成性评价与终结性评价；简单性评价与概括性评价；部分评价与全面评价；批驳性评价与激励性评价；一般性评价与创造性评价等。多种评价方式相结合，丰富评价的内容，如成长记录袋、学习日记、情景测验、行为观察和开放性考试等。学生在评价时要谈出自己的真情实感，亮出自己的鲜明观点，从而使学生的评价能力、判断能力不断提高。要引导学生在评价过程中不要使用“一个标准、一把尺子”，要善于对学生进行多元化评价，为学生的主体性评价搭建一个发展的平台，创设一个大的评价环境。学生会真正体会到成功与进步的快乐，从而使师生的关系真正融为一体，才能让和谐、快乐伴随学生成长。

（四）学生自我评价的注意事项

（1）要让学生充分展示自我。发展性课程评价，一般是把评价活动和过程当作被评价者。教师为学生提供了一个自我展示的平台和机会，并鼓励被评价者展示自己的努力和成绩；同时配合以恰当、积极评价方式和反馈方式。

（2）帮助学生推迟自我判断。学段目标是本学段结束时学生应达到的基本要求，因此如果学生自己对某次考试的结果不满意，老师应创造条件允许学生有再次考试的机会，这种推迟判断突出反映了对学生的纵向发展的重视。尤其要让学困生看到自己的进步，感受到获得成功的喜悦，从而激发新的学习动力。

（3）有意识淡化评价的痕迹。有意识地模糊课程教学和评价的界限，使评价更有效地融入日常教学中，使其真正成为自然学习活动中的一部分。

评价应该是在学生自己主动参与学习的情景中轻松愉快地进行。

(4) 重视学生自我评价的反思总结。自我反思和总结有助于调动其内在的动机,成为自觉的内省与反思的开始,对其一生发展将受益多多。

二、建立成长记录袋

成长记录袋是从国外引进的一种新型评价方式,是根据教育教学目标,有意识地将各科有关学生表现的作品及其他证据收集起来,通过合理地分析与解析,反映学生在学习与发展过程中的优势与不足,反映学生在达到目标的过程中付出的努力与进步,并通过学生的反思与改进,激励学生取得更高的成就。

在数学任务型学习中建立成长记录袋,更有助于增强学生对数学学习的兴趣、激发学生的探索精神。材料要由学生自主选择,真实并定期加以更新,其中包括实现了哪些学习目标、获得了哪些进步、自己作品的特征、解决问题的策略、还需要在哪些方面进行努力等,建立成长记录袋可以使学生比较全面地了解自己的学习过程,也为教师全面了解学生的学习状况、改进教学、因材施教提供了重要依据。

(一) 学生成长记录袋的主要特征

(1) 成长记录袋的基本组成是学生的作品。

(2) 作品的收集是有目标的,不是随意的。

(3) 成长记录袋应留有学生发表意见与反省的空间。

(4) 教师要对成长记录袋里的内容进行合理的分析与解释。

(二) 学生成长记录袋的类型

教育研究者以不同的功能为标准,把学生成长记录袋分为理想型、展示型、文件型、评价型和课堂型五种。

(1) 理想型。产生和入选的作品,能代表学生对自己学习的反思和学习质量的提高。通过一段时间的成长,帮助学习者成为理想的学习历史的思索者和非正式的评价者。

(2) 展示型。主要是由学生自己选择出来最好和最喜欢的作品集。自我反思与自我选择比标准化更重要,可以为班级展览等提供优秀的范本作品。

(3) 文件型。根据一些学生的反映以及教师的评价、考察、轶事、成绩测验等，得出的学生进步的系统性、持续性记录。以学生的作品、量化和质性评价和方式，提供一种系统的记录。

(4) 评价型。主要由教师、管理者、家长所建立的学生作品集。评价的标准是预定的，保存学生在作品方面所取得成绩的标准化报告。

(5) 课堂型。一般由三部分组成：一是根据课程目标描述所有学生取得的成绩的总结；二是教师的详细说明和对每个学生的观察；三是教师的年度课程和教学计划及修订说明。在一定情境中与家长及他人交流后教师对学生成绩的判断。

数学教师还可按入选材料性质的不同，把学生成长记录袋分为：最佳成果型、精选型和过程型三种。

三、数学日记

数学日记是学生自我评价的重要方式之一。就是让学生以日记的形式记录下他们对每天数学教学内容的理解、评价及意见，包括在数学学习中的真实心态和想法。数学日记不仅可用于评价学生对知识的理解，而且可用于评价学生的思维方式，不仅可以对他所学的数学内容进行总结，而且可以像和自己谈心一样写出他们自己的情感态度、困难之处和感兴趣之处。

在数学任务型学习中，通过数学日记的评价方式，教师可了解学生掌握知识的情况，了解学生的思维方式；通过写数学日记，学生可真切地感受到数学就在身边，生活离不开数学，从而激发学习数学的热情，享受学习数学的快乐。

四、课堂学习评价

新课程标准提出，在课堂教学中对学生的学习建立评价指标多元化和评价方式多样化，既关注结果，又更加重视过程的评价体系。新课程标准对学生的学习评价突显知识与技能、过程与方法、情感态度与价值观三位一体，即体现了评价体系的改变，从传统教学评价中过分偏重知识与技能，发展为一要评价知识与技能，二要评价过程与方法，三要评价情感与态度。对于数学任务型学习而言，教师还要对学生的数学学习能力予以评价。

(1) 对知识与技能的评价，可根据教学目标及每个学生的学习基础，结合学生在学习过程中理解、掌握知识的实际情况和技能形成的情况，以及课堂练习情况，给学生以及时的反馈评价。如对学生阅读、板演、讨论发言、回答问题、动手操作等方面取得的成绩的评价及对学生作业的评价等。这种评价是形成性与总结性相结合的评价，它既可以使老师了解学生对新知识的理解与新技能的形成情况，又能让学生得到评价反馈，验证自己得出的信息和结果是否准确。

(2) 对过程与方法的评价，在课堂教学中，教师不但要关注学生学习的结果，更要关注学习的过程与方法。如数学教学中的口算，不单要说出结果，还要说出怎样想；应用题教学及计算教学中不但要看结果是否正确，而且要看学生计算和思维的过程是否合理有序，是否有创新性的解题方法，以及解题方法是否科学简便。这样做既可以使学生知其然也知其所以然，又可以培养学生的创新思维。

(3) 对情感与态度的评价。这是传统教学中最不受重视的一项评价。对学生学习情感与态度的评价决定着学生的学习兴趣和学习习惯的养成。学生没有积极的情感就很难谈到浓厚的学习兴趣，学生没有端正的态度也不会养成良好的学习习惯。因此，关注对学生情感与态度的评价是十分重要的。

(4) 对数学学习能力的评价。这是培养未来人才应该关注的评价指标，学生在课堂学习中，所表现出来的学习能力处于什么水平，教师应该了然于心。例如，合作能力、交流能力、展示能力、观察能力、想象能力、发现问题能力、分析问题能力、解决问题能力与概括能力等，都是很重要的数学学习能力，教师要重点关注学生学习过程中的表现，适切地予以评价。

总之，课堂教学中采用多种评价方法，从各种角度给学生以客观公正、合理的评价，是十分必要的。我们相信在任务型学习实施的过程中，课堂教学的评价形式和方法会不断发展，会更有利于学生的成长。

五、考试评价

有教育就有检查、评价教育效果的需要。要关注学习的效果，需要对学习进行考试评价。但是关注学习效果本身不是目的，考试评价的目的是促进学生的学习和发展。注重学习过程的评价，要彻底改革考试制度，彻底改变以一张试卷和分数评价学生和老师的做法。可由原来单一的笔试改为口试、面试、笔试相结合。

(1) 口试指考试的一种方式，要求应试人口头回答问题。口试的主要内容是“说”。即说课题思路、说算理、说公式的推导等。

(2) 面试是一种经过教师精心设计,在特定场景下,与学生的面对面交谈与观察为主要手段,由表及里测评学生的知识、能力、经验等有关素质的一种考试活动。

(3) 笔试的主要内容是考查学生对基本知识和解题能力的理解及掌握情况。笔试也叫书面考试,是指通过各种书面考试的形式,考查学生基础知识和基本技能的掌握情况的一种手段。

书面考试的内容要与学生的生活密切结合,难易程度与学生的实际吻合,要激发学生继续学习的愿望,增强学生的自信心。题目的形式要多样活泼,可设计一些开放性题目,培养学生思维灵活性。考查前应让学生明确考查的范围和涉及的内容,考查后让学生自己总结每道题考查的意图和考查的知识点,应更多地关注学生已经掌握了什么、获得了哪些进步、具备了什么能力、在哪些方面具有潜能,明确自己的不足和努力的方向,在老师的指导下,根据自己目前情况制定切实可行更改方案。最终使学生建立学好数学的信心,提高学习数学的兴趣,争取进一步发展。

书面考试,不是学生学习评价的全部,也不是课程评价的全部,但却是其中重要的组成部分,是学习评价的主要形式,它在现阶段的适用性不可替代。它是校内进行的检查、调研性考试,是教学中常用的小学数学学习评价形式,可分为课堂测试、单元测试、期中测试、期末测试等。学校对教学质量的检测、教师对学生阶段性知识掌握的程度大多都通过考试评价进行,并且多为闭卷评价。闭卷式评价最显著的特点是在短时间内向学生提供大量的信息,并要求学生在规定的时间内对这些信息进行处理并呈现出自己的处理结果。

在考试后,根据学生成绩获得学生掌握知识、方法的程度,以此来评价教师的教与学生的学的得失,为调节数学学习提供最为直观的依据。考试评价对考试过程中的各个环节要求很高,只有科学制卷、严密组考、量化准确对学生的评价才能接近真实。闭卷考试虽然不是唯一考试方式,且争议不断,但是因其易操作性与公平性而沿用至今。书面考试一般是采用定量评价,以百分制或等级制的方式,要将评价结果及时反馈,但不能根据分数排列名次。

总之,在数学任务型学习中,评价学生的方式有很多种。因为学生并不是恒定的,所有评价方式也不可能是恒定的,教师可随着他们学习水平的变化随时做调整。

第七章

小学数学教材中任务型学习内容梳理

你给我泥土，我把它变成黄金。

——夏尔·皮埃尔·波德莱尔，法国诗人

宁可少些，但要好些。

——高斯，德国数学家

探究型任务：同桌合作完成数学任务“认识线段”

纵观苏教版小学数学教材，小学数学任务型学习的内容广泛蕴含在“数与代数”“图形与几何”“统计与概率”和“综合与实践”四个部分的课程内容中。“数与代数”的主要内容有：数的认识、数的表示、数的大小、数的运算、数量的估计；字母表示数、代数式及其运算；方程、方程组、不等式、函数等。在“数与代数”的教学中，应帮助学生建立数感和符号意识，发展运算能力，建立模型思想。“图形与几何”主要内容有：空间和平面的基本图形，图形的性质和分类；平面图形基本性质的证明；图形的平移、旋转、轴对称、相似和投影；运用坐标描述图形的位置和图形的运动。“统计与概率”主要内容有：收集、整理和描述数据，包括简单抽样、记录调查数据、描绘统计图表等；处理数据，包括计算平均数等；从数据中提取信息并进行简单的判断；简单随机事件及其发生的概率。“综合与实践”是以一类问题为载体，学生主动参与的学习活动，是帮助学生积累数学活动经验的重要途径。

根据小学数学任务型学习的教学设计，教师选取了适合的教材内容，转化为适合学生的学习任务。并针对真实的问题情境，使学生借助所学的知识和生活经验，独立思考或与他人合作，经历发现问题和提出问题、分析问题和解决问题的全过程，感悟数学各部分内容之间、数学与生活实际之间及其他学科的联系，激发学生学习数学的兴趣，加深学生对所学数学内容的理解。

在数学任务的梳理中，教师要把基本理念转化为自己的教学行为，处理好教师讲授与学生自主学习的关系，注重启发学生积极思考；发扬教学民主，当好学生数学活动的组织者、引导者、合作者；激发学生的学习潜能，鼓励学生大胆创新与实践；创造性地使用教材，积极开发、利用各种教学资源，为学生提供丰富多彩的学习素材；关注学生的个体差异，有效地实施有差异的教学，使每个学生都得到充分的发展。

而且，数学任务的设计还要满足学生未来生活、工作和学习的需要，使学生掌握必需的数学基础知识和基本技能，发展学生抽象思维和推理能力，培养应用意识和创新意识，在情感、态度与价值观等方面都要得到发展；还要符合数学科学本身的特点、体现数学科学的精神实质。根据以上两点，项目组基于教材的四大知识板块，具体梳理 6 个年级共 12 册教材中适合进行任务型学习的内容。

第一节 基于数与代数知识的任务型学习内容梳理

数与代数的内容一直是义务教育阶段教学课程的重要组成部分，它的重要性和基础性是显而易见的。本节内容丰富，头绪较多，本领域教材编写的基本结构为：数的认识、数的运算、数与代数、式与方程、常见的量、比和比例、数学思考（选学）。这些内容是数学知识体系的基础，也是学生认识数量关系，探索数学规律以及建立数学模型的基石。它可以帮助学生从数学思维的角度，更准确、更清晰地认识、描述和把握现实世界。

一、教学建议

1. 在生活情境中感知

数学知识比较抽象，许多学生对数都不能很好地建立表象，更不能真正地理解数的内涵。教师应积极创设与学生生活环境、知识背景密切相关的真实数学任务，帮助学生认识数，更好地感知数的存在。在教学比的意义时，重点就是让学生体会比是一种数量关系。其实，比就是从生活中来，我们必须让学生充分体验生活中的比所表示的关系，才能让学生真正理解知识，并应用知识。从而在这些生活实例中体会了数的含义，初步建立了数感。

2. 实践操作，增强数感

儿童的思维特点以具体性、形象性为主，很大程度上还要依赖动作思维。因此动手操作类的数学任务有助于帮助儿童形成数感。如学习 10 以内数的组成，让学生通过动手分一分小棒、小红花等各类学具，让学生体验到一个数可以分成几个比它小的数，几个小的数又可以合成一个较大的数，从而积累整体与部分之间的相加关系和互补关系的感性经验。这样，学生的数感在动手实践中得到了进一步的发展。

3. 合作探究，交流数感

我们知道，数学知识有一个从形象到表象、从表象到抽象的过程。这两个过程，也是两次提升，在这个提升的过程中，合作交流起到了非常重要的作用。数学任务通过小组合作学习，有利于学生人人参与学习全过程，它不仅能发掘个人内在的潜能，还能培养集体合作精神，人人可以尝试成功的喜悦。

4. 数感在实际应用中升华

数感的建立来自生活，只有在具体的生活情境中加以应用，才能得到升华。当学生完成数学任务、形成知识经验，再应用到生活中去，才能更好地进行知识内化，使学生认识到知识和生活是密不可分的，同时还可在应用中进一步培养和发展学生的数感。

总之，培养学生数感的过程是循序渐进的。数学任务型学习更有助于培养学生的数感，可以使学生有更多的机会接触社会，表达自己对问题的看法，用不同的方式思考和解决问题，并有助于学生创新精神和实践能力的培养。随着学习者数感的建立发展和强化，其自身的整体数学素养也会有所提高。所以，在优化本知识板块的数学任务方面，还要不断地探究和完善。

二、教材梳理例举

三年级教材数与代数内容梳理如表 7-1 所列。

表 7-1　基于数与代数知识的教材内容梳理

年级	册数	任务型学习主题名称	对应教材内容（课题、页数）	能力目标体系	备注
三年级	下册	购物小能手	《两位数乘两位数的口算、估算》第 1～2 页	1. 基本知识：使学生在现实的商场情境中，通过自主探索、合作交流，初步掌握两位数乘整十数的估算方法。 2. 基本能力：使学生在探索计算的方法以及解决相关实际问题的任务过程中，进一步培养学生的估算能力和解决问题的能力。 3. 基本思想：感受估算的意义，在不断的成功体验中，感受数学的有用思想。 4. 基本经验：使学生在任务中进一步体会估算与现实生活的联系，增强对数学学习、应用数学的兴趣	

表 7-1(续)

年级	册数	任务型学习主题名称	对应教材内容（课题、页数）	能力目标体系	备注
三年级	下册	速算小技巧	《有趣的乘法计算》(探索规律) 第 18～19 页	1. 基本知识:探索两位数乘两位数中特殊数相乘所得的数的规律,并能初步运用这一规律进行一些计算。 2. 基本能力:使学生在探索、发现规律的任务中进一步培养学生的合作能力,培养学生初步的观察、推理能力。 3. 基本思想:让学生经历探索规律和发现规律的过程,通过比较,理解并掌握找规律的思想和方法。 4. 基本经验:感受运用规律巧妙计算的乐趣,增强对数学学习、应用数学的兴趣	
三年级	下册	解决问题的策略	《从问题出发分析和解决问题(一)》 第 27～29 页	1. 基本知识:使学生初步学会根据题中的条件和问题,选择分析问题的思路,分析题目表示的数量关系。 2. 基本能力:培养学生观察、比较、猜想推理及解决生活问题和合作能力。 3. 基本思想:培养学生学会分析问题,发展学生连贯、有序、有层次的思维。 4. 基本经验:使学生养成认真审题,自觉检验的良好习惯	
三年级	下册	时间里的秘密	《认识年、月、日》 第 44～46 页	1. 基本知识:经历收集、观察、统计等过程,认识年、月、日,了解它们之间的关系。 2. 基本能力:培养自主探究能力、实践应用能力、归纳总结能力。 3. 基本思想:感受数学与现实生活的密切联系,体会数学的应用价值,激发学生热爱数学的情感。 4. 基本经验:通过认识时间的秘密,在交流解决问题的过程中,学会合作交流的经验	

表 7-1(续)

年级	册数	任务型学习主题名称	对应教材内容（课题、页数）	能力目标体系	备注
三年级	下册	时间的小主人	《认识 24 时计时法》第 51～52 页	1. 基本知识：在情境中认识 24 时计时法，会用 24 时计时法表示生活中的时间。 2. 基本能力：使学生在任务型的学习活动中，锻炼语言表达能力、思考能力，自主探究能力。 3. 基本思想：从生活中的时间到 24 时计时法，培养学生综合实践能力，体会数学的应用价值，激发学生热爱数学的情感。 4. 基本经验：在探索 24 时计时法过程中，培养学生归纳、总结的经验，做时间的小主人	
三年级	下册	认识一个整数的几分之一	《认识一个整数的几分之一》第 76～78 页	1. 基本知识：在具体的任务中进一步认识分数，知道把一些物体看成一个整体，并将其平均分成若干份，其中的一份表示这些物体的几分之一。 2. 基本能力：在任务中发展学生的动手能力及表达能力。 3. 基本思想：体会分数与现实生活的联系，初步了解分数在实际生活中的应用。 4. 基本经验：在任务过程中，是学生积累自己动手解决问题的经验	

第二节　基于图形与几何知识的任务型学习内容梳理

图形与几何的内容是义务教育阶段数学课程的重要组成部分。本节内容丰富，包括四个方面：一是图形的认识，二是测量，三是图形的运动，四是图形与位置图形的认识。学习和应用相应的图形与几何的有关知识和数学学习方法，对于学生更好地认识、理解生活空间，更好地生存和发展有着重要的现实意义。

一、教学建议

1. 建立以生为本的和谐课堂

在数学任务型学习中，教师不是简单让学生通过背诵公式、定理来理解数学知识，而是同时要利用课堂活动来正确引导学生，使学生充分理解数学的解题方式及思维，正确认识公式的含义。在教学中，数学教师不仅要教会学生怎样解题，还应培养学生的数学兴趣，以兴趣引导学生掌握学习方法、培养自学意识。教师可以通过活跃课堂气氛，积极调动学生的学习兴趣。

2. 通过动手操作，加深学生感知概念

小学生在思维方面多表现为形象思维和直观思维，所以教师在教学时要充分利用这一特点，教师要借助一些实体让学生直观感受到几何图形的特征，让他们动手操作一下，这样将大大提高教学质量，加深学生的理解。比如在认识圆柱体、长方体和正方体时，教师再怎么去解释，不如拿几个实体让他们看一看、摸一摸，然后再在生活中找一找。

3. 通过实验探索，促进学生感知概念

几何形体概念需要理解它的本质，只借助看、听、说等方法是不够的，需要将动手操作与实验观察相结合，我们要让学生在实验探索的过程中感悟和理解概念，及时引导学生比较操作对象之间的相同点和不同点，总结出概念的本质属性。

二、教材梳理例举

六年级教材图形与几何内容梳理如表 7-2 所列。

表 7-2　基于图形与几何知识的教材内容梳理

年级	册数	任务型学习主题名称	对应教材内容（课题、页数）	能力目标体系	备注
六年级	下册	多变的面积	《面积的变化》第 48～49 页	1. 基本知识：让学生经历图形面积变化的探索过程。 2. 基本能力：培养学生观察、比较、分析、概括、归纳的能力。 3. 基本思想：让学生感悟从特殊到一般的归纳思想，发展数学思维。 4. 基本经验：进一步积累观察、比较、分析、概括、归纳等活动经验	

表 7-2(续)

年级	册数	任务型学习主题名称	对应教材内容（课题、页数）	能力目标体系	备注
六年级	下册	探索圆柱的体积	《圆柱体积》第 15～16 页	1. 基本知识：掌握圆柱体的计算方法，能正确计算圆柱的体积，并会解决一些简单的实际问题。 2. 基本能力：经历类比猜想，验证说明探索圆柱体积的计算方法的过程。 3. 基本思想：引导学生探索和解决问题，渗透、体验知识间相互转化的思想方法。 4. 基本经验：结合生活的具体情境和实践活动，归纳总结	
六年级	下册	图形的大与小	《图形的放大和缩小》第 33～34 页	1. 基本知识：理解图形的放大和缩小，学会利用方格纸把一个简单图形按指定的比例放大或缩小。 2. 基本能力：使学生在观察、比较、思考和交流等活动中，感受图形放大、缩小在生活中的应用。 3. 基本思想：所学知识在具体情境中的应用。 4. 基本经验：初步体会图形的相似，进一步发展空间观念	
六年级	下册	我的行程路线	《描述简单的行走路线》	1. 基本知识：使学生学会根据平面图运用所学的确定位置的知识和方法描述简单的行走路线。 2. 基本能力：让学生在学习过程中进一步增强观察能力、识图能力和语言表达能力，发展空间观念。 3. 基本思想：使学生进一步体会用方向和距离确定物体位置这一方法的应用价值。 4. 基本经验：增强用数学方法描述现实世界中空间关系的意识	

表 7-2(续)

年级	册数	任务型学习主题名称	对应教材内容（课题、页数）	能力目标体系	备注
六年级	下册	正比例的变化规律	《正比例图像》	1. 基本知识:使学生初步理解图像上点所表示的实际意义,即每个点都表示路程和时间的一组相对应的数值。 2. 基本能力:培养学生的动手操作能力和观察能力。 3. 基本思想:初步体会正比例图像的实际应用,为今后学习函数及函数图像等知识打下一定的基础。 4. 基本经验:借助直观的图像,帮助学生进一步认识成正比例量的变化规律	
六年级	下册	探索规律	《面积的变化》	1. 基本知识:使学生结合具体的实例,探索并发现平面图形按比例放大后面积的变化规律,进一步加深对图形放大与缩小的含义以及比例意义的理解。 2. 基本能力:使学生进一步积累探索简单数学规律的经验,感悟数学思想方法,发展数学思维能力和空间观念。 3. 基本思想:使学生在探索数学规律的过程中,感受数学的美,获得成功发现数学规律的愉悦体验,激发学习数学的兴趣。 4. 基本经验:应用面积的变化规律解决一些实际问题。学生进一步体会比例的应用价值	

第三节　基于统计与概率知识的任务型学习内容梳理

统计与概率的主要内容有：收集、整理和描述数据，包括简单抽样、整理调查数据、绘制统计图表等；处理数据，包括计算平均数、中位数、众数、极差、方差等；从数据中提取信息并进行简单的推断；简单随机事件及其发生的概率。

一、教学建议

整个统计学习都是以数据为核心，围绕数据的收集、整理、表达（描述）和应用这条主线展开的。低学段（1～3 年级），学生需要经历数据的收集和整理，整理后也会对调查的数据进行简单分析，只不过更侧重于数据的收集和整理。高学段（4～6 年级），收集和整理数据后可以把它变成统计表和各种各样的统计图，然后在这些图表的基础上进行分析，即数据的表达和应用，高学段更侧重于数据的表达和应用。

虽然低、高学段的侧重点不同，但它们是相互渗透、相互交融的，学生在"统计与概率"学习中都会经历数据的收集、整理、表达和应用整个过程，因此它是贯穿整个"统计与概率"的教学主线，教学也应从这几方面入手。

二、各册教材梳理

各册教材统计与概率内容梳理如表 7-3 所列。

表 7-3　基于统计与概率知识的教材内容梳理

年级	册数	任务型学习主题名称	对应教材内容（页数、课题）	能力目标体系	备注
一年级	上册	整理小能手	《分一分》第 8～9 页	1. 基本知识：初步感知分类的意义，通过操作学会分类的方法。 2. 基本能力：通过分一分、看一看，培养学生的操作能力、观察能力、判断能力、语言表达能力。 3. 基本思想：培养学生合作交流的意识。 4. 基本经验：让学生体会到生活中处处有数学	

表 7-3(续)

年级	册数	任务型学习主题名称	对应教材内容（页数、课题）	能力目标体系	备注
三年级	下册	探究数据信息的奥秘	数据的收集和整理(二):《简单的数据汇总》第 96～98 页	1. 基本知识:初步学会对按小组收集的数据进行简单的汇总,在任务中体验数据的收集、整理、描述和分析的过程,学会用统计表表示数据整理的结果。 2. 基本能力:在任务过程中,培养学生初步的数据分析能力。 3. 基本思想:在任务过程中感受不同数据总体蕴含的信息既有所不同又存在联系。 4. 基本经验:使学生在统计任务过程中,进一步感受数据对于分析和解决问题的作用,不断增强收集和运用数据的意识,积累理解和分析数据的经验	
四年级	上册	数据与图形	《统计表与条形统计图》第 40～41 页	1. 基本知识:认识简单的统计表和单式条形统计图,了解相应的结构、特点和表达数据的方法,能根据收集的数据填写统计表和完成条形统计图。 2. 基本能力:学生经历完成统计表和统计图、简单分析数据等统计活动,了解数据处理、分析的大体过程,掌握简单的数据处理技能,体会数据蕴含信息,发展初步的数据分析观念。 3. 基本思想:学生感受统计表和条形统计图在实际应用中的意义和价值,增强学习统计的兴趣。 4. 基本经验:在收集整理绘图中,培养学生与他人合作意识	

表 7-3(续)

年级	册数	任务型学习主题名称	对应教材内容（页数、课题）	能力目标体系	备注
四年级	上册	生活中数据的分析整理	《数据的分段整理》第 42～43 页	1. 基本知识：了解处理实际问题时把数据分段整理、统计的事实，能根据实际需要收集分段整理并用统计表表示数据，初步学会对统计结果进行简单分析。 2. 基本能力：学生经历在解决实际问题中分段处理数据的过程，体会分段整理、统计数据是解决一些实际问题的需要，积累统计的初步经验，培养学生简单的数据处理能力。 3. 基本思想：使学生进一步体会统计在生活实际中的应用，进一步培养学习的兴趣和与人合作的态度。 4. 基本经验：发展学生数据分析观念，培养用统计方法解决实际问题的经验	
四年级	上册	神奇的数据	《平均数》第 49～51 页	1. 基本知识：建立平均数的概念，学生能用平均数刻画一组数据特征的过程，联系实际问题感受平均数的含义。 2. 基本能力：学生经历移多补少、先合后分、估算等寻求一组数据的平均数等活动，体会平均数在统计活动中的价值和作用，能用不同方法求平均数。 3. 基本思想：培养学生观察力，乐于思考、勇于质疑的品质。 4. 基本经验：发展学生数据分析观念，积累数学活动的基本经验	

表 7-3(续)

年级	册数	任务型学习主题名称	对应教材内容（页数、课题）	能力目标体系	备注
四年级	上册	摸球、摸牌游戏	《可能性》第 64～66 页	1. 基本知识：认识简单事件发生的可能性，能说出一个简单事件所有可能发生的结果，能根据条件用“一定”“可能”“不可能”等定性描述一些简单事件发生的可能性。 2. 基本能力：学生经历摸球、摸牌等活动及其分析过程，感受简单的随机现象，理解可能性和可能性大小的含义；培养学生的观察能力、合作交流能力。 3. 基本思想：使学生感悟生活中的随机思想。 4. 基本经验：学生在感受确定事件和不确定事件的过程中，增强生活中随机事件的体验	
四年级	上册	运动与身体的变化	《运动与身体的变化》第 54～55 页	1. 基本知识：初步学会利用数据分析问题、获得相应的结论，能根据研究的时间收集数据，完成统计并计算平均数。 2. 基本能力：学生经历围绕问题收集数据、统计结果和获得结论的实践研究过程，掌握用实验和统计研究、解决问题的方法。 3. 基本思想：提高学生数学学习中动手操作、合作交流的意识。 4. 基本经验：进一步积累统计活动的经验，发展数据分析观念和方法	

表 7-3(续)

年级	册数	任务型学习主题名称	对应教材内容(页数、课题)	能力目标体系	备注
五年级	上册	小小记者会——生活中的数据大汇总	《复式条形统计图》第 88～89 页	1. 基本知识:使学生在具体的统计活动中认识复式统计表,能根据收集、整理的数据填写统计表,并能对统计表中的数据进行简单的分析。 2. 基本能力:基于解决问题的需要经历收集、整理、描述和分析数据的过程,让学生体会数据中蕴含着丰富的信息,进一步增强数据分析观念。 3. 基本思想:在活动过程中,进一步感受统计与日常生活的联系。 4. 基本经验:增强学数学、用数学的主动性和积极性	
五年级	上册	班级大联欢	《班级联欢会》第 82～83 页	1. 基本知识:使学生了解班级联欢会需要完成的准备工作,能根据联欢的需要说明自己的想法,能交流实践活动的体会;能应用数学知识调查、统计、决策,能根据实际需要进行估算、计算和核算,初步学会联欢会费用问题的计算。 2. 基本能力:引导学生经历准备活动全过程,体会活动方案的确定、调查需要物品、购置活动用品、费用预算和结算等活动,培养初步的实践活动能力。 3. 基本思想:使学生主动参与联欢会的准备活动,体会数学在日常生活里的应用,感受数学的价值。 4. 基本经验:积累数学活动的基本经验,提高数学知识的应用能力	

表 7-3(续)

年级	册数	任务型学习主题名称	对应教材内容（页数、课题）	能力目标体系	备注
五年级	上册	测测心率有多少	《特殊型任务设计》	1. 基本知识:使学生进一步提高识图和用图的能力,感受复式折线统计图的特点。 2. 基本能力:使学生在绘制复式折线统计图的过程中进一步发展统计观念。 3. 基本思想:使学生进一步体会统计在现实生活中的运用,进一步感受统计方法对于分析问题、解决问题的价值,增强参与统计活动的兴趣。 4. 基本经验:会利用统计图里的信息进行分析比较和判断	
六年级	上册	互联网的普及	《互联网的普及》第 110～111 页	1. 基本知识:引导学生在读表和交流的过程中理解普及率的含义。 2. 基本能力:领悟普及率的计算方法。 3. 基本思想:引导学生有序开展调查活动,用合适的方法整理数据,进而获得统计结果。 4. 基本经验:增强学生应用数学知识解决问题的意识	
六年级	下册	我会选择	《选择统计图》	1. 基本知识:使学生认识到扇形统计图、折线统计图、条形统计图的不同特点,能根据不同统计图从不同角度分析数据,根据实际需要选择合适的统计图。 2. 基本能力:使学生经历统计图数据的比较和分析过程,体会各种统计图表示数据的不同特点和方式。能在学习生活中主动比较、交流、提高学习数学的主动性,初步培养处理数据的科学态度。 3. 基本思想:感受各类统计图的作用,提高用统计图表示数据的能力,进一步发展数据观念。 4. 基本经验:使学生感受统计图与生产、生活的联系,体会统计图的应用价值	

第四节　基于综合与实践知识的任务型学习内容梳理

苏教版小学数学有25节综合与实践课，在编排上，它通常出现在一个单元或几个单元结束之后，选择的都是现实生活中的问题。基于学生的年龄特点，选择25个主题活动，其内容设置的目的在于培养学生综合运用有关知识与方法解决实际问题，培养学生的问题意识、应用意识和创新意识，积累学生的活动经验，提高学生解决现实问题的能力。

“综合与实践”是一类以问题为载体、以学生自主参与为主的学习活动。在学习活动中，学生将综合运用“数与代数”“图形与几何”“统计与概率”等知识和方法解决问题。

一、教学建议

“综合与实践”是有别于学习具体知识的探索活动，更有别于课堂上教师的直接讲授。在数学任务型学习中，教师通过任务引领，使学生全程参与实践过程，经历相对完整的学习活动。

积累数学活动经验、培养学生应用意识和创新意识是数学课程的重要目标，应贯穿整个数学课程之中。“综合与实践”中的数学任务是实现这些目标的重要和有效的载体。“综合与实践”的教学，重在实践、重在综合。重在实践是指在活动中，注重学生自主参与、全过程参与，重视学生积极动脑、动手、动口。重在综合是指在活动中，注重数学与生活实际、数学与其他学科、数学内部知识的联系和综合应用。

教师在教学设计和实施时应特别关注几个环节：问题的选择，问题的展开过程，学生参与的方式，学生的合作交流，活动过程和结果的展示与评价等。

(1) 要使学生能充分、自主地参与“综合与实践”活动，选择恰当的问题是关键。这些问题既可以来自教材，也可以由教师、学生提出。提倡教师研制提出更多适合本地学生特点的、有利于实现“综合与实践”课程目标的好问题。

(2) 实施“综合与实践”活动时，教师要放手让学生参与，启发和引导学生进入角色，组织好学生之间的合作交流，并照顾到所有的学生。教师不仅要关注结果，更要关注过程，不要急于求成，要鼓励引导学生充分利用“综合与实践”的过程，积累活动经验、展现思考过程、交流收获体会、激发创造潜能。

(3) 在实施过程中，教师要注意观察、积累、分析、反思，使“综合与实践”活动的实施成为提高教师自身和学生素质的互动过程。

(4) 教师应该根据不同学段学生的年龄特征和认知水平，根据学段目标，合理设计并组织实施“综合与实践”活动。“综合与实践”的教学活动应当保证每学期至少一次，可以在课堂上完成，也可以课内外相结合。

总之，“综合与实践”活动是积累数学活动经验的重要载体。在经历解决具体的“综合与实践”问题的过程中，要引导学生体验如何发现问题，如何选择适合自己完成的问题，如何把实际问题变成数学问题，如何设计解决问题的方案，如何选择合作的伙伴，如何有效地呈现实践的成果，如何让别人体会自己成果的价值。通过这样的教学活动，学生会逐步积累运用数学解决问题的经验。

二、各册教材梳理

各册教材综合与实践内容梳理如表 7-4 所列。

表 7-4　基于综合与实践知识的教材内容梳理

年级	册数	任务型学习主题名称	对应教材内容（课题、页数）	能力目标体系
一年级	上册	有趣的拼搭	《有趣的拼搭》第 32～33 页	1. 基本知识：使学生通过拼搭等实践活动，加深对长方体、正方体、圆柱和球的特征的认识。 2. 基本能力：在活动中培养学生初步的空间观念、判断能力和想象力，以及合作能力。 3. 基本思想：使学生了解常见几何形体在日常生活中的简单应用，初步培养学生的数学应用意识， 4. 基本经验：通过小组活动形式，培养学生与他人合作交流的良好态度，在有趣的学习活动中获得积极的数学学习情感

表 7-4(续)

年级	册数	任务型学习主题名称	对应教材内容（课题、页数）	能力目标体系
一年级	上册	丰收的果园	《丰收的果园》第 80～81 页	1. 基本知识：巩固已经学过的数一数、认位置、10 以内的加减法等知识，加深对物体间位置关系的感受，学会在生活情境中发现数学问题。 2. 基本能力：通过对果园场景的观察、提问等活动，培养学生观察、分析、提出问题、解决问题的能力。 3. 基本思想：使学生初步体验数学与生活的密切联系，增强用数学眼光观察生活的意识。 4. 基本经验：在解决问题的过程中培养学生分析、归纳的经验
二年级	上册	我会玩七巧板	《有趣的七巧板》第 18～19 页	1. 基本知识：认识基本的七巧板图形，能够拼出四边形、五边形、六边形等基本图形，能够有创意地拼出生活中的一些图形。 2. 基本能力：让学生在动手动脑过程中发展想象力，培养创新意识、与他人合作的能力。 3. 基本思想：使学生在有趣的活动中感悟平面图形的特点，体会图形的变换，发展空间观念。 4. 基本经验：在拼图的过程中积累活动经验，使学生在活动中增强对数学的兴趣，培养交往、合作意识
二年级	上册	我会量一量	《我们身体上的“尺”》第 68～69 页	1. 基本知识：经历合作测量身体上一些部位长度的活动过程，加深对米和厘米这两个长度单位的认识，在活动中巩固用各种测量工具测量长度的正确方法。 2. 基本能力：培养学生动手操作能力、合作交流能力。 3. 基本思想：在活动中培养学生的分工合作意识，进一步体会数学与生活的密切联系。 4. 基本经验：通过用测量工具进行测量，培养学生的实践能力；通过应用身上的尺子进行测量，培养学生的创新精神和应用意识

表 7-4(续)

年级	册数	任务型学习主题名称	对应教材内容(课题、页数)	能力目标体系
三年级	上册	分数条里的秘密	《多彩的"分数条"》 第 96～97 页	1. 基本知识:让学生通过综合实践活动,加深对分数含义的认识,进一步认识分数的大小,了解一些分数之间的联系。 2. 基本能力:让学生通过操作和直观的任务活动,说明自己的想法,培养乐于合作的意识、习惯,提升操作与实践能力。 3. 基本思想:感受不同分数是有联系的,进一步发展数学思想。 4. 基本经验:让学生感受分数的大小关系,培养数感的同时,感受数学内容与任务活动的奇妙
三年级	下册	有趣的扑克牌	《算"24 点"》 第 42～43 页	1. 基本知识:让学生掌握算"24 点"的基本方法,并在游戏中巩固混合运算的运算顺序。 2. 基本能力:通过游戏,学生自主探索,培养计算能力、估计能力、实践应用能力。 3. 基本思想:使学生认识到数学与实际生活是密切联系的,激发学生学习兴趣。 4. 基本经验:在游戏活动的过程中,培养学生归纳、总结的经验
三年级	下册	时间奥秘知多少	《上学时间》 第 102～103 页	1. 基本知识:使学生在任务中理解收集数据是解决问题的重要方法,数据经过整理后可以获得更多有用的信息。 2. 基本能力:使学生在应用统计知识和方法解决简单实际问题的任务中,巩固和加深对数据搜集、整理和分析过程的理解,进一步培养学生运用数据分析和解决问题的能力。 3. 基本思想:使学生在任务过程中,进一步锻炼与他人合作交流的能力,不断增强实践意识,培养尊重事实的理性精神和科学态度。 4. 基本经验:使学生经历"提出问题—围绕问题开展调查—运用数据分析和解决问题"的过程,进一步积累开展统计活动的经验,感受统计的意义和价值

表 7-4(续)

年级	册数	任务型学习主题名称	对应教材内容（课题、页数）	能力目标体系
四年级	上册	怎样滚得远	《怎样滚得远》第 98～99 页	1. 基本知识：掌握什么情况下圆柱形物体能滚得比较远。 2. 基本能力：学生经历收集、记录数据并计算的实验过程，掌握有关数据，培养学生动手实践操作的能力。 3. 基本思想：在与他人的合作中，感受合作的快乐、动手实践的乐趣。 4. 基本经验：在动手实践的过程中，培养学生归纳、总结的经验
五年级	上册	化身小建筑家，测测学校绿化有多少	《校园绿化面积》第 28～29 页	1. 基本知识：实践活动课的设计紧密联系了学生的生活经验，通过引导探索不同途径的解题策略，使所学的平面图形的面积计算知识得到了升华。 2. 基本能力：学生在独立思考的基础上集体合作，提供了思维摩擦与碰撞的环境，有利于其思维的活跃。 3. 基本思想：通过学生动手测量，使学生从中体验到学习数学的乐趣，激发了学生学习的情感和探求知识的欲望，培养了学生的合作意识和竞争的心理，树立了学习的自信心。 4. 基本经验：通过人人动手操作，培养了学生的观察能力、形象思维能力、语言表达能力以及初步的归纳和抽象思维能力
六年级	上册	神奇的树叶	《树叶中的比》第 66～67 页	1. 基本知识：经历从具体情境中抽象出比的过程，理解比的意义并会求出比值。 2. 基本能力：能利用比的知识解释一些简单的生活问题能力。 3. 基本思想：通过“树叶中的比”这一数学活动，培养学生观察、思考、发现和提出生活中的数学问题的意识与能力。 4. 基本经验：感受数学知识比在生活中的广泛存在

表 7-4(续)

年级	册数	任务型学习主题名称	对应教材内容（课题、页数）	能力目标体系
六年级	下册	大树的身高	《大树有多高》第 66～67 页	1. 基本知识:通过测量各种目标物影子长度的实践活动,使学生主动探索掌握影子长度与目标物实际高度之间的比例关系。 2. 基本能力:通过分组合作,培养学生动手动脑、解决实际问题的能力。 3. 基本思想:通过活动,使学生感受到数学与现实生活的密切联系,进一步激发学习数学的兴趣。 4. 基本经验:在活动中培养创新精神和团结协作精神
六年级	下册	旅游攻略	《制定旅游计划》第 107～109 页	1. 基本知识:能从数学的角度发现问题和提出问题,能综合应用数学知识解决相应问题。 2. 基本能力:在解决旅游问题时,要正确理解有关旅游活动的基本信息,弄清它们所表达的实际含义。 3. 基本思想:在学习的过程中,体验与其他人合作交流以及获取知识的乐趣,增进对数学学习的积极情感,增强学好数学的信心。 4. 基本经验:体验解决问题方法的多样性,初步积累社会活动的简单经验,发展应用意识和创新意识
六年级	下册	建筑设计师	《绘制平面图》第 110～111 页	1. 基本知识:能看懂简单的平面图,明确一张简易的平面图所要包含的基本要素;能确定具体场所的方向、形状和位置关系,合理选用测量工具测量距离;能综合应用图形、测量、比例尺等知识绘制平面图。 2. 基本能力:学生在测量和绘制的过程中,了解绘制平面图的基本过程,感受图形、位置确定、测量、比例尺等知识、方法的应用,发展空间观念。 3. 基本思想:学生在实践活动中,构建数学与生活的联系,感受数学知识的价值。 4. 基本经验:培养应用意识和综合应用能力,培养团结互助、合作交流等良好品质

第八章

小学数学任务型学习的教学实践

一门科学，只有当它成功地运用数学时，才能达到真正完善的地步。

——马克思，德国哲学家

师生交流数学任务研究成果

第一节　小学数学任务型学习的教学设计

小学数学任务型学习的教学设计是根据课程标准的要求、教学对象的特点，将适合的教学内容设计成合适的数学任务，确定完整的教学方案的设想和计划。一般包括五要素：任务名称、任务目标、任务内容、实施过程（过程性评价）和完成结果。在数学教学中，学习的成效与有效设计有很大的关系，只有提高教学设计的有效性，才能进一步调动全体学生的学习积极性，促进学生对知识的主动建构，让学生快乐地“享受”师生共同的课堂。“五要素”的学习设计使学生的学习过程由被动型转变为主动型。在这个过程中，学生的科学思维习惯得以有效的培养，发现、解决问题的能力也会逐渐提高。典型教学设计如表 8-1～表 8-3 所列。

表 8-1　教学设计 1：苏教版数学二年级上册综合与实践教学设计

设计者：倪畅

课题	有趣的七巧板
学习目标	1. 使学生在有趣的操作活动中感悟平面图形的特点，体会图形的变换，发展空间观念。 2. 通过欣赏丰富多彩的拼摆图案，感受七巧板的神奇和魅力，了解七巧板的由来，体会古人伟大的智慧。 3. 在动手动脑的过程中发展想象力，培养创新意识。 4. 在学习活动中积累对数学的兴趣，培养与同学的交往、合作意识
重点	通过拼图形，体会图形的变换
难点	积累对数学的兴趣，发展空间观念
准备	七巧板积木、多媒体

表 8-1(续)

教学过程				
名称	目的	内容	操作过程	完成结果
课前任务　比比想想——认识七巧板	1. 通过独立观察，初步了解七巧板的相关知识。 2. 了解七巧板的由来，体会古人伟大的智慧。 3. 在观察活动中培养分析概括能力。 4. 激发学生参与数学活动的兴趣	了解七巧板的小秘密	① 学生拿出一副七巧板，独立观察，发现七巧板的知识。 ② 同桌两人交流。 启发：一副七巧板有几块？有几种不同的图形？分别是哪些图形？哪几块的形状和大小完全相同？ ③ 相机请同学汇报本组的发现，其他同学可以进行补充。 ④ 揭示课题	① 认识到一副七巧板有 7 块，有 3 种不同的图形，分别是三角形、正方形、平行四边形。有两对三角形的形状和大小完全相同。 ② 能够完整地表达自己的发现

表 8-1(续)

名称	目的	内容	操作过程	完成结果
任务一 想想拼拼——拼出认识的图形	1. 通过动手操作,用 2 块板拼出已经学过的图形。 2. 感受用七巧板拼图的方法。 3. 在动手动脑的过程中发挥想象力,培养创新意识。 4. 培养学生有意观察、自主活动、小组合作能力	子任务 1:用 2 块板拼认识的图形	① 阅读任务要求。 ② 选 2 块板拼出已经学过的图形,感受拼图的方法。 ③ 相机选择 5、6 位学生说明自己拼的是什么图形	① 能够用 2 块板正确拼出已经学过的图形。 ② 能够正确说出拼出的是什么图形
		子任务 2:用 3 块板拼认识的图形	① 阅读任务要求。 ② 选 3 块板拼出已经学过的图形。 ③ 小组 2 人交流,用了哪些图形,拼出的是什么图形。 ④ 选择 2~3 组学生说说自己用了什么形状,拼的是什么图形	① 通过动手操作会用 3 块板拼出认识的图形。 ② 通过交流活动认识到板块增加,拼法也不同。 ③ 块板形状不同但是可以拼出相同的图形;3 块板相同但是可以拼出不同的图形
		子任务 3:用多块板拼认识的图形	① 选择 4 块、5 块或 6 块板拼出已经学过的图形。通过多种拼法的比较,进一步体会七巧板的奇妙之处。 ② 同桌交流:我用了几块板,分别是什么图形,拼出了什么图形	① 能够用 4 块、5 块或 6 块板拼出已经学过的图形。 ② 通过多种拼法的比较,进一步体会七巧板的奇妙之处。 ③ 会用:我用了几块板,分别是什么图形,拼出了什么图形。完整地表达自己的想法

表 8-1(续)

名称	目的	内容	操作过程	完成结果
任务二 拼拼说说——创意拼搭我最行	1. 能够拼出多样有趣的图形。 2. 在创意拼图的操作活动中感悟平面图形的特点，体会图形的变换，发展空间观念。 3. 在动手动脑的过程中发展想象力，培养创新意识。 4. 积累对数学的兴趣，培养与同学的交往、合作意识	用一副七巧板创意拼图	① 观看视频，体会拼图的乐趣和注意事项。 ② 用一副七巧板(7 块)拼出有趣的图形。 ③ 用简洁的语言介绍自己的拼图。比如：两个小三角形是狐狸的耳朵，正方形是狐狸的头，大三角形是狐狸的身体，小一点的三角形是狐狸的前脚，大三角形是狐狸的后脚，平行四边形做狐狸的尾巴	① 能够拼出自己想象的图形，拼图有趣又具有现实意义。 ② 能够大胆、流利地向其他同学介绍自己的拼图
课外活动	将孩子们的兴趣延伸到课堂之外，加深数学与生活的联系，创造更多的数学学习的空间	创意拼图续写故事	① 有一位作者，他用七巧板拼出了几个人物、几架飞机、几辆汽车，将它们连贯成画，配上声音，为我们讲述了一个感人的故事。 ② 播放视频《2020》。 ③ 这个视频讲述了我国新冠肺炎疫情期间的众志成城，那现在，我国已经研发出控制疫情的疫苗，全民接种，形成防御壁垒。课后，咱们班的孩子也可以发挥聪明才智，将这个故事续写下去	学生的兴趣延伸到课堂之外，对七巧板的研究意犹未尽

表 8-2　教学设计 2：苏教版数学三年级上册第三单元第 2 课时教学设计

设计者：刘婷

课题	探索周长的秘密——认识周长
学习目标	1. 通过具体情境的创设，以及观察和操作等活动，认识周长的含义，会指出并能测量简单图形的周长。 2. 通过围、量、算等操作活动，引导学生自主探索测量、计算周长的多种方法。 3. 通过观察、测量和等活动，在获得直观经验的同时发展空间观念。 4. 在学习活动中体会数学与生活的密切联系，培养对数学的兴趣，培养交往、合作和探究的意识与能力
重点	正确认识周长的含义，会用测量和计算的方法求出物体表面的周长
难点	正确理解平面图形周长的含义
准备	一片树叶、一根没有弹性的棉线、一把直尺、学习单、课件

教学过程

名称	目的	内容	操作过程	完成结果
任务一　初识新朋友——周长	1. 创设沿足球场跑步减肥的情境，进行动画演示。引起学生兴趣的同时，帮助学生直观地理解“一周的边线”，为认识周长做铺垫	子任务 1：监督小明减肥	① 根据每一次的动画演示，全体学生独立思考：这一次，是沿着足球场边线跑了一周吗？为什么？分别请 1 名同学说一说。 ② 明确正确的足球场一周的边线后，及时指出：“足球场一周边线的长就是足球场的周长”，并揭示课题	通过观察对比分析，明确足球场“边线”“一周”的正确含义，也知道了足球场一周边线的长就是足球场的周长，在头脑中建立了足球场边线的清晰表象

表 8-2(续)

名称	目的	内容	操作过程	完成结果
任务一 初识新朋友——周长	2. 通过看一看、围一围、指一指的活动,经历由具体事物某个面的“边线长”到平面图形的“周长”这一抽象的过程,并在此操作过程中逐步理解平面图形周长的含义。在获得直接经验的同时发展空间观念	子任务 2:寻找身边的边线	① 指一指每张书签一周的边线。先全体学生自己指一指,再找 2 名学生分别展示怎么指,其他学生点评,教师引导说“书签一周边线的长就是书签的周长”。 ② 找一找你身边的周长,用手指描一描周长是指哪里的长度。分别指出数学封面、课桌面和三角尺一周的边线。先找 1 名学生示范指数学封面,再同桌间互相指指其他物体面的一周的边线。 教师指出,物体表面一周边线的长度就是它的周长	通过动手操作,学生能够快速准确地找到物体某个面一周的边线,能够在脑中建立书签、课本封面等物体某个面的周长的清晰表象,认识到物体某个面一周边线的长度就是该物体某个面的周长
	3. 培养学生的理解分析、动手操作能力		描一描/围一围:独立在学习单上快速描出你找到的一周的边线,再小组内交流,你觉得什么是周长?将结论记录下来。 投影展示个别同学的描图(先劣后优),其他同学点评,指出优缺点及更改意见。 教师引导学生思考:什么是周长?分别找 3～4 个小组代表说一说。一步步完善结论:周长都是指这个图形“一周边线的长度”	通过描、围这些平面图形一周的边线,意识到边线有长有短,有曲有直,边数有多有少,但周长都是指这个图形“一周边线的长度”,一段边线都不能少也不能多。能从实际物体某个面的“周长”顺利过渡到平面图形的“周长”

表 8-2(续)

名称	目的	内容	操作过程	完成结果
任务二　我会测算周长	1. 通过简单的测量和计算，引导学生拓展对周长的认识，初步学会测量、计算简单多边形的周长。 2. 通过小组合作测量一片树叶的周长，在操作中丰富对周长含义的认识，并初步体会“化曲为直”的方法价值，初步渗透数学思想方法	子任务 1：能测会算我最行	① 先独立思考什么是三角形、四边形的周长，找 2 名学生说一说。 ② 怎么得到它们的周长？全体学生独立思考并测算完成。 ③ 找 2 名学生分别展示结果，边展示边讲解，其他同学点评。 ④ 剩下 2 个图形的周长又该怎样测算呢？试着测一测。 测完后自我评价，如果有疑惑，写出来，然后小组内互相说一说，讨论有没有好的解决办法	① 学生能够根据前面“一周边线的长”来进一步理解，明确这些图形各条边的长度之和就是它们的周长。 ② 通过自己动手测量、计算，准确获得三角形、四边形的周长，认识到把围成多边形的几条线段的长度加起来就能得到这个多边形的周长，初步体会计算多边形周长的一般策略。 ③ 同时能意识到周长的本质是长度，同样也用相同的长度单位

表 8-2(续)

名称	目的	内容	操作过程	完成结果
任务二 我会测算周长	3. 在学习活动中体会数学与生活的密切联系，培养对数学的兴趣，培养交往、合作、探究和解决问题的意识与能力	子任务 2：挑战测量树叶的周长	① 思考树叶的周长和前面几个图形有何异同，找 1～2 人说一说。 ② 全体学生齐读活动内容和要求，明确小组合作的要求。 ③ 小组合作：先自己独立思考怎么测，然后小组内交流各自的方法，再根据讨论出的方法开始测量。每次需要 2 人合作测量，另外 2 人认真观看。轮换制保证每个人都动手测量。 测量后共同思考：测量时要注意什么？交流并统一想法。 最后决定汇报顺序和内容。 ④ 小组汇报展示：2 人合作演示怎么测，边测边解说，另外 1 人说测量时的注意事项。最后小组长补充并询问其他小组同学是否有疑问。 ⑤ 其他小组的同学进行点评或提出质疑，也可补充。教师指出“化曲为直”的思想方法	① 每个小组成员明白自己在小组中的任务与责任，并付出行动。 ② 通过用毛线围一围、量一量的操作，学生能准确测量出树叶的周长，丰富了对周长含义的认识，并初步体会“化曲为直”的方法价值。 ③ 根据总结，学生明确测量树叶周长的方法，以及测量时的注意事项，如毛线在围树叶时，要紧贴边线；在测绳长时要拉紧毛线，测直线的长度；当绳长大于直尺的测量范围时，掐住第一次测量的末端，挪到 0 刻度处继续测量剩下的毛线段

表 8-2(续)

名称	目的	内容	操作过程	完成结果
任务三　智慧大冲关	1. 通过数一数、算一算，进一步加深学生对周长含义的理解，明确周长是长度这一本质，并掌握计算多边形周长的一般方法	第 1 关：眼疾口快	① 学生自己根据今天所学快速口算出各图形的周长。 ② 分大组一起说结果，其他组纠错	学生能够根据周长的含义，快速列式把围成多边形的几条边的长度相加，计算出多边形的周长
		第 2 关：火眼金睛	① 说出方格纸上各图形的周长各是多少厘米，独立完成。 ② 指 2 人展示，并讲解怎么得到周长的	在方格纸上算周长，能认识到图形的周长就是它一周的边线有多长，是多少厘米
	2. 联系生活实际，应用周长的含义和所学测算方法去进行实践，培养学生的实践能力	第 3 关：生活中的周长	找一找生活中应用周长知识的例子，根据课件展示的例子丰富对周长与生活的联系	学生能意识到学习周长相关知识的意义价值，并将本节课所学运用到实际生活中
		第 4 关：聪明绝顶	根据今天领悟到的周长的含义，来分析判断图示两只小蚂蚁跑的路是否一样。指 1～2 人说一说，也可留待课下思考	部分学生能灵活运用周长的含义，进行分析，判断出 A、B 两块草地的周长一样

表 8-3　教学设计 3:苏教版数学五年级下册第三单元第 14 课时教学设计

设计者:许既凡

课题	和与积的奇偶性
学习目标	1. 使学生通过自主探究与合作交流,了解两个或几个数的和、积的奇偶性,初步发现其中蕴含的数学规律。 2. 使学生经历举例、观察、猜想、验证、归纳、总结等数学活动过程,感受由具体到抽象、由特殊到一般的探索发现方法,进一步发展数学思维能力。 3. 使学生进一步积累数学活动经验,增强与他人合作交流的意识,增进对数学学习的积极情感
重点	在理解的基础上掌握三角形面积的计算公式,能够正确地计算三角形的面积
难点	理解和掌握判断和与积的奇偶性的方法
准备	探究和与积的奇偶性,归纳出判断和与积的奇偶性的方法

教学过程

名称	目的	内容	操作过程	完成结果
导入	复习旧知,为新知识作铺垫。从而渗透转化的理念与方法	谈话交流,调查同学和老师的生日	我们已经学会了奇数和偶数的知识,说说什么是奇数和偶数	偶数:是 2 倍数的数; 奇数:不是 2 的倍数的数

表 8-3(续)

<table>
<tr><th>名称</th><th>目的</th><th>内容</th><th>操作过程</th><th>完成结果</th></tr>
<tr><td rowspan="3">任务一　两个数和的奇偶性</td><td rowspan="3">1. 通过做一做，培养学生自己动手操作的能力。
2. 感受加法算式中和是奇数还是偶数的关系。
3. 初步感悟转化的理论与方法。
4. 训练学生自主、合作的能力</td><td>子任务 1：两个数和的奇偶性</td><td>要求：任意选两个不是 0 的自然数，求出它们的和，再看看是否符合刚才的猜想。
<table><tr><th>加数</th><th>加数</th></tr><tr><td></td><td></td></tr><tr><td></td><td></td></tr><tr><td></td><td></td></tr></table></td><td>通过学生动手操作写出 4～5 组加法算式，引发学生对两个数和的奇偶性的探究</td></tr>
<tr><td>子任务 2：验证两个数和的奇偶性</td><td>你举的例子都符合上面的猜想吗？你举的例子是否有不符合这三个猜想的？打开数学书到任意一页，左、右两边页码的和是奇数还是偶数？你知道这是为什么吗</td><td>左右两边的页码肯定是两个相邻的自然数，一定是一个奇数，一个偶数，所以它们的和一定是奇数</td></tr>
<tr><td>子任务 3：知识巩固</td><td>16＋22 的结果是奇数还是偶数？
16＋22＋120 的结果是奇数还是偶数？
再加一个偶数，再加 10 个偶数，再加 100 个偶数，继续加，加到 n 个偶数，最后的结果是什么？和偶数的多少有关系吗？
如果在后面加上奇数呢？结果是什么数</td><td>你觉得计算好还是用我们刚才得到的规律推算好？需要计算吗？为什么？猜一猜和的奇偶性和什么有关系？通过不断地加偶数使学生明白在加法算式中添加偶数不会影响最后和的奇偶性。通过增加奇数引出下面任务二的学习</td></tr>
</table>

表 8-3(续)

名称	目的	内容	操作过程	完成结果
任务二 多个数和的奇偶性	1. 培养学生的动手能力。 2. 通过小组合作，培养学生的合作交流能力。 3. 培养学生转换的思想。 4. 培养学生观察、分析的能力	子任务 1：多个数和的奇偶性	任意选几个不是 0 的自然数，写成连加算式，先想想和是奇数还是偶数，再通过计算加以验证(表 8-4)。 ① 快速判断下面算式的和是奇数还是偶数。 16＋113＋1055＋2058＋1567＋521＝ ② 1＋3＋5＋7＋…＋27＋29 的和是奇数还是偶数	观察填好的表格，说说自己的发现。和的奇偶性，与加数中奇数的个数有什么关系？ 当加数中有奇数个奇数时，和一定是奇数；当加数中有偶数个奇数时，和一定是偶数
		子任务 2：巩固练习	同学们，你们知道江苏卫视最近一档很火热的节目《最强大脑》吗？你们喜欢看吗？为什么？ 你们真有勇气，那我们就看看我们班上哪位同学是数学方面的“最强大脑”	通过学生自己发现的规律迅速说出最终结果，并让学生多说多做
		子任务 3：最强大脑	下面，屏幕上将依次出现一些数字，请你用自己的办法判断，这些数字的和是奇数还是偶数	(课件播放《最强大脑》中的视频片段)这里的选手都好厉害啊！你们敢挑战他们吗？说不敢的同学也没关系，这节课老师也带来了一些具有挑战性的游戏题目，你们敢来挑战吗

表 8-4　奇偶数算式

算式	举例	算式中奇数的个数	和是奇数还是偶数
偶数＋奇数			
偶数＋奇数＋奇数			
偶数＋奇数＋奇数＋奇数			
偶数＋奇数＋奇数＋奇数＋奇数			
偶数＋奇数＋奇数＋奇数＋奇数＋奇数			
……			

第二节　小学数学任务型学习的任务单

小学数学任务型学习任务单，是教师依据学情，为达成数学任务目标而设计的学习活动载体。它通过激发全体学生的学习积极性，引导他们自主参与各种形式的学习活动，并在教师的指导下，达成学习目标、掌握学习方法、养成学习习惯、提升学习能力的一种媒介。它可以激发学生的数学学习活力，实现从"课堂"到"学堂"的转型。一般来说，学习任务单要具有明确的目标导向性、自主性和合作性。如何设计有效的数学任务单，教师还需注意以下 6 个问题：

（1）深入研读教材，精准分析学情；

（2）遵从学生实际，设计恰切任务；

（3）明确任务目标，做好相应解读；

（4）提供任务工具，降低学习障碍；

（5）考虑学生差异，嵌入分类设计；

（6）兼顾任务时间，选择合理形式。

此外，教师还要注重考虑任务单的难易程度是否恰当，与学习内容关系是否紧密，学生学习活动兴趣是否被有效激发等。这样才能聚焦真正帮助学生学习，从而实现把课堂变为学堂的目标。

任务单 1:苏教版数学一年级上册

“分一分”任务单

姓名:________________　　　　班级:________________

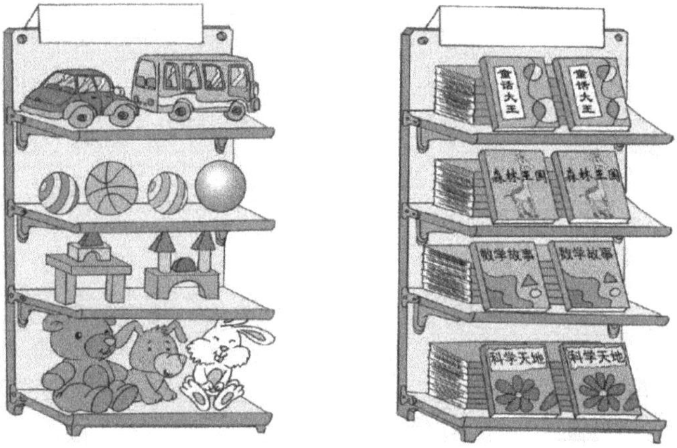

任务一　货架的分类

子任务 1：观察货架物品的摆放。

子任务 2：小组合作:探究货架是怎样分类的。

货架是按照________________________________分类的。

任务评价:☆☆☆☆☆

任务二　树叶的分类

子任务 1:观察树叶。

子任务 2:说一说怎样分树叶?

可以按照________________、________________来分类。

子任务 3:用线连一连。

任务评价:☆☆☆☆☆

任务三　体验分类

子任务 1:动物的分类(想想做做 1)

1. 圈出能在水中生活的动物。

任务评价:☆☆☆☆☆

子任务 2:交通工具的分类(想想做做 2)

2. 空中飞的涂蓝色,陆地行的涂绿色,水中行的涂红色。

任务评价:☆☆☆☆☆

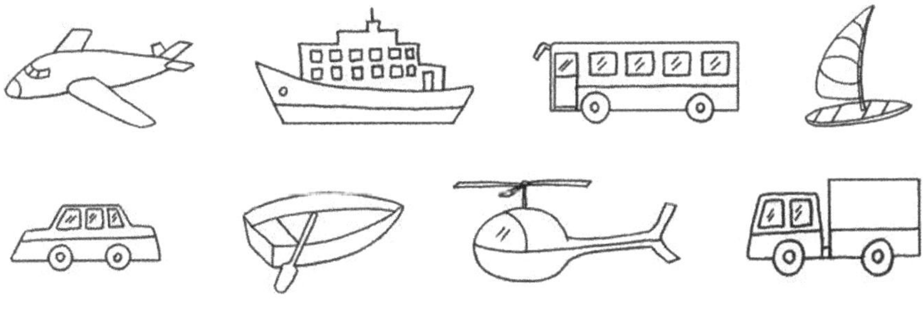

子任务 3:茶杯的分类(想想做做 3)

3. 先分一分,再说说是怎样分的。

第一种:按照________________来分。

第二种:按照________________来分。

任务评价:☆☆☆☆☆

任务单 2:苏教版数学二年级上册

“认识时间”任务单

任务一:制定作息时间表

任务要求:1. 补全图 1、图 2 缺少的时针或分针。

2. 将图 3、图 4 表示的时间填在表格中的括号里。

图 1:起床 **图 2:体育运动** **图 3:语言学习** **图 4:午休结束**

上午	起床	7:00
	语言学习	(　　:　　)
	思维训练	9:10
	体育运动	10:15
下午	午休结束	(　　:　　)
	实践活动	1 :00
	……	……

任务完成评价:☆☆☆☆

任务二:时分秒间的进率转换

任务内容:探究早上 7 时到上午 10 时:

1. 时针是如何运动的________________________________。

2. 分针是如何运动的________________________________。

3. 时针和分针的运动有什么关系________________________。

任务要求:

1. 小组合作探究。

2. 用一句话描述你的发现。

任务完成评价:☆☆☆☆

任务三:应用时间知识解决问题

活动一:我是小小裁判员

1. 100 米比赛,小猫花花跑了 42 秒,小狗奥利跑了 36 秒,小兔菲菲跑了 1 分 02 秒,(　　)跑得最快。

2. 小熊贝贝 1 分钟跑了 235 米,老虎可可 1 分钟跑了 295 米,小鹿思思 1 分钟跑了 256 米,(　　)跑得最快。

3. 小狗奥利 6 秒跑了 18 米,老虎可可 3 秒跑了 15 米,(　　)跑得快。

任务完成评价:☆☆☆☆

活动二:争做计算小能手

任务目标:应用时间知识解决问题

活动要求:计算出无尾熊兄弟在森林学校玩的时间。

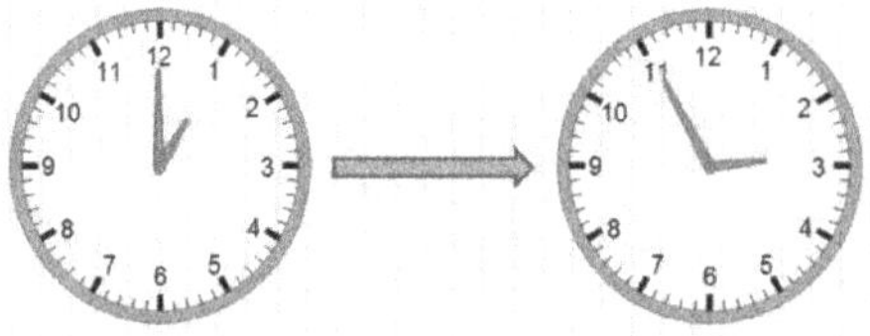

打铃时间 1：00　　回来时间 2：55

任务完成评价：☆☆☆☆

听完故事，你想对无尾熊兄弟说些什么：____。

本课自我评价：☆☆☆☆

任务单3：苏教版数学五年级下册

“和与积的奇偶性”小组学习任务单

任务一　两个数和的奇偶性

加数	加数	和	和是奇数还是偶数

我们小组发现：（　　）+（　　）=（　　）

（　　）+（　　）=（　　）

（　　）+（　　）=（　　）

出生月份	出生日期	和：奇或偶？	出生月份	出生日期	和：奇或偶？

我们小组发现：____

____。

任务完成度：☺　小组自评分：________

任务二　几个数相加和的奇偶性

算式	举例	算式中奇数个数	和是奇数还是偶数
偶数＋奇数			
偶数＋奇数＋奇数			
偶数＋奇数＋奇数＋奇数			
偶数＋奇数＋奇数＋奇数＋奇数			
偶数＋奇数＋奇数＋奇数＋奇数＋奇数			
……			

我们小组发现：当加数中有（　　　）个奇数时，和一定是（　　　）数；

当加数中有（　　　）个奇数时，和一定是（　　　）数。

任务完成度：☺　小组自评分：________

任务三　几个数相乘积的奇偶性

算式	积	积是奇数还是偶数

我们小组发现：____

____。

任务完成度：☺　小组自评分：________

第三节　小学数学任务型学习的学生作品

基于真实情境展开的任务型学习，使学生感受到知识与实际生活的关联，学生经历了获得知识的真实体验，并逐步转化为综合学习能力的养成。数学任务多以同伴之间合作、交流、探究的形式进行，而且任何任务的最终都要形成一定的作品，即结果，以检测学生们的学习效果。学生的任务型学习作品，既能使学生从中强化知识和技能，还能通过有效评价肯定学生的劳动成果（见图 8-1～图 8-7），发挥积极的激励作用。

图 8-1　一年级特色作业

图 8-2　二年级数学日记

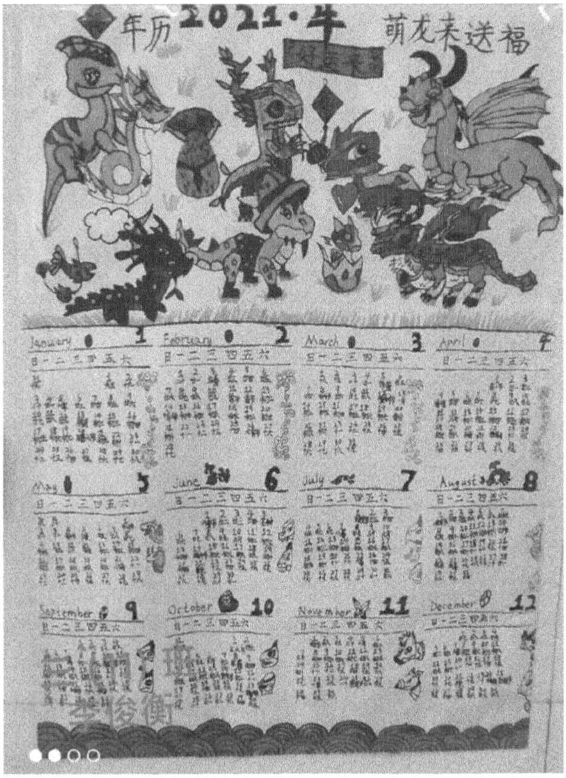

图 8-3 三年级特色作业

图 8-4 四年级特色作业

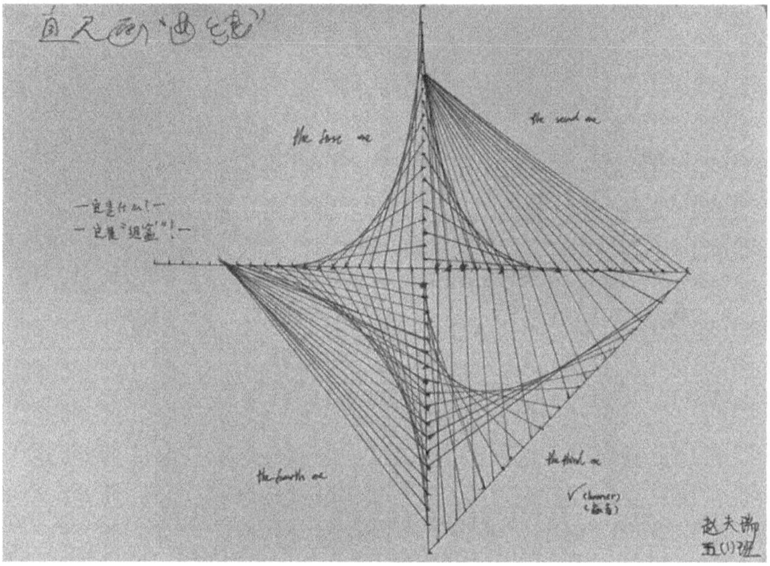

图 8-5　五年级特色作业

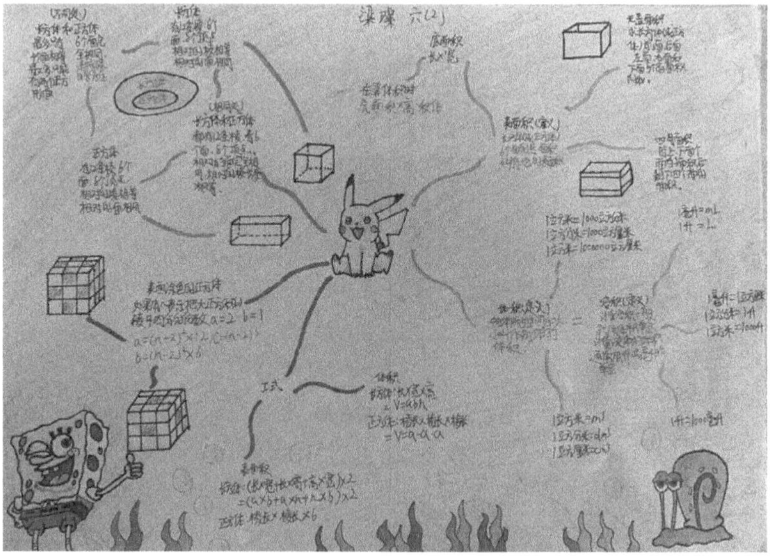

图 8-6　六年级特色作业

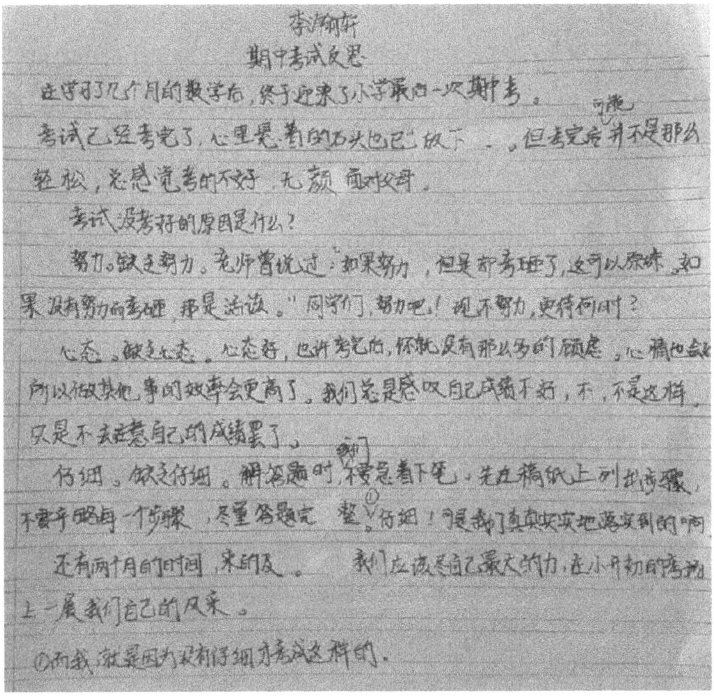
李济纲轩

期中考试反思

在学了几个月的数学后，终于迎来了小学最后一次期中考。

考试已经考完了，心里悬着的石头也已经放下……但考完后（可能）并不是那么轻松，总感觉考的不好，无颜面对父母。

考试没考好的原因是什么？

努力。缺乏努力。老师曾说过："如果努力，但是却考砸了，这可以原谅，如果没有努力而考砸，那是活该。"同学们，努力吧！现不努力，更待何时？

心态。缺乏心态。心态好，也许考完后，你就没有那么多的顾虑，心情也会好，所以做其他事的效率会更高了。我们总是感叹自己成绩不好，不，不是这样，只是不去在意自己的成绩罢了。

仔细。缺乏仔细。解答题时，（我们）不要急着下笔，先在稿纸上列出步骤，不要省略每一个步骤，尽量答题完整。①仔细！可是我们真真实实地落实到的呢。

还有两个月的时间，来的及。我们应该尽自己最大的力，在小升初的考场上展我们自己的风采。

①而我就是因为没有仔细才考成这样的。

图 8-7　六年级数学学习反思

以上作品，是项目组教师在小学数学任务型学习的主题研究中，分别针对某一个方向或知识领域，进行深入学习研究、分析讨论，而进行的教学实践，不仅激发了学生学习的兴趣，而且进一步提高学生的创新能力和实践能力，也更好地为每一位学生提供自主学习、自由探索的发展空间。

下篇　成　果　篇

第九章

小学数学任务型学习的课题研究成果

数学是最宝贵的研究精神之一，新的方法和概念，常常比解决数学问题本身更重要。

——华罗庚，中国数学家

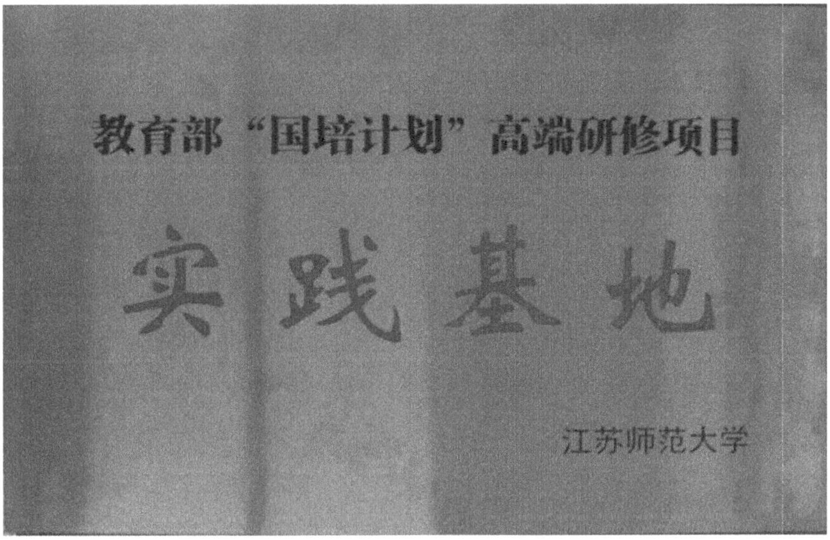

徐州市第三十四中学附属小学是江苏师范大学“国培项目”高研基地

第一节 基于任务型学习的小学数学教学实践探索

任务型学习是指以学习者为中心，在真实情境中、在相关数学核心任务的驱动下，通过动手实践、自主探索、小组合作交流等数学学习方式，主动搜集并分析有关信息和资料、解决任务，从而完成对数学知识的建构，使学生在真正理解基本数学知识、掌握基本数学技能、感悟数学思想方法的过程中，培养数学学科素养的一种学习方式。在新课程提出转变学习方式的背景下，任务型学习通过情境化、生活化、问题式的数学学习，改变学生的学习方式、教师的教学方式，学生把需要学习的知识自己去发现或创生出来，教师的任务是引导和帮助学生去进行这种再创造的工作，使学生在完成任务的过程中发展自己的数学学习能力。任务型学习在实际操作中具有基本的教学流程，如图 3-1 所示。

这一教学流程只是基本模式，可以根据任务的难易程度、达成方式、学生水平等情况灵活变化。任务型学习在具体实施中如何根据学习目标来创设优质任务，还要综合考虑以下几个因素：

第一，数学任务要具有有效性与自主性。有效的任务活动是桥梁，能激发学生的自主学习需要，使学生更容易理解知识的来源。

第二，数学任务要具有现实性与情境性。数学任务所涉及的生活现象不能一味追求有趣，而是要具有现实意义的真情境、大情境，是学生在日常生活中所熟知的事情，才能真正激发学生的学习需要，使数学学习更加有用。

第三，数学任务要具有联系性与一致性。对于较复杂的数学任务可以由几个活动组成，也可以由几节课组成，应注意要素之间的互相联系，这样便于学生理解任务解决过程中所形成的不同路径，而且容易达成认知冲突的一致性。

第四，数学任务要具有体验性与深刻性。数学任务要让学生经历充分体验和认知冲突的消融过程。如果对任务的设置泛化或简化，都容易使学生的数学体验只停留在表面，不能使学生对问题进行深入思考，对其思维、表达、创造等能力的培养效果也将打折，这与开展数学任务型学习的目标是相悖的。

第五，对数学任务的评价要具有激励性与差异性。开展任务型学习的过程中，教师要重视保护学生的求知欲，充分考虑到学生认知水平的差异性，重视过程性评价，帮助每个学生对整体活动进行重新认知，使学生都能积极地参与到任务型学习中。

基于以上认识，任务型学习的教学策略不应是课堂教学过程的点缀，而应真正地为教学服务。那么，如何使学习内容既具有一定的难度和现实意义，又能增强学习的驱动性，实现学生学习的全面参与呢？下面以苏教版四年级下册《用数对确定位置》这节课为例，具体谈谈任务型学习的教学实践与探索。

一、创设任务情境，激发探究需要

与情境紧密相连的真实的任务型学习内容，可以使学生对部分内容进行提取感知，对整体情境进行提升加工，学生的无意识学习恰好证明了有价值的情境是联通学生已有经验和学习知识的重要媒介，能帮助学生更好地理解新知识，特别是有助于激发学生学习的内驱力。

【片断1】创设情境，引出探究内容。

师：同学们，我们来做个“寻宝”游戏吧！课前，老师在教室中一个桌子的抽屉里藏了一个小礼物，看大家能不能根据提示一次就能找出来？

课件出示：

提示1：从教室前门边开始数第四列。

提示2：从教室前排往后数第三排。

学生根据提示找到了宝藏，是一本书——《数学的奥秘》。

师：老师准备把这本书奖励给本节课探究学习和交流活动表现最优秀的同学，同学们都准备好了吗？

师：刚才同学们就是用数学的眼光来观察身边的生活，今天我们就来研究数学里面如何确定位置。（板书课题：确定位置）

本环节通过创设真实的游戏情境，从学生已有的知识基础和经验展开，激发学生的求知欲和学习兴趣，把学生的思维带进课堂，使学生能主动参与到课堂探究中。学生经历了积极思考和观点交流的过程，内在的学习需要也在不经意间悄然萌发，这样的设计为下一步明确学习方向、正确选择任务主题做好了铺垫。

二、确定任务指向，明确探究方向

【片断 2】确定任务，提出探究方向。

课件出示：

师：请用一句话来描述小军的位置。

课件出示：

师：请用一句话来描述小军的位置。

课件出示：

通常把竖排叫作列，把横排叫作行。一般情况下，确定第几列要从左往右数，确定第几行要从前往后数。

课件出示：

师：现在你还能不能用一句话来描述小军的位置？

师：回想一下，刚才在寻宝的过程中，我们如何确定“宝”藏在哪里呢？

生：我们是先确定宝物在哪一列，再确定宝物在哪一行，这样就确定了宝物的具体位置。

师：先确定在哪一列、再确定在哪一行，有这两个条件就能确定位置了。那谁能找到小军在哪里？

生 1：小军在第 3 行、第 4 列。

生 2：小军在第 4 列、第 3 行。

师：你能描述自己或其他同学在教室中的位置吗？

学生描述自己或其他同学在教室中的位置。

师：我们刚才经历了“寻宝”“说说小军在哪里”“描述自己或同学在教室中的位置”三个活动，无论是单从横排还是竖排描述，都和描述位置有关。但是这样描述起来还是比较麻烦，在数学上有没有更简洁的描述方法来“确定小军的位置”呢？

本环节经由师生的有效对话，明确了任务的指向、提炼了任务主题，即怎样能更简洁地描述小军的位置，这样把学习目标变得更加明确、更具方向性，也使学生在潜移默化中深刻地感受到，接下来研究数对简洁性和唯一性的重要意义与价值。

三、制定任务方案，确立探究路径

任务方案是指从任务目的、方式方法等方面进行具体部署，带有很强的可操作性的计划。充分研究任务方案的目标是运用最优化的问题解决路径来顺利完成任务。任务方案一般包括“四要素”：任务主题、任务目标、方式方法、任务结果。在具体实施中任务目标一般蕴涵在其他三要素里，不作为显性因素展示。

【片断 3】制定方案，明确探究任务。

师：数学家对这个问题的研究也经历了一个反复修正的过程，你们有好办法吗？

生 1：可以小组成员先试一试，然后再讨论形成小组的意见。

生 2：小组在形成一个好的想法后，再全班交流，评出最好的方法。

……

师：其他同学赞成吗？那就根据同学们说的，我们来调整制定一下任务方案，这样可以吗？

课件出示：

“确定小军位置”任务方案

任务目标：用简洁的方法描述小军的位置

任务要求：（1）想一想：小组成员每人想一个合理的表达方法。

（2）议一议：小组内讨论评选出最佳方法。

（3）写一写：每小组选一名代表在黑板上写下本小组的方法。

教师带领学生共同研讨活动要求，明确探究路径。

本环节教师引领学生共同探讨提出任务方案，实现了寻求问题解决路径的最优化，有助于教师理清问题解决与学生思维发展之间的关系，有助于学生在小组合作学习中明确目的，也有助于对学生语言表达、辨析、归纳和概括等能力的培养。

四、开展任务研究，促进深度探索

任务型学习是以学习者为中心的学习方式，关注学习者在任务探究的过程中触及事物本质的程度，也就是触及数学知识的本质与底部。任务型的深度学习不是要加深学习内容的难度、加重学生学习的负担，而是重在引领学生经历知识的探索过程，像数学家一样体验数学知识产生的过程，进而探寻数学史发展的历程，揭示数学的规律与奥秘。

【片断4】开展研究，实现深入探索。

师：数学的魅力在于符号化，数学符号不分民族、国籍，全世界通用。像刚才表述小军的位置在第4列第3行，既不够简洁，又不能世界通用。接下来我们就根据刚才确定的任务方案想一想：怎样设计一个数学符号，表示的还是第4列第3行，能让全世界的人都看懂呢？同学们按照任务方案开始探索吧！

各小组按照任务方案开始研究活动。

各小组讨论后派代表将方法书写在黑板上：

4 列 3 行　4　3　4L3H　4.3

4|3　4—3　4/3　4,3

本环节学生凭借任务方案自主地进行了深入探索，各小组都运用了自认为简洁、准确、清楚的符号来描述出小军的位置，这就是数学任务型学习的魅力，不仅能促进学生自主探索能力的提升，而且能使学生充分表达自我，在提升自我理解力的基础上，助力学习效果向深度推进。

五、交流研究成果，助力思维发展

学习任务完成后需要即时进行交流分享，这是开展任务型学习的一个重要环节。当学生分组活动后，会积累一些琐碎的感觉意义和初步的深层意义，如何提炼使之聚合在一起呢？交流分享才是打开多向思维的至关重要的举措。

【片断 5】交流成果，提升思维能力。

师：(指板书)大家辩一辩，哪种表达方式最简洁呢？

各小组学生阐述自己的观点，不时出现一些争论声。

师：大家的想法都非常棒，且各有特点，不同之中又有着相同之处，大家发现了吗？

生 1：都有 4 和 3。

生 2：都是列在前、行在后。

师：英雄所见略同，这些方法首先都保留了两个关键数字，其次都是列在前、行在后。虽然大家的方法都挺简洁，但能不能你用这种、他用那种？

生：不能。

师：(小结)数学家也像你们一样，经过反复的争论，最后用逗号把两个数隔开，并且为了不引起人们的误会，用一个括号把他们括起来，表示一个整体，并且约定列数写在前面，行数写在后面。[板书：(4,3)]像这样，用一个数对来确定位置，就是我们今天要研究的内容。(补全课题：用数对确定位置)

本环节教师引导学生对集中展示的方法进行充分地讨论交流，学生的思维被打开，探究的深度也随之延展，在这样的比较、交流、辩论、归纳中，学生不仅加深了对数对概念的形象认识，而且体悟了数形结合思想，助力了归纳、辨析等思维能力的发展。

六、实施多元评价，提升数学素养

课程的实施离不开评价，任务型学习的课堂也同样需要全面评价学生的发展状态，引导学生朝着正确的方向努力。与任务型学习相适应的多元评价方式，可以激发学生的学习内需和动机，保护学生对数学学习的积极性和主动性。

【片断 6】多元评价，内化研究成果。

(1) 做一做

师：下面我们用所学的数对知识做个游戏，同学们记好表示自己位置的数对，老师报数对时，请对应的同学起立。并请观察、思考，起立的同学和数对有什么特点？

教师报具体数对，对应学生起立。

师：数对中第一个数字是 2 的同学起立。

第 2 列所有学生起立。

师：为什么第 2 列所有同学都起立了？

生：数对中第一个数字相同，表示在同一列。

师：很准确。你能创造一组数对，也让一条线上的同学起立吗？

生：数对中第一个数字相同，表示同一列；第二个数字相同，表示在同一行。如果数对中两个数字都相同，表示斜着成一条线。

教师让学生结合站立情况，说一说与数对之间的联系。

(2) 说一说

师：同学们说一说，通过这节课的任务学习，你有哪些收获？

(3) 想一想

师：从一竖排、一横排开始学起，发现直线上的一点的位置可以用一个数来表示，到教室平面图上一个点的位置需要两个数来表示，就是我们刚认识的“数对”；如果是在整栋教学楼这样的立体空间中，又该如何表示呢？

生：我猜测是不是要用 3 个数来表示。

师：同学们的猜测非常正确，具体怎样用 3 个数来表示空间中点的位置，我们将会在初中进一步学习。

本环节三种评价方式给学生带来不同的学习感受，也给课堂效果带来不同的影响。“做一做”的练习评价，引导学生回归生活情境，既巩固应用所学知识，又实现课堂的首尾呼应；“说一说”的总结评价，既能促进学生积极反思，又能促使学生总结和积累数学活动经验；“想一想”的拓展评价，既关注了学生的现有学习成果，又进一步为学生的未来学习做了拓展延伸。可见，好的任务型学习评价要在关注学生语言表达、思维发展及知识生长点等方面做出恰当的设计，才能真正提升学生的数学学科素养。

综上所述，以学习者为中心的任务型学习，需要教师创设真实的任务情境，引导学生从情境中产生学习任务、研究任务、解决任务，直至取得成功的学习体验。任务型学习的教学中，教师要精心设计，始终关注学生的主体地位，关注其提出问题、解决问题及创新等能力的全面发展，只有这样任务型学习方式的研究才能真正为提升学生的数学学科素养而服务。

第二节　任务型学习视角下的小学分数本真意义的教学

分数的知识在小学数学教学中占据十分重要的地位，它的知识体系应是完整的、递进的。但在实际的教材安排时，因考虑了学生的认知水平和可接受程度，将知识割裂开来。这种时间跨度较大的教学安排，无疑造成了学生进入学习情境较慢、对知识本真意义理解不深的现象。这里的本真意义是指数学知识所应有的本源和真相意义。理解本真意义就是还原分数知识含义的本来面貌，有助于学生建构全面完整的知识体系。这需要教师采取积极有效的学习方式来提升学生对分数知识的学习效率，其中任务型学习方式可以更好地解决这个问题。

一、任务型学习的界定

从20世纪50年代以来，任务型学习在西方的教育教学中取得了明显成果，当下国内学校在教学中也相继开展研究。任务型学习，又被称为基于任务的学习，是基于建构主义理论基础发展起来的，秉承“以学生为中心”的教学理念，要求学生用自主探究的学习方式，主动搜集并分析有关的信息和资料，解决任务。它以任务为引领，有完整的学习模式，是小学数学学习的一种重要学习方式。它重在体现学生的主体性和可持续发展性，是基于任务型学习的教学要素而开展的数学课堂学习。数学任务型学习的课堂教学模式有“六环节”，即：创设任务情境、确定任务指向、研究任务方案、开展任务研究、展示研究结果、实施多元评价，这是一个闭合式的教学流程。

二、任务型学习在促进学生对分数本真意义理解方面的作用

1. 创设真实情境，提高学生学习的积极性

分数是数系扩充产生的一种新数，对分数意义的教学内容，就知识本身而言，需要有比较高的理解力，相当一部分学生会感到学习吃力，难于深入理解。任务型学习能够通过改变教师知识传授的单一模式，使学生在真实的问题情境中产生学习任务，在真实的体验中增强学生的学习兴趣和自信心，使学生能够乐于学习，积极性普遍较高，迅速而直接地获得成功体验，这些都是提高学生对分数本真意义理解的重要前提。

2. 建立知识体系，解决分数知识脱节的问题

关于对分数意义的教学，教材（以苏教版为例）将其编排在 3 个年级 4 个单元中，即三年级上册、三年级下册、五年级下册、六年级上册，总共阐释了分数 5 个不同层面的意义：份数、商、测量、运算和比，就学生学习而言，这些层面是由低到高循序渐进的。但在实际教学时，因时间跨度较大致使教学效果并不好，影响了学生对新旧知识的有效链接。任务型学习的学习方式通过学生在完成特定任务的过程中主动获取、自主建构、合作探究知识的新型学习样态，可以促使学生在学习活动中，将分散在各册各单元的分数知识进行链接整合，增强了知识的系统性和逻辑性，从而消除知识的脱节现象，建立了整体联系。

3. 转变学习方式，加深对分数本真意义的理解

任务型学习是以学生为中心的学习实践，学生学习方式的转变，是任务型课堂学习的显著特征，主要指向于培养学生的自主学习能力和创新意识，使学习过程变成发挥学生的主体性、能动性、独立性的过程。在活动中，师生质疑、生生互助，学生充分发表自己的意见，教师引导点拨，并逐一释疑。这样，不但使学生加深了对分数本真意义的理解，而且还全面高效地提升学习效率，培养了学生的思维、表达等综合能力。

三、任务型学习的教学实施

1. 创设情境型任务，建立份数的概念

在初步认识分数时，先介入的是份数概念，这是分数教学的起点，随后

还需要向较抽象的分数定义靠拢。对于三年级的学生，分数是一个全新的数，如何结合具体情境与直观操作，使学生自主形成描述性定义，从而更形象地认识分数是对整体进行平均分而得到的新数呢？如在教学苏教版三年级上册《分数的初步认识》这节课时，教师可以通过创设任务型学习的真实情境，引领学生完成学习任务。首先，出示主题图（如图 9-1 所示），通过“谁会平均分”的主问题把学生带进任务目标中。然后，出示三个子任务：“说一说他们准备了哪些物品？怎样分才公平？小组合作完成如下任务单。”这样以三个连续活动与生活经验连接，沟通了生活与数学的联系，让学生切身感受到原有认知经验已经“无法表示半个”的认知冲突，从而实现了从自然数到分数的过渡。任务设计多次强调了“份数”和“平均分”两个关键词，强化学生对部分与整体关系的认识，也为后续进一步学习分数做了铺垫。此外还关注了学生学习的现实起点和心理需求，活动要求更清晰，活动目标更明确。

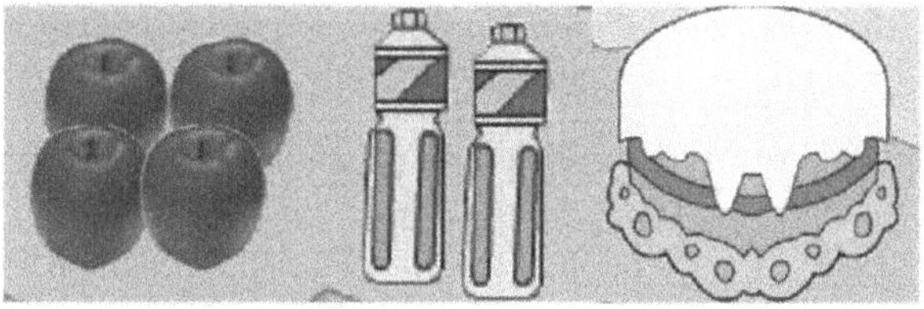

华华和云云要分得公平如何分？

1.（　）个苹果，平均分成 2 份，　　每人分得（　）个苹果；

2.（　）瓶矿泉水，（　）分成（　）份，每人分得（　）瓶矿泉水；

3.（　）个蛋糕，（　）分成（　）份，每人分得（　）个蛋糕。

4. 平均分是指________________________________。

图 9-1　小组合作任务单

2. 设计项目型任务，理解分数与除法的关系

在苏教版三年级下册《分数的初步认识（二）》中，教师可利用现实情境与演示操作帮助学生得到描述性概念。一般理解为两个整数相除，即“将一盘桃平均分给 2 只小猴，问每人得到几分之几”，学生知道用除法计算。这时，基于学习者在第一阶段中对分数、份数定义的初步理解，教师还能进一步引导并深化认识，用项目型的任务学习方式来探索新知识。如，设计“怎么分最公平”的研究任务，学生以 4 人小组为单位展开合作学习，通过操作活动、数据分析、组内研讨与验证等方式，逐步实现“解释商的分数意义”的

数学表达。学习者的自主探究过程，是一个从具体到抽象、从描述到概念的知识建构过程。随着学生对单位"1"认识的加深，可逐渐淡化分数的具体情境意义，理解分数会作为一种能脱离实际情境仍可表示更多东西的数，使分数与除法的关系合情合理地建立起来。

3. 开展比较型任务，了解分数的测量意义

分数除了实际情境操作与语言描述之外，还有用线段或图像表示的另一种意义，即测量意义。对于线段上填数，一年级学生已经学过，都是按整数的顺序来填，多数学生会按照整数距离 0 点的距离来把握。当认识分数以后，学生遇到一个类似的填分数任务，会因为此前对分数"测量"意义的理解感受太少，而感觉困难，不能找到准确的位置。如在教学《分数的初步认识(二)》的巩固练习时，教师设计了比较型任务链：你能找准我的位置吗？具体两个子任务是：在数字线上已经标出 1/2 与 1 的位置，请借助份数与平均分的知识，在上面标出 1/4 的位置；在数字线上已经标出了 0 与 100，并在 100 的上面标出 1，要求学生在上面标出 25、50 和 60，并写出相应的分数。25 对应着 1/4，50 对应着 1/2，60 对应着 3/5 且属于 1/2 与 1 之间的分数。当学习者全部完成任务时，就很容易明白了 1/4 的位置是在 0 与 1/2 的中间，在这个数线上对应的整数是 25(如图 9-2 所示)。设计中的两个小任务看起来是独立的，但互相联系，运用旧知识探索新知识，是在利用整数知识帮助学生理解分数，扩充分数的意义，增强数感。既沟通了整数与分数的联系，又厘清了部分与整体的关系。

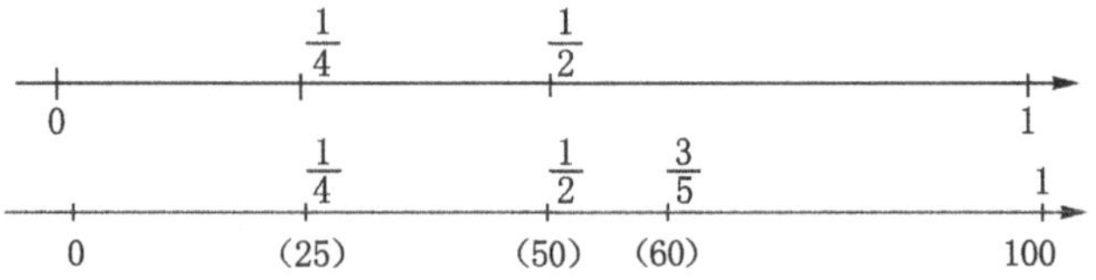

图 9-2　数线上的分数

4. 实施拓展型任务，掌握分数的运算意义

分数的运算意义在常规的教学中经常运用，它不同于份数定义中的整体与部分关系，往往关注的是两个不同事物间的关系，或者是同一事物的放大与缩小变化，多运用在分数的乘除法运算中。这层意义体现在分数的四则运算中，它与整数、小数的四则运算具有形式与方法的统一性；但因所涉

及的问题、所强调的关系较为复杂，所以在具体解决问题时，应重点分清不同事物之间的逻辑关系，积极采用任务型学习方式。如在教学苏教版五年级下册《分数的意义》时，我们设计了“探究分数的运算意义”这一任务：甲数是 8，甲数是乙数的 4 倍，乙数是多少？甲数是 8，甲数是乙数的 2/3，乙数是多少？这两题的数量相同，一般的教学设计是分别运用除法运算就结束了。如何以“学习者为中心”高效组织呢？基于任务型学习可设计拓展型任务“学讲大舞台”：以 4 人小组为单位，按照分工先唤醒商定义等相关知识；然后组内互相说说解题思路；接着尝试创编同类新题；再进行全班展示；最后集中反馈评价。这样，在任务的引领下，学生很快对学习材料表示出较大的积极性。他们在彼此间的思维碰撞中、在举一反三的试题编制中、在强调份数与商的定义中，进一步理解了事物间的数量关系，进而理解了分数的运算意义，使得有效学习真正发生，走向深度学习。

5. 构建操作型任务，利用分数理解比的意义

除法表示两个数之间的运算关系，而比的本质是两组数量之间的运算关系。比较事物的数量关系一般有两种方法：一种是差比关系，对应加减法运算；另一种是倍比关系，对应乘除法运算。学生在感受除法的等分和包含意义时，就容易碰到与后续知识的关联障碍，比如等分除就存在这个问题。等分除是把一个量予以等分，不是两个量的比的关系，因此，发生了除法与比在概念贯通理解上的困难。很多时候即使学完了比，学生还不理解为什么两个数相除又叫作这两个数的比，这就是学生对比的概念缺乏整体认知。因此，重视结构化任务学习材料的设计就显得非常必要。如苏教版六年级教材，出示 2 杯果汁、3 杯牛奶的直观图例，呈现操作型任务“配制可口饮料”。学生然后开始小组操作[如图 9-3(a)所示]，现场用饮料和水逐步配比 3 杯饮料，再以图示直观呈现依次操作过程。最后出示问题[如图 9-3(b)所示]：可以怎样表示果汁与水的关系呢？请分别说出两种量的关系。

学生依据实物的影像在头脑中想象，同时进行内在的思维活动，由低到高实现新旧知识的完美链接，从变化的倍数关系提取出份数，并由份数引入配比、迁移到认识比的意义。至此，沟通了知识间的内在联系，使所学知识连成了线，加深了学生对分数板块知识体系的全面理解，自然就会对比的概念有深刻的认识。

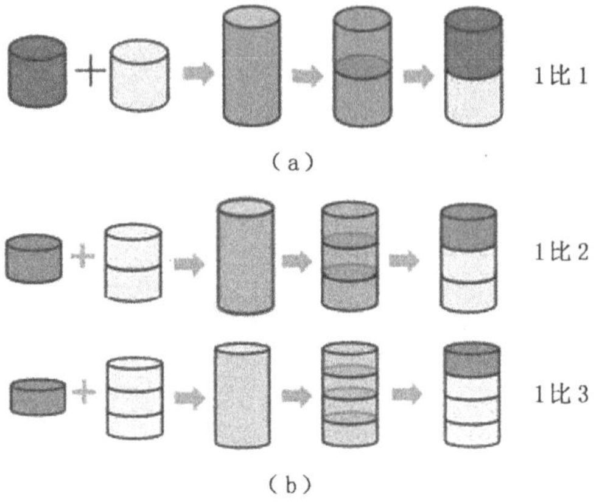

图 9-3　配置可口饮料

总之，教学要“以生为主体，以发展为根本”，为学生提供丰富的成长养料。对于小学分数的知识学习，需要明白不同分数知识所揭示的不同意义，更重要的是能懂得如何通过任务型学习的策略来实现对分数知识的建构。可见，任务型学习方式对于学生自主打通知识间的关联、深刻理解分数的本真意义、整体把握分数的知识体系有较为强劲的促进作用。

第三节　合理设计数学任务，培养综合学习能力

课程标准倡导学生的数学学习要从已有的生活经验出发，亲身经历过程。任务型学习是以任务为核心，学习者在数学情境中通过相关任务驱动动手实践、自主探索与合作交流等数学学习活动，真正理解和掌握基本的数学知识与技能、数学思想和方法，并在完成特定数学任务的过程中培养数学综合学习能力的一种学习方式。数学任务是培养学生数学思维、创新、归纳和推理能力的一种重要工具。下面，笔者对其常见类型和应用进行一些探讨。

一、单项任务，聚焦重点发展比较力

单项任务以聚焦重难点知识为特征，旨在帮助学生更深入地理解与掌握知识。它既带有鲜明的专项学习目标，又指向培育学科核心素养的综合

目标。课堂上安排的许多即时任务，如观察、操作、交流、展示等，都可以称为单项任务。如教学苏教版数学二年级上册《观察物体》一课，在实施任务过程中，以学生为中心，让他们先观察，再对比几张照片（从不同角度拍摄的）有什么发现，教师在这里无须花费太多时间引导，而只需耐心等待学生做出判断，重点让学生说明判断的理由，体会从不同方向观察物体，看到的形状可能是不一样的，从而引出本课主题。此类任务难度偏低，普适性较强。它从学生的生活经验出发，从培养学生的观察习惯入手，通过观察对比即可完成任务，促使学生在轻松愉快的氛围中展开学习，在获得成就感的同时体验到数学学习的乐趣，进一步发展比较力。

二、操作任务，借助学具发展抽象力

操作任务是指在数学学习任务中引入学具的实际操作，使之在抽象的数学知识和形象的思维之间架起一座沟通的桥梁，从而调动学生多种感官参与学习。如教学苏教版数学一年级上册《认识 11—20》一课，引导学生初步理解 10 个一是 1 个十，可以借助多媒体做一个有趣的实验，快速出示 11 根小棒，1～2 秒后消失（重复进行操作），让学生尝试估算看到了多少根小棒；再次出示课件一同数一数，引出任务：想办法利用小棒摆一摆，让人一眼就能看出有 11 根小棒，并在小组内说一说你是怎样摆的。学生自主参与学习全过程，真正站在了学习舞台的正中央，成为学习主体。从经历把 10 根小棒捆一捆的动手操作过程，到抽象出计数单位“十”的价值，继而体会到抽象后的数学学习方法既优越又简约。

三、探究任务，锚定问题发展推理力

探究任务聚焦于课堂探究性学习，它是在操作中发现、在观察中提炼、在比较中联想，并通过大胆猜想、推理和验证来解决问题的任务。如教学苏教版数学六年级上册《体积和容积》一课，教师设置探究任务：空间都去哪儿了？探究一，每组准备两个同样大的玻璃杯，左边的杯子盛满水，右边的杯子中放一个桃；同桌两人合作，将盛满水的杯子中的水倒入装桃的杯子中，你发现了什么？探究二，准备两个同样大的玻璃杯，一个放桃，一个放荔枝；再往两个杯子里倒满水，放哪个水果的杯里的水倒得多一些？探究三，准备三个同样的玻璃杯，让学生选择三种水果——苹果、葡萄、小番茄，分别放入三个玻璃杯中；再倒满水，观察观察，你发现了什么？学习者以类似于科学研究的方式达成了活动目标，这是一种开放性、自主性获取知识的方法，学生借助探究活动完成了主题任务，在这个过程中，学生的好奇心被有效激发，思维被充分解放，在互相合作中发展了推理能力。

四、实践任务，推进合作发展概括力

实践任务基于生活世界而产生。在完成实践任务的过程中，能使学生主动用数学的眼光观察生活，用数学的思维思考生活现象，生成知识再运用到实践中。一般可由个人独自或小组合作完成，经常延伸到课外，当某个任务解决后，还能更好地迁移，进而推动另一个相似任务或新任务的解决。此类任务可激发学生数学学习的积极性与主动性，改变学生的学习方式，有利于发展学生对特定数学技能、概念或思想的概括能力。

五、综合任务，指向素养发展综合力

数学综合任务一般用时较长，少则一节课，多则几节课，几节课完成的复杂任务还可称为数学小项目化学习。它经常可以延伸到课外，使学生在具体的课堂学习中经历合理化的任务完成过程，对学习产生良好的情感，从而调动学生的主观能动性。常见复杂任务的来源主要有以下几种：一是教材中的“综合与实践”内容板块提供的任务；二是故事（绘本）中的数学任务；三是著名的数学定理中的研究任务；四是名师经典课例中的特色任务。这类任务的设计是关键，其难度较大。学生在探究中能产生对知识与技能的需要、归纳和升华，为其发展数学综合素养服务，既有助于培养学生发现问题、解决问题的能力，也直接指向学生综合学习能力的发展。

总之，数学任务形成了学生学习数学的有利环境和基础。数学任务的设计形态经常因话题、学情、学习条件等多种因素的影响而多种多样。在教学中，建议教师适当降低探究难度，这样会使任务的达成取得事半功倍的效果，还有助于发展学生的理解力、创造力等综合学习能力。

第四节　小学数学情境化学习的课堂实施策略

聚焦核心素养的课程改革日益受到教育界的关注，关于情境化学习也成为其中的热点之一。那么，如果仅仅关注情境本身的话，还属于对情境的静态理解。PISA 2021 认为，数学素养发生于真实世界情境中，学生在积极主动地解决现实世界的问题时，需要结合数学内容和背景，运用数学推理和数学建模，来选择21世纪技能。对于素养的评价，主要依据学生在不同现实情境下解决实际问题的表现。因而，从数学本质来说，任何数学问题都离不开数学推理。数学推理就是人们将现实世界遇到的情境问题，利用数学术语表述为定义明确的数学问题。由此可见，教师不仅仅要关注情境，更要关心如何基于情境来进行数学的教与学。即：教学，应基于情境，依赖于情境，服务于学生未知的情境。

一、数学情境化学习的内涵

情境学习理论的发展源于吉布森的支架理论以及维果斯基的社会学习理论。最早，是由美国教授让·莱夫提出的一种学习理论。该理论基于知识经济社会迅速发展的大背景产生，其主旨是为学习者提供一种学习样态并使之转向真实生活，从而实现教育意义的有效生成和教育目标的有机达成，这是"对人的学习本质的深化认知"，也表明了学习是一种情境化的实践，人的认知和学习具有情境性特征。同时强调，学习者的学习过程就是增进实践能力的社会化发展与情境化的参与过程。数学情境化学习，是指在数学学习中，教师为学习者提供真实性、情境化的知识学习场域，使学生通过与环境的交互影响，经历自主操作、合作交流和实践探索等学习过程体验，对学习内容进行探索，发展其数学核心素养的一种学习方式。

二、数学情境化学习的教学意义

1. 培养学生核心素养的重要载体

提升学生的核心素养，已经成为课程改革的主要育人目标，它引领着课程改革从知识本位走向素养本位。而课程改革的发展和提升核心素养的重要内容之一就是以情境作为载体，促进学生知识学习需要与多样化的情境相联系。核心素养的培养需要让学生置身真实问题情境，亲历复杂的问题解决过程。一般老师所理解的数学核心素养只是考虑到数学抽象、逻辑推理、数学运算等六个方面，其实关于每一个素养的理解，还有知识、技能、情境与问题这四个方面的维度。"情境与问题"是反映数学核心素养的重要方面，课标对任何一个素养的培养要求都是纳入情境之中。比如数学建模，它本身就是经历一个真实情境的问题解决的过程。因而，数学情境化学习是培养学生核心素养的重要载体。

2. 解决知识脱离现实诟病的客观要求

长期以来，学校现实教学中最为人所诟病的是什么？是学生所学内容、知识和结果等与实际生活应用相脱离，导致了学习者无法将所学知识运用到真实的生活之中。华应龙老师说过：数学比较抽象、比较枯燥、比较难以理解。比如，学生学习了一些脱离情境的定义定理，一旦脱离了课堂，就不知道怎么运用了。由此就形成了这样的数学观：课堂里有数学，出了课堂，好多学生就不知道它还有什么用。然而，小学数学情境化学习，却能够引发学生对相关数学知识产生共鸣，将日常生活经验数学化，使学生与生活数学真实相遇，使学习成为学生的内在心理需求，从而促进其主动学习、积极思考，并习得新知识。因此，情境化学习是解决知识脱离现实诟病的一把密匙。

3. 情境认知理论为解决教育现实问题提供了理论基础

情境认知理论是一种现代学习理论，它经历了行为主义、认知主义、建构主义，然后转向了情境认知。它认为知识是情境化的，知识的含义镶嵌于特定情境和特定情境中的实践之中，学习的真相是特定情境中的实践参与。这一理论为小学数学情境化学习实践提供了理论基础，为教师提供了好的研究视角和研究方向。其理论体系的核心思想是：知识的学习只有在特定的情境中才有意义；有意义的学习是通过真实情境中的活动而不断发展或建构的。而教师在数学课上经常做的是什么呢？比如，先学勾股定理然后再应用，这里的知识是知识，应用是应用。这与情境认知理论所讲的应用显然不一样。前者是在情境之中获得知识，知识的产生是内隐在情境之中的。因此，情境认知理论能为解决教育现实问题提供理论基础。

基于以上时代的需求、现实的困惑和已有学习理论的发展三个方面，促使了小学数学情境化学习应运而生，并成为教师实践、发展和培养学生核心素养的一个重要学习方式。那么，如何有效实施情境化学习呢？以下对其实施策略做具体解析。

三、情境化学习的实施策略

1. 创设真实丰富的生活情境

小学生的学习带着浓厚的情绪色彩，对熟悉的真实生活情境会产生兴趣、感到亲切。因此,在教学过程中老师要将学习内容与实际生活关联起来,在学习中培养学生的生活能力,在日常生活中丰富学生解决数学问题的经验,提高学生的数学核心素养。可见,情境化学习是有利于知识获得的有意义的学习,情境本身的真实性和挑战性成为关键特征。夏雪梅博士指出:真实情境并非单指现实生活中的真实发生事件,而是包括所学知识能力的真实运用和在复杂情境中的真实思维。如在教学苏教版数学四年级下册《探索事物搭配的规律》这一课时,教师谈话导入:同学们,你们早餐喜欢吃什么?今天,老师带来了汉堡、烤肠和热狗这3种点心,你想怎么选?如果只选一种点心,有几种选法?老师再提供豆浆、牛奶两种饮品,如果只选一种饮料,你有几种选法?如果只能选一种饮料再配一种点心做早餐,你会怎样搭配呢?至此,老师创设了一个充满情趣的真实活动情境,使学生认识到身边还蕴涵着这么多的数学信息,从而使学生主动地由自己的知识背景、活动经验轻松地走进课堂。

2. 设计指向问题解决的挑战情境

问题解决能力是学生的一项重要能力,如何在课堂教学中培养学生的问题解决能力,是值得数学教师关注的问题。基于情境学习理论,建立指向问题解决的"情境-任务"学习活动框架,构建出指向问题解决的挑战情境,使学生在实践中明确问题解决重点、多感官地投入学习,从而培养学生的问题解决能力。如在教学苏教版数学六年级下册《制定旅游计划》一课,所设情境问题的挑战性应包含两层含义:一是学生"跳一跳可摘桃子"的问题;二是能引发学生高阶思维的问题。教师通过转化策略进行梳理,设计的挑战情境如下:一是改变情境问题的陈述方式,将"制定旅游计划"转换为"哪条路线最省钱";二是让情境问题变得真实而深刻,将"哪条路线最省钱"转换为"怎样的路线最优化";三是与师生共同分析问题情境,教师要从学生中来,再到学生中去。基于情境问题的三级转换,设计了具有挑战性的关于优化旅游路线的任务情境。该任务不仅仅是"省钱"的封闭式问题,而是兼具"省时、省力、省资源"的多角度开放性问题。从而使问题的解决不仅具有普遍的社会性价值,同时还能促使学生高阶思维的发展。

3. 提供结构不良的问题情境

"结构不良问题"与"结构良好问题"是相对概念。雷特曼从认知心理学的角度阐释了两者的不同:前者是初始状态、目标状态和约束条件都比较明确的问题,而后者则是三者中至少有一个条件不确定的问题。结构不良的问题情境一般包括:与具体情境联系不紧密,问题描述较含糊,信息不全,目标不够确定,分不清哪些概念或原理对解决问题有用等。这些结构不良的问题情境的创设,既能充分调动学生学习的主动性和积极性,启发思维、提升素养,又能充分链接小学数学课程改革的理念,更有利于发挥素质教育的正向促进作用。如教学苏教版数学六年级上册《比的认识》一课,教师先呈现了例 1 主题图,并提问:"2 杯果汁"和"3 杯牛奶"之间有着怎样的关系呢?这是一个开放性的、结构不良的问题情境,学生基于学习经验,提出了各种问题,得出了多样的结论。整理如下:如牛奶比果汁多多少杯,果汁比牛奶少多少杯,果汁是牛奶的几分之几,牛奶是果汁的几分之几,牛奶比果汁多几分之几,果汁比牛奶少几分之几,果汁占总量的几分之几,牛奶占总量的几分之几,等等。针对学生对结构不良问题的补充、完善,两个数量之间的关系愈加清晰。教师接着引导学生将众多的问题归类整理:这两者既可以用减法比较,表示两个数量之间相差多少,叫相差关系;也可以用除法或分数来比较,表示两者之间的倍数关系,叫倍比关系。其实,它们的关系还可以用一种新的方法来表示,这就是我们将要学习的新知识——比,由此顺利引出课题。这样通过结构不良问题情境,可以激发学生头脑风暴,从而促进学生主动调用自我知识储备,有助于学生生成问题、提出问题和解决问题,并将数学知识融会贯通,以进一步激起学生探究学习的欲望。

4. 构建交互合作的多重情境

皮亚杰认为:儿童是在与环境的相互作用中发展其认知的。当儿童个体的认知作用于具体环境时,会产生同化效应;当环境作用于儿童认知时,会产生顺应效应。情境化学习的主要目的是促进学生在数学认知中发生同化与顺应,无论是生活性情境、挑战情境,还是结构不良的情境,都是如此。但是,从数学经验迁移的角度看,以上情境并非是孤立静止的,在某些条件下是可以互相连接转化的,成为多重情境。比如,当挑战情境的难度过大而阻碍了学生的问题解决时,教师可以把问题难度调整为学生可以直观把握的生活小问题,降低学生思考的难度,这时,挑战情境就转化为生活性情境了。如教学苏教版数学四年级下册《用数对确定位置》一课,在导入时,教师出示一幅古今世界名人图，让同学们完成“寻找数学家笛卡尔”的学习任务。老师围绕这一主任务还设计了4个相关活动：一是学生用自己的语言描述笛卡尔在图中的位置；二是引入数对(3,2)，再让学生描述笛卡尔的位置；三是自主、合作学习研究(3,2)的含义；四是相机介绍数对发明者笛卡尔的故事，小结数对含义。这一挑战情境使学生通过对以上具有逻辑关系的若干问题的研究，知道了数对的由来、丰富了科学素养，还理解了数对的作用和含义。但实际学习效果并不理想，绝大多数学生对数对的发明者笛卡尔之前是一无知晓，而且学生所认得的其他名人头像也寥寥无几。学生的学习兴趣受到较大限制，可以说学生是在艰难地进行寻找活动。为了学得更扎实有效，教师在随后的练习中链接了“寻宝”游戏：老师事先在一个抽屉里藏了小礼物，看大家能不能根据提示一次就找出来？这个生活情境的再创设，瞬时激发了学生的学习兴趣，学习效果不言而喻。可见，交互合作的多重情境在学习中是多么重要！学生既探得规律，又根据知识迁移的原理，达成了预设的数学目标，还积累了数学学习经验。

由此可见，在情境学习理论指导下，教师遵循学生学情，恰切地创设某种或某几种教学情境，发挥出情境化学习在培养学生核心素养中的作用是极其重要的。同时，这对数学教师的专业素养和教学机制也提出了更高的要求，这将是我们的努力方向。

第五节　小学数学任务型教学的误区与实施路径

一、引言

任务型教学起源于20世纪80年代，很快风靡全球。国内外许多著名的教育专家和学校教师都对这一新型教学模式进行了关注和研究。任务型教学是指在真实情境下开展“做中学”的一种教学方式。它以学习者为中心，基于真实情境和相关任务的驱动，通过自主学习、操作实践、小组交流及合作探究等学习方式，主动搜集相关信息和资料来进行分析、完成任务，即通过问题解决来掌握相关知识和技能，使学生的学习过程由被动型转变为主动型，从而实现对新知识的建构。

弗赖登塔尔在《作为教育任务的数学》一书中主张，将数学作为一种活动的数学，必须由学生自己做出来。任务型教学是一种“以学习者为主体”的学习模式，是将数学任务通过活动的方式做出来，从而培养学生解决问题的能力、发展数学素养。它打破了传统模式中常规教学和实际运用相分离的现状，使课堂教学重心由传授书本知识转向全面培养每一个学生；也使教学目标直接指向了对学生学科素养和综合学习能力的培养。可见，对任务型教学的研究可以深化理解学习意义和学习价值，并对学生的终身发展起到积极的影响作用。那么，如何才能实现高效的“数学任务”驱动“学习”，这是学科教师必须直面并进行深度思考的紧迫问题。

二、任务型教学实施中的误区

聚焦“数学任务”的教学已不再新奇，多数教师的教学理念已由“教为中心”转向了“学为中心”，并在日常教学中得到普遍体现。但就课堂效果和教学质量来看，数学任务型教学还存在着形式化和浅层化等问题，甚至走向了唯任务而教的极端，偏离了数学学科的本质特征。

1. 概念混淆：将数学任务等同于数学练习

数学任务是学习者根据所给信息，经过思考得出某种结论或结果的活动。数学任务不是简单的练习活动，它和练习有本质区别。首先，练习往往只有教学目的，任务具有双重目的，即教学和非教学目的。比如，学生的口算和计算这样的活动就不能称为任务，这是练习，只是一种机械性的训练。任务是学习者围绕一个具体的目标分步骤完成一些事情。这里的数学任务是较为复杂的任务，它包含 2 个以上相关联的教育因素。其次，练习一般具有封闭性，而任务具有开放性。练习有固定答案，而任务在执行中没有统一标准，其过程独特，结果可以是多维度的。第三，练习一般是单边活动，而任务具有互动性。任务通常发生为师生、生生之间的多方协作活动。

2. 形式泛化：认为每堂数学课都可采用任务型教学

有的教师认为，提倡任务型教学就是每堂课都要用所谓的“数学任务”来组织教学，否则就不是新理念下的任务型教学。于是，不基于教材，不管什么课型，一律采用任务型教学。这是过于注重形式本身，导致了任务型教学的泛化。比如，纯计算类的教学一般不适用任务型教学。此外，数学任务型教学离不开真实的任务情境来驱动，这一理念已得到了一线教师的认可，都明白情境创设的重要性，但一些教师懒于自己设计，看到某种“情境”似乎很新颖、似乎能用，就忽视了“情境创设”在本任务中的深层价值。这些形式上相似的“情境”，实则与任务要求相去甚远，造成了“任务情境”形式上的泛化倾向，就会造成对学生的学习产生误导等负面影响。

3. 目标浅层化：忽视数学任务须有效驱动学生的深度学习

教学的终极目标并不是单纯的知识传授，而是教会学生自主学习，培养其终身学习意识和管理学习的能力。数学任务型教学旨在以数学任务驱动学生进行深度学习，提高学生学习兴趣，使课堂变得生动有趣，使学生能顺利完成各项任务并逐步获得学习经验，发展每个学生的理解力、自主学习能力等数学综合能力。因此，只有教师设计了“好的数学任务”，才能有效驱动学生在任务达成的过程中学懂、学会、学透，并自觉运用。但当下的数学任务驱动深度学习还浮于表面，有些粗浅。师生在课堂上只求顺利完成任务，而忽视了学习主体——学生的深度体验，从而使学习目标的达成处于浅层化状态。

其他还有一些误区，比如，教师只做“旁观者”，简单地把课堂时间还给学生，课堂管理自由化；信息反馈较少，评价简单化等等。造成以上问题的主要原因大致有两个方面：一是教师对于任务型教学的概念理解肤浅，对其内涵与外延含糊不清，难以准确把握。二是教师的教材理解力和转化力比较薄弱，尚缺乏把适合的教材内容转化成适合学生学习任务的课程建设能力，进而导致了教学理论和实践相脱离的现象。

三、任务型教学的实施路径

任务型教学本意是任务驱动教学，其中任务型的教学设计是关键。教学设计是指教师依据教育理念、教学思想，结合恰切的教学资源，创造性地进行教学活动的内容、形式和过程等设计，以文本的形式呈现出来，作为教学实施与评价的基本依据。怎样进行有效的小学数学任务设计呢？顾明远教授认为：学生是教育的主体，也是教育的客体。任务型教学设计需要在充分尊重相关理论的基础上，构建课堂实施流程，并关注五个主要因素：主题、目标、内容、实施过程与达成结果（见图 4-1）。

1. 设计自然、有趣的任务主题是前提

托尔斯泰指出，成功的教学不是强制，是从激发学生兴趣开始。好奇、好胜的天性是学生与生俱来的，如何调动他们的主动性和积极性，使之体验到学习成功的喜悦与乐趣呢？教师需要设计生动活泼的任务主题引领学生思考，激发其内在求知欲，从而提升学习品质。如，苏教版数学四年级下册《用数对确定位置》一课，教师在出示教学图片后进行教学导入：谁能找到数学家笛卡尔呢。同时，围绕这个主题任务还有4个子任务：你能用自己的语言来描述图中笛卡尔的位置吗；谁会用数对来表示呢；请自主或合作研究数对(3,2)的含义；通过故事激趣，加深对数对发现过程的理解。以上4个子任务具有较强的逻辑关系，看似使学生知道了数对的作用、含义及由来，但实际上学习效果并不理想。因为在学习前，多数学生对笛卡尔并不知晓，而且学生对图上多数头像也不认识，因此学生的学习兴趣从开始就受到了较大限制，几乎是在艰难地进行寻找活动。后来我们将任务主题改为“寻找身边好朋友”，用学生身边的人物替换了原有的头像，使学生的学习兴趣倍增，学生也就自然会积极踊跃地参与活动，课堂气氛空前热烈，明显地提高了学习效果。

2. 设计分层、递进的任务目标是根本

任务型教学目标是学习活动的出发点和归宿，对任务设计、成果评价起到引领和定向作用。如在《义务教育数学课程标准》中，数学课程目标体现了课程的基本理念，对数学教育教学有实际而具体的指导意义。任务目标的达成与师生活动紧密相连，而且数学素养的养成也不是几节课或几个任务就能够实现的。过易或过难的任务目标都会导致学生对学习提不起兴趣，不利于任务设计目标的达成。为此，教师应设计层次性、递进式任务目标，展示出知识学习是由简到繁、由易到难、不断深入的循序样态，以便于更大限度地调动学生学习的主动性，体现出学为主体的价值意义。还用《用数对确定位置》一课，在“寻找身边好朋友”设计环节，其中4个子任务的目标分别为：一是初步理解数对意义和作用；二是通过对数对(3,2)的研究，认识数对的含义和规则；三是使学生近距离感受数学思想，体会数感和形感的结合；四是培养学生自主学习与合作交流等能力。这样的设计，使任务预设与目标定位建立了一一对应关系，使任务型教学的目标导向性逐步增强，使知识的难易程度逐步递进，使学生学习逐步趋向学科本质。由此可见，任务目标的层次性和综合性设计，不但能帮助学生稳定地保持学习动机，而且还能在前一个学习目标达成时，及时提出一个新的较高层次的学习目标，使学生学习的主体意识、情感态度、合作交流和创造性等综合学习能力得到长足发展。

3. 设计适度、精准的任务内容是关键

适度、精准的内容设计就是指用教材教，也包括改革课程内容，使之部分地成为教学内容。新课程的教学理念要求教师提高把教材目标变成教学目标的专业能力，善于把教材内容变成适应学生学习的任务内容，在内容选择上要与任务目标互相对应，并使之清晰化。具体应该如何选择呢？除了尊重课程内容、以本为纲外，还须结合学情、具体情境进行适度、精准的设计，如趣味性的内容、生动的形式、适当的难度、广泛的参与性等。任务内容设计中，既要坚决反对"教教材"，也要坚决纠正"随意教"之类的现象，只有这样才能真正掌握数学知识的精髓，使学生学习目标指向学科核心素养的发展。如苏教版数学五年级下册《分数的意义》一课，为了帮助学生理解数的本质，使学生建立分数单位的概念，教学内容的设计需要增加沟通整数、分数和小数的联系这一环节。于是，教师设计了探究任务"数出来的分数单位"。

师：我们知道，分数是把单位"1"分出来的，能不能也像整数一样数出来呢？

同学们开始小组研究，结论是分数单位也可以一个一个地数出来。

师：在这些分数中，1/2，1/3，1/6……它们就是分数单位。

谁来说说什么叫分数单位？（表示一份的数）

师：数学家也像你们刚才一样，经过反复争论，才达成了一致意见，这就是数学的魅力之处，原来数字之间的联系也是那么紧密！

像这样，学生经过认真研讨、深入思考，真正地参与到学习中去，较好地发挥了主体作用。他们不但深刻认识了分数单位的概念，还培养了数学提问能力、辨析与归纳能力、思维与表达能力等。可见，教师在设计任务内容时，应站在学生的角度，来考虑学习目标是否适度、是否精准及达成度如何，从而使学习目标更加具体化、教学素材更加生活化、任务情境更加生动化，进而使学生真正地站在课堂的正中央，去探索数学的奥秘。

4. 设计灵活、生动的实施过程是核心

任务型教学是以学生为中心的教学方式，任务实施过程的设计要细化、具体,特别要关注如何使学生始终处于学习中。灵活、生动,是指让学生的思想活跃起来,让学生的手、脑动起来。教师基于学生认知水平,通过增加灵活、生动的实施过程设计,采取先全体后个体的方式,能提高学生的活动能力与参与度,使每一位学生都能参与进来。还是以《用数对确定位置》一课为例,关于数对的写法教学,不建议教师直接告知学生既定的书写规则,而建议采用引领学生自主探究的方式,像数学家一样感受数学知识的产生过程,使学生亲自探索数学的无穷奥秘。

师:数学具有符号化的魅力,它不分国籍和民族,被世界各国人民广泛运用。同学们都来想一个数学符号吧,使它既能表示"第 4 列第 3 行",又能让全世界的人们都看得懂。

各小组同学按照任务方案,展开自主探究活动。每人提出方案后,小组再推选出代表,并将表示方法写在黑板上。例如:

4　3	4 列 3 行	4/3	4—3
4|3	4L3H	4,3	4.3

这个过程关注到每一个学生的活动,先全班后个人,学生真正成为学习的小主人。小组成员在展示了集体智慧的结晶——"描述数对的数学符号"后,都期待得到教师的、甚至是全世界的认可。看来,任务型教学过程的活动化设计,既能提升学生主体意识、促进合作探究能力,还能使课堂学习目标变得更加清晰,取得事半功倍的学习效果。

5. 设计及时、激励的多元评价是保障

没有评价,就没有品质课程。对任务型教学效果的评价,是教师在学生习得新知识之后,用事先设计的相关检测题来了解学生对知识的接受程度的过程,并将评价结果作为下一课的学习起点。评价与学习应紧密相连,任务型教学是有始有终的,它强调任务结果评价的及时性与激励性。崔允漷教授在《学科核心素养与教学变革》一文中指出,指向素养的学习必须是深度学习;教学改革要先从教案变革开始,教案设计就应把深度学习设计出来。例如,在《认识方向》一课中,我们设计了"太阳帮我辨方向"的教学活动,既增加了对学生活动情况的预设,又增加了对完成结果的评价(见表 4-1)。这是新课程理念的"落地化"设计,它实现了把"教材内容"变为"教学内容";教师在学生活动后预设了对活动结果的评价,落实了教学评价的及时、有效监测功能。

当然，这里说的激励不是要求教师一味表扬，不纠正任何错误；更不是要求教师凡错必纠，打击学生的参与度和积极性，而是需要教师真实地评价活动本身的意义和价值。同时，这种多元性评价理应包括教师的自我评价，如任务的难度、目标的达成度、学生的参与度、体验的深度以及教师对学生的帮助是否有效，等等。因此，新课改理念要想真正落地，不能仅仅局限于改教材，还要协同教案设计、学习方式、教学评价等要素一起改进。多元化、激励型的教学评价方式能发挥学生的学习积极性，为新型课堂生态增添光彩。不仅为知识的学习增添首尾呼应效果，还能积极引领学生反思，为后续学习积累经验、打好基础。因此，有效的任务型教学评价，充分发挥了学生的主体性，通过师生互动、生生互动、师生与文本之间的互动，践行了知行合一的学习理论，促进了学生综合学习能力发展和学科素养提升。

总之，教师在整个任务型教学过程中起着至关重要的作用。一方面，任务型教学设计，应避免形式化、浅层化等，创设有效的情境氛围，帮助学生建立知识间的关联。另一方面，需要教师不断探索与调整，使任务型教学能够真正促进学生对知识的深度理解，从而达成理想的课程目标。只有这样，任务型教学才能真正发挥出支持学生发展的教育价值，激发学生更高层次的学习动机，使之逐渐学会自我教育，促进其个体人格的充分发展。

第六节　小学数学任务型作业的设计与实施

义务教育阶段的作业，既是学生学习的主要组成部分，又体现着教师的教育水平，还时时牵动着家长们对教育的关注。传统的数学课后作业形式存在着大量简单的书面作业、机械重复、内容呆板、形式单调等问题，学生感到劳累而烦躁，显然不能发挥学生完成作业的主动性。为了促进学生更加健康、全面、主动地发展，我们提出了任务型作业，它可为我们提供减负增效的新思路。

一、任务型作业内涵

任务型作业源于任务型学习。任务型学习这一概念产生于20世纪80年代。之后，国内外一些学者对任务型学习进行了大量的研究，并已进入成熟阶段,他们主张让学生通过完成任务来实现学习目标。任务型作业基于弗赖登塔尔“做数学”教学理论的研究,他在《作为教育任务的数学》一书中主张,将数学作为一种活动的数学,必须由学生自己做出来。小学数学任务型作业是以学生为中心,以任务为核心,在真实的数学情境中,使学生经历自主探究、主动搜集或分析有关信息资料和解决问题等过程,从而完成练习任务,发展数学核心素养。数学任务型作业一般具有趣味性、层次性、实践性和鼓励性等特点,能够有效改善作业设计“走过场”“思维含量少”“目无学生”等现象。

二、小学数学任务型作业的设计与实施

1. 任务型作业要具有趣味性

托尔斯泰说:“成功的教学不需要强制,而从激发学生兴趣开始”。小学生具有好奇、好动、好胜、好学的天性,教师应积极调动学生的作业自主性,使他们对完成数学课外作业充满成功的喜悦和乐趣。任务型作业的趣味性是指教师设计的任务目标、主题、内容与形式等,应加强针对性,要在符合学生知识水平的基础上,充分考虑大多数学生的兴趣、爱好,以提高练习的质量与效果。例如,苏教版数学一年级下册《元、角、分的认识》一课,教师可以结合所学知识,指导学生课上进行模拟买卖活动的任务型学习;课下,再配合落实“周末我当家”的任务型作业,请家长利用周末时间陪孩子一起参与任务实践。学生们通过联系实际生活、选取数学素材,积极地搭建起发挥自我个性的课内外活动舞台。可见,教师整合单元知识,设计任务型的练习作业,既可以减量增趣,又可以更好地明晰并达成学习目标,引领学生思维发展、提高学习品质,从而实现“人人学有价值的数学,人人获得必需的数学”的学习效果。

2. 任务型作业要具有层次性

任务型作业的层次性在本质上是指作业的分层原则。层次作业是指教师根据不同学生的年龄特点和知识水平,本着因材施“练”的原则,布置与之相匹配的作业类型、难度和数量,并由学生自主选择来完成的一种作业形式。任务型作业中的任务是有一定难度的较为复杂的任务,它是学习者围绕一个具体目标分步骤完成一些事情,一般需要包含两个以上相关联的教育要素。这就需要给学生一定的选择权,使之增强自我认同感,自主提高作

业质量和作业信心。而且，学生在自主选择作业时，不但实现了对知识的重组和自我评价，还有利于知识的内化与自我反馈。

例如，苏教版数学六年级下册《圆柱的侧面积》一课，教师设计的任务型作业为“多样的侧面积”，选题分别为：

A. 必做题

1. 把圆柱的侧面沿着高展开，可得到一个(　　)形，它的一条边等于圆柱的(　　)，另一条边等于圆柱的(　　)。

2. 计算圆柱的侧面积：

(1) 底面周长 20 厘米、高 6 厘米。

(2) 底面直径 6 厘米、高 5 厘米。

(3) 底面半径 5 厘米、高 2.5 厘米。

B. 拓展题

一台压路机的前轮是圆柱形的，轮宽 2 米、直径 1.5 米。如果前轮每分钟转动 18 周，那么这台压路机每分钟走过多少米？压路的面积是多少？

C. 提高题

一个圆柱形的物体，高是 6 厘米，如果把高增加 2 厘米，底面不变，圆柱的侧面积增加 50.24 平方厘米，那么原来圆柱的侧面积是多少？

这一任务型作业，是按照基础、拓展和提升三个层次而进行的设计，真正落实了“双减”政策精神，可以让不同的学生在练习中得到不同的发展。A 项基础题使学生巩固了必备的基础知识；B 项拓展题增加了一些难度，大部分学生通过积极思考能够理解并解决。C 项提高题难度最大，可以满足部分学有余力的同学的学习欲望。可见，设计符合学生学力的“分层作业”，既能从尊重学生的个体差异出发保护他们的学习兴趣，又能较好地调动不同学生的主观能动性和创新精神。

3. 任务型作业要具有实践性

任务型作业的实践性是指学生以学科知识为基础，个体整合自身学习经验，选择、运用多种资源和策略，从而自主、创造性地解决现实生活中各类问题。这种作业形式更加强调学生的学习与现实世界的高度关联性。学生每天完成作业的时间是有限的，教师的作业设计必须实现从“分数本位”向“健康本位”“素养本位”的深刻转型。因此，数量适中、实践性的任务型作业将会受到学生的喜爱，而且这类教材很多，深得教师们的关注。有经验的教师赋予实践作业一定的自我挑战性，把作业量的自主权放给学生。例如，苏教版数学六年级下册《复式统计表》一课，教师设计了以“我们会统计”为主题的任务型作业，见表9-1。

表9-1 “我们会统计”主题任务型作业

____小学各年级男、女生人数统计表　　　　年　月

年级	合计	男	女
总计			
一年级			
二年级			
三年级			
四年级			
五年级			
六年级			

同学们看到这项作业，积极进行分工、分类统计、收集数据、完成填表。学生们是在“教室之外”完成作业的，不仅形式上更自由、更自主，而且使他们综合学习能力的提升更有着力点。实践型作业之所以是必要的，是因为它体现了“减量不减质”的指导思想。学生在完成作业的过程中，以学习小组为基本组织形式，生生之间通过协调活动解决问题，加深并实现对知识的全面理解。这种生生之间的互助交流、合作实践，既有助于发生思维碰撞，激发出智慧的火花，促进问题的解决；还有助于学生从不同侧面来观察具体问题，取长补短。看来，实践型数学作业广受学生欢迎，这不但能调动学生完成作业的积极性，充分参与到解决问题的活动中来，而且能培养学生的沟通能力、思维能力、分析与归纳能力等数学学习能力。

4. 任务型作业要具有操作性

学习金字塔原理认为，以看、听、说为主的人，只能接受新知识的5%～30%，而亲自操作的人能接受新知识的75%以上，可见操作式作业在巩固新

知识中具有重要作用。任务型作业的操作性是指学生基于作业任务通过实际操作，并根据所得数据、现象等进行分析、判断、计算与推理等数学活动，来解决实际问题、提高练习效率的一种作业形式。常见的操作式作业有：数学制作、数学小报、数学实验、数学调查、数学小研究、数学操作活动等。例如，苏教版数学四年级上册《角的度量》一课，教师设计了以“寻找角的有趣规律”为主题的任务型作业：

经过纸上 2 个点可以画 1 条直线，经过 3 个点中的每 2 个点最多可以画 3 条直线，经过 4 个点中的每 2 个点最多可以画几条直线？经过 5 个、6 个……点呢？

画一画，数一数，你能找到其中的规律吗？

点数/个	2	3	4	5	6	……
直线数/条	1	3				

同学们经过自己动手画图、观察、猜想与验证，很快就发现了规律：它们都是从比点数少 1 的数加起，后面的加数依次比前一个少 1，一直加到 1 为止，这些数的和就是连成直线的条数。看来，任务型的数学练习活动是一个不断发现问题、分析问题与解决问题的动态过程。本题中，学生以操作入手，主动进行思考、促进思维发展，最终找到了科学、合理的方法来解决问题。可见，任务型的操作练习以减轻学生的作业负担为切入点，不仅有效地提高了作业的质，还可以培养学生的观察能力、动手能力和思维能力等综合学习能力。只此一题，胜过多道练习。

5. 任务型作业要具有鼓励性

任务型作业的鼓励性是指任务型作业对不同层次学生的评价标准也各不相同，且都应充分发挥评价的导向和激励功能。德国教育学家第斯多惠说：“教学的艺术不在于传授本领，而在于激励、唤醒、鼓舞。”对任务型作业评价最重要的目的不是证明，而是改进。及时反馈作业效果是促进学生发展的重要因素，从而激励不同层次学生学习数学的兴趣和积极性，不断增强他们学好数学的自信心。对学困生要多采用进步型评价，发掘其细微进步，抓住某一个闪光点，及时表扬，充分调动他们学习的内动力；对中等生要采取激励型评价，加倍鼓励完成作业质量高的学生，使其对学好数学更有自信，促使他们积极向上；而对优秀生则要采用竞争型评价，用高标准、严要求督促他们养成解题后及时反思的好习惯，使他们的学习品质能够更严谨、谦虚，不断自我超越。

例如，教师在进行单元综合练习时，设计了以“我是智多星”为主题的任务型作业：超市里进了大米 300 公斤，________，挂面有多少公斤？题目的条件中告知了大米的质量，要求出挂面的质量，缺失的条件应为大米的质量与挂面的质量的关系。像这类开放式任务型作业，是以学生学习为中心，以尊重学生个性为前提，以学生思维力和创新力的发展为目标，为促进学生全面发展而设计的一种巩固性作业。学生可补充的条件有：大米的质量是挂面的 3 倍，挂面的质量是大米的 1/3，挂面的质量比大米少 100 公斤等。其条件、解法和结果具有多样性、不确定性、趣味性和新颖性等特点，对学生数学素养的提高和发散思维、创造性精神的培养具有重要作用。对此项作业可采用鼓励性的五星评价，1 到 3 星为基本完成作业，4 星为高质量完成作业，5 星为创新完成作业。而且，教师可增加课前展示环节，使各层次学生作业都可得到展出。特别是学困生的作业表现，只要质量上优于该生之前的作业，就应给予大力夸赞，以提高他们学习数学的兴趣，促进他们智商和情商的协调发展，从而全面提高数学教学质量。这时，任务型作业不仅减少了训练意义的机械作业，还展示了各层次学生的学力水平和思维特点；既能鼓励不同学生的逆向思维与创造力发展，还可以凭借其所呈现的不唯一因素，帮助教师对学生进行评价。

综上所述，小学数学任务型作业，是在当前推进教育减负工作的背景下而提出的一种新型作业形式。正如新教育精神所解读的，它新在这一理念曾被人说、今被人做，且由模糊走向清晰。作业改进过程中难免会有各种问题，这都需要教师遵循科学的作业理念和作业设计特点，全面压减作业总量，积极改进、有效沟通，以此来优化路径、达成共识。高质量的任务型作业应具有趣味性、层次性、实践性、操作性和鼓励性等特征。这样，学生负担减轻了，数学学习兴趣提高了，心情舒畅了，数学素养和学习能力自然就会提高，他们才会真正享受到学习的快乐和童年的幸福。

后　　记

学习伴随我们一生，学生大多数时间都在课堂中学习。但是，课堂中的学习真正发生了吗？日本著名学者佐藤学先生说，教师的责任不是进行“好的教学”，而是要实现所有儿童的学习权利，尽可能提高儿童学习的质量。因此，课堂学习方式的变革就是为了让学生的学习增值。

带着这两个值得思考和判断的大问题，我校数学组申报了江苏省前瞻性项目“培养学生综合学习能力——小学数学任务型学习的实践探索”，于2019年3月被江苏省教育厅批准立项。该项目的研究背景是基于三项省级课题的扎实推进与经验积累。项目选题的主要缘由还有两点思考：第一，基于学生发展。面对未来，孩子的核心竞争力到底是什么？核心素养时代来临，如何在课堂上有效实现学科核心素养的教学转化？第二，基于学校发展。学校学生不断增加，设施不断完备，如何以项目引领来提升站位、实现学校的内涵发展，满足学生全面、个性成长的需求？

本研究的核心概念有：任务型学习、数学任务型学习和综合学习能力。新方式带来新变化，数学任务型学习方式的推进，必将展现数学课堂的新样态：学生的学习过程由被动型转变为主动型；学习目的由单一型转变为复合型；教师的角色由课堂教学的主宰者转变为学生学习活动的设计者、组织者；课堂教学重心由书本知识的传授转变为对每一位学生的全面培养，实现课堂教学功能由单纯教书向全面育人的转型。

在具体建设措施中，我们以提升学生综合学习能力为目标，对项目进行顶层设计及框架搭建，优化部分教材内容，构建任务型学习的教学模型和实施路径，探索多元化评价体系，并进行效能分析研究。主要研究成果包括三部分：

一是基于教材的任务型学习主题的梳理。在实施中，我们注重提升教师的教材理解力和转化力，这是培养教师课程能力的真正体现。即如何把适合的教材内容转化成适合学生学习的任务。根据教材特点，我们进行了12册数学教材内容的全面梳理，并根据数学知识的四大板块进行了分类研究。

二是任务型学习的教学设计。课堂变革，主要从教学设计变革开始。指向综合能力的学习必须是深度学习！教学设计是难点，更是关键，同时也是教师课程实施中的短板，教学设计不改变，不可能有课堂教学的真正改变，也不可能有学生学习行为的真正改变！为此，我们在任务型学习设计时提炼了指向深度学习的五要素、五原则和六环节。

“五要素”是指任务主题、任务目标、任务内容、实施过程（过程性评价）和完成结果。“五要素”的学习设计使学生的学习过程由被动型转变为主动型。改变了知识学习由教师传授的单一模式，形成学生在完成特定任务的过程中主动获取、自主建构、合作探究知识的新型学习样态。

“五原则”是根据“做中学”和建构主义的教育理论，在徐州市“学讲方式”的大框架下，提出的任务型学习教学设计应遵循的基本原则。即任务名称设计要具有趣味性和引领性；目标设计要体现综合性；内容设计要凸显适切性和针对性；过程设计要强化活动性和参与性；完成结果设计要强调落实性和有效性。“五原则”是为了更好地提高学生学习兴趣，使课堂变得生动有趣，使学生能顺利完成各项任务并逐步获得学习经验，发展每个学生的理解力、自主学习能力等数学综合能力时，教师所应遵循的设计原则。

“六环节”是任务型学习的课堂实施模型。即创设任务情境、确定任务指向、研究任务方案、开展任务研究、展示研究结果、实施多元评价。

三是任务型学习的教学评价。没有评价，就没有课程。任务型课堂学习的评价方式主要采用课堂观察量表，该表共经历了三次改进。第一阶段的量表来源于江苏省“十三五”规划课题“基于课堂观察的小学生数学课堂学习行为优化研究”的研究成果迁移运用，以等次划分，太笼统，不能使课堂教学的研究走向基于数据、基于实证；第二阶段的量表是从传统的评价老师转向评价学生为主，虽说第二阶段的评价指标更多元化了，但实际上量表的可操作性远远不足，所以又推出了第三阶段的观察量表。

通过 3 年多的实践探索，总体实现了学校"三有课堂"（有兴趣、有方法、有自信的课堂）的课堂教学目标，形成了融教学设计、教学评价、师生发展为一体的立体互联任务型学习模式。此间，学校取得省、市级课题立项 20 余项，被江苏师范大学授予首批教育部"国培计划"高端研修项目实践基地等。

崔允漷教授说，理想的课程能否在到达学生层面依然理想，关键在于教师的专业发展。课堂是教师的专业活动场所，离开课堂教学，教师的专业发展也就成了无本之木。如果加上准备的时间，这场以教学改革为基础的课堂转型研究，到今天也已经有 6 年了。每一个身临其境的老师都懂得其中的酸甜苦辣，也曾经苦恼过、迷茫过，虽然经历了无数次的内心挣扎，但从未想过退缩。我们真正想做的，是为孩子们营造一个适合成长的课堂生态，让他们发现自我、锻炼自我，最终成为优秀的自我。

在任务型学习的课堂里，每一个学生与教师一道奏响着同声相应、同气相求的交响曲，促进着个体与个体、个体与集体的交流，为合作学习、探究学习的课堂提供了准备。任务型的学习方式表现为从各自呆坐的学习走向活动性的学习，从习得、记忆、巩固的学习转向探究、反思、表达的学习；在教学方式上表现为从传递、讲解、评价的教学转向触发、交流、分享的教学。学生以有探究价值的数学任务为中心，借助大量的资料和多彩的活动追求着学习的高品质。

从严格意义上说，这本书不是写出来的，是做出来的，是学校项目团队集体智慧和汗水的结晶。一路走来，教师们燃起了教育激情的火把，照亮我们前进的道路，更增加了一份跋涉的力量。

在成书的过程中有精神上的满足，也有心理上的煎熬。同时，既有欣慰——学校课堂教学发生了变化，特别是许多年轻的老师成长起来了；也有遗憾——目前还有一些想做而没做成的事，特别是有些老师基本没有变化，有的班级课堂状态还不够理想。但无论如何，我们研究过、探索过，已经尽力。

人生的意义就是不断地感恩，感恩所有的遇见。首先要感谢江苏师范大学吴晓红教授、南京师范大学吴永军教授和徐州市教育局教研室刘勇主任等专家，他们一如既往地支持着我；而后，感谢我的领导、同事、家人以及出版社编辑对我的关心和支持；再来，感谢项目组的老师们，在我们一起学习、研究、工作的日子里，所有真实的困惑、无私的帮助、真诚的鼓励和发展的痛楚，都伴随着责任感、使命感和幸福感充盈在我们的研究中、反思中。

下面是徐州市第三十四中学附属小学江苏省前瞻性教学改革实验项目组、江苏省“十三五”规划重点自筹课题组成员名单：张艳，胡新龙，冯文武，韩慧芳，杜薇，刘艳梅，张姝，张哲，王海，高冉，赵玉，张鑫，翟曼，王子玉，许既凡，王小焕，杜娟，慈茜，张晓芳，曹菁，倪畅，孙自威，孙琦琦，刘婷，刘睿，陈莉珠。

我一直认为，无论做什么，首先要做一个真诚的人。在成书之际，我怀着真诚之心向所有关心我们的人，表达由衷的谢意。

至此，恳请同仁朋友对书中疏漏之处不吝赐教。总之，为了更好地教育，我们将继续逐光而行，为爱而变。

张　艳

2020 年 12 月

参考文献

[1] 崔允漷.指向学科核心素养的教学即让学科教育"回家"[J].基础教育课程,2019(Z1):5-9.

[2] 戴维·霍瑟萨尔,郭本禹.心理学史[M].郭本禹,魏宏波,朱兴国,等,译.北京:人民邮电出版社,2011.

[3] 冯晓英,王瑞雪."互联网+"时代核心目标导向的混合式学习设计模式[J].中国远程教育,2019(7):19-26.

[4] 顾金元.数学课堂教学与学生创新能力的培养[J].现代教育科学,2008(2):99.

[5] 郭峰,窦珂.论指导性教与主动性学[J].教育探索,2001(9):34-36.

[6] 籍富仙.浅谈数学情境的创设[J].教育理论与实践,2019,39(5):61-62.

[7] 纪楠.教育要为学生的发展服务[J].中国教育学刊,2017(8):103.

[8] 李臣之,王虹.活动教学法:历程、要义及趋势[J].课程 教材 教法,2013,33(11):94-100.

[9] 刘瑞平.高中物理课堂教学对学生综合学习能力培养的方略[D].济南:山东师范大学,2010.

[10] 陆军.任务型教学构成要素及作用关系的系统分析[J].外国语文,2010,26(5):154-157.

[11] 陆燕.小组合作学习在英语课堂的运用原则与模式[J].名师在线,2020(34):29-30.

[12] 曲春艳.课堂教学中学生学习主动性的研究[J].教育探索,2008(8):32-33.

[13] 任玲.任务型教学在大学英语混合课堂构建中的应用研究[J].教育理

论与实践,2019,39(18):59-60.

[14] 任卫兵.《比的认识》教学设计与思考[J].教学与管理,2009(26):56-57.

[15] 荣丽.生活情境教学法用于小学数学教学的实践探究[J].才智,2020(27):157-158.

[16] 孙露,项明寅.小学数学地域性课程资源开发与利用的思考:以徽州文化为例[J].数学教育学报,2016,25(6):56-60.

[17] 万兆荣,吴玉国.结构化视角下"认识比"学材开发的实践与思考[J].中小学教师培训,2019(5):68-71.

[18] 吴康宁.情境教育是什么,从哪里来,往哪里去[J].人民教育,2019(17):74-77.

[19] 吴秋月,杨骞.数学教学内容别论[J].数学教育学报,2005(4):71-74.

[20] 徐章韬,梅全雄.论基于课堂教学的数学探究性学习[J].数学教育学报,2013,22(6):1-4.

[21] 杨刚,徐晓东,刘秋艳,等.学习本质研究的历史脉络、多元进展与未来展望[J].现代远程教育研究,2019,31(3):28-39.

[22] 杨圆,徐冰.图式理论视角下任务型阅读教学模式研究[J].外语学刊,2020(2):73-79.

[23] 俞春.复杂的数学"简单"教　简单的数学"复杂"教[J].教育教学论坛,2012(6):77-79.

[24] 中华人民共和国教育部.义务教育数学课程标准(2011版)[M].北京:北京师范大学出版社,2012.